米浪 信男
Komenami Nobuo

現代観光の
ダイナミズム 第2版

同文舘出版

第2版まえがき

　わが国経済は1980年代後半のバブル経済の崩壊後，1990年代に続いて2000年代にも経済が停滞し，「失われた20年」と言われている。また，わが国は人口減少・高齢化，エネルギー・環境問題，規制改革，財政健全化と社会保障制度改革，デフレ脱却，働き方改革，地震・集中豪雨などの自然災害の多発などの課題が山積する「課題先進国」でもある。山積する諸課題のなかでもデフレからの脱却は，最優先課題である。そして，デフレ脱却後は，成長戦略を地道に実行し，経済再生を果たすことが重要である。観光立国の実現を目指す施策は，成長戦略のなかの1つに位置付けられている。2007年と2012年に策定された「観光立国推進基本計画」の目標と実績を比較すると，目標達成状況は決して満足できるものではない。わが国が観光立国を実現し，観光先進国となるためには克服しなければならない課題が山積している。

　本書（第2版）の執筆理由は，①2008年に出版した初版が2016年に完売したこと，②初版出版以降のわが国の観光を取り巻く状況の変化が激しく，部分的な字句の修正で済ますことができなくなったことによる。しかし，本書の問題意識は初版と同じであり，現代観光が直面している諸問題の経済学的分析を意図している。

　本書の章別構成は，次の通りである。

　第1章の「観光振興と経済再生」は，初版出版以降のわが国の観光を巡る最新の情報を織り込んで新たに書き下ろしたものであり，2020年に開催される東京オリンピック・パラリンピック競技大会を契機として観光先進国の仲間入りをするためにはいかなる課題を解決しなければならないかについて明らかにしている。

　第2章の「都市再生と都市観光」は，初版の再録であり，研究者の研究分野の縦割り，細分化によって別々に論じられてきた，都市再生と都市観光，都市観光とまちづくりの双方に足場を置いて，両者を有機的に結びつけることによって都市再生を図り，魅力的な都市を形成する方途を明らかにしている。

　第3章の「都市景観と都市観光」は，初版の再録であり，都市景観整備と都

市観光の双方を視野に入れて，都市観光の振興を図る場合になぜ都市景観の整備が重要なのかを明らかにしている。

第4章の「水辺景観と都市観光」は，河川，運河，掘割，港湾の水辺空間と市街地の街並みからなる水辺景観の整備が都市観光の振興とどのような関連を有しているかを明らかにしている。

第5章の「大阪の都市再生と都市観光」は，大阪の都市観光の魅力を探り，都市観光の振興を通して都市再生に寄与し，魅力的な都市をいかに形成するかについて明らかにしている。

第6章の「観光カリスマと観光振興」は，初版の再録であり，国土交通省が選定した観光カリスマとはいかなる人物で，どのような活動をしているか，そしてわれわれは観光カリスマから何を学ぶべきかについて明らかにしている。

第7章の「和食・日本酒と観光」は，和食形成の歴史と今後の方向性，日本食レストランの海外進出，日本の農林水産物・食品，日本酒の輸出の現状と課題，インバウンド観光における和食，日本酒の現状と課題について明らかにしている。

第8章の「統計制度改革と観光統計」は，統計制度改革の経緯と統計法改正の背景・意義，観光統計整備の現状と今後の方向性について明らかにしている。

第9章の「ジャン＝ミシェル・エルナー，カトリーヌ・シカールの『観光科学』」は，2人の共著『観光科学』（フランス語版と英語版の合本）の書評を収録している。著者たちは，本著書で世界観光機関（WTO）（現在は，国連世界観光機関（UNWTO）と表記する）の観光用語の概念や定義を科学的に再定義し，それ自身の概念をもつ観光学の樹立を目指していること，「観光科学」（観光学）の目的は，観光部門に科学的知識の集積を引き入れること，ホテル経営と観光における専門的人材育成のレベル・アップを意図していることを明らかにしている。

本書の第1章は書き下ろしであり，7本は既発表論文（うち3本は，初版の再録），1本は既発表の書評に文言の加筆・修正，図表の更新・追加，誤植の訂正などのうえ，集成したものである。各章の初出誌と原題は，次の通りである。

第1章：「観光振興と経済再生」は，書き下ろしである。

第 2 章：「都市再生と都市観光」『神戸国際大学経済経営論集』第 27 巻第 1 号，2007 年 6 月，1-25 ページ。

第 3 章：「都市景観と都市観光」同上誌，第 28 巻第 1 号，2008 年 6 月，1-14 ページ。

第 4 章：「水辺景観と都市観光」同上誌，第 29 巻第 1 号，2009 年 6 月，21-50 ページ。

第 5 章：「大阪の都市再生と都市観光」『神戸国際大学経済文化研究所年報』，第 23 号，2014 年 4 月，49-65 ページ。

第 6 章：「観光カリスマと観光振興」『神戸国際大学紀要』，第 70 号，2006 年 6 月，1-18 ページ。

第 7 章：「和食・日本酒と観光」『神戸国際大学経済経営論集』，第 34 巻第 2 号，2014 年 12 月，1-23 ページ。

第 8 章：「統計制度改革と観光統計」同上誌，第 30 巻第 1 号，2010 年 6 月，1-32 ページ。

第 9 章：書評「Jean-Michel Hoerner & Catherine Sicart, *La science du tourisme-Précis franco-anglais de tourismologie/The Science of Tourism-An Anglo-French Précis on Tourismology,* Baixas, Balzac *é*diteur, 2003, pp.204.」『神戸国際大学経済文化研究所年報』，第 24 号，2015 年 4 月，35-39 ページ。

　本書は神戸国際大学学術研究会の出版助成を受けて刊行された。出版の機会を与えていただいたことに感謝の意を表したい。

　同文舘出版株式会社の中島治久社長は，学術図書の出版事情が厳しいなか，本書の出版をお引き受けいただき，編集局・専門書編集部の青柳裕之氏は本書の初版に引き続いて企画段階から出版にいたるまでお世話いただいた。両氏の御厚情に感謝の意を表したい。

2017 年 12 月

米浪　信男

目　次

第 2 版まえがき　i

第 1 章　観光振興と経済再生 … 1

　1　「課題先進国」日本と観光振興 … 2
　2　観光立国の実現を目指すわが国の観光の現状 … 4
　3　観光先進国への課題と展望 … 13

第 2 章　都市再生と都市観光 … 29

　1　「開発型」都市再生と「保全型」都市再生 … 30
　2　都市再生と都市観光 … 34
　3　都市観光と観光まちづくり … 44
　4　都市観光の課題と展望 … 49

第 3 章　都市景観と都市観光 … 55

　1　景観の本質と良好な景観 … 56
　2　景観規制と都市景観 … 57
　3　都市景観と都市観光 … 60
　4　良好な都市景観形成の課題と展望 … 66

第4章　水辺景観と都市観光 ……………………………… 71

1　河川景観と都市観光 ……………………………… 71
2　運河景観と都市観光 ……………………………… 83
3　掘割景観と都市観光 ……………………………… 86
4　港湾景観と都市観光 ……………………………… 90
5　水辺景観と都市観光の課題と展望 ……………… 93

第5章　大阪の都市再生と都市観光 ……………………… 99

1　大阪の経済的地盤沈下と経済再生 ……………… 99
2　経済再生と都市再生の経緯 ……………………… 100
3　大阪の都市再生の現状と課題 …………………… 101
4　大阪の都市観光の現状と課題 …………………… 109
5　大阪の都市再生と都市観光の課題と展望 ……… 116

第6章　観光カリスマと観光振興 ………………………… 121

1　観光カリスマとは何か …………………………… 121
2　観光カリスマの類型 ……………………………… 123
3　観光カリスマの特徴 ……………………………… 128
4　観光カリスマの課題と展望 ……………………… 134

第7章　和食・日本酒と観光 ……………………………… 143

1　和食の歴史と日本の食文化 ……………………… 143
2　海外進出した日本食レストランの現状と課題 … 147
3　日本の農林水産物・食品の輸出の現状と課題 … 150
4　インバウンド観光と日本食，酒蔵ツーリズム … 157
5　和食・日本酒と観光の課題と展望 ……………… 162

第8章　統計制度改革と観光統計 ……… 167

  1 統計制度改革の経緯 ……………………………… 167
  2 観光統計整備の経緯 ……………………………… 174
  3 宿泊統計整備の経緯 ……………………………… 177
  4 観光入込客統計・観光消費額統計の整備 ……… 178
  5 観光サテライト勘定（TSA）の整備 …………… 182
  6 観光統計の課題と展望 …………………………… 184

第9章　ジャン＝ミシェル・エルナー，カトリーヌ・シカールの『観光科学』 …… 193

あとがき 201
参考文献 203
事項索引 217
地名索引 221
人名索引 224

現代観光のダイナミズム
（第2版）

第1章 観光振興と経済再生

　グローバル化の進展に伴い，国際観光客の流動は活発になっている。訪日外国人旅行者数は，2013年に1,000万人を突破して以降，4年連続で増加し，2016年には2,404万人に達した。また，訪日旅行消費額は2016年に3.7兆円となり，旅行収支は2015年に53年ぶりの黒字となった。このような明るい話題がある反面，わが国は「課題先進国」と称されるように解決すべき課題が山積しており，観光に関わる領域においても例外ではない。

　国土交通省は2002年12月24日に公表した「グローバル観光戦略」において，この戦略がスタートする2003年を「訪日ツーリズム元年」とし，2007年までに訪日外国人旅行者数を800万人台にするという目標を掲げた。続いて，政府の観光立国懇談会が2003年4月24日に公表した「観光立国懇談会報告書」では，「住んでよし，訪れてよしの国づくり」を実現することを基本理念とする「観光立国」を国家目標として掲げた。その後，観光を取り巻く状況の変化を踏まえて，「観光基本法」（昭和38年法律第107号）に代わって「観光立国推進基本法」（平成18年法律第117号）が2006年12月13日に参議院本会議で成立し，2007年1月1日から施行され，同法第10条の規定に基づき，「観光立国推進基本計画」が同年6月29日に策定された。観光行政を担う観光庁は国土交通省の観光部門を担当していた6課が同省の外局の位置づけで2008年10月1日に発足した。このようにわが国の観光の組織・体制は整備されてきたが，グローバルな視野で見た場合，わが国の現状は観光立国への道半ばである。本章ではわが国の観光の現状を分析し，2020年に開催される東京オリンピック・パラリンピック競技大会を契機として観光先進国の仲間入りをするためにはいかなる課題を解決しなければならないかについて明らかにする。

1 「課題先進国」日本と観光振興

デフレからの脱却

わが国経済は1980年代後半のバブル経済の崩壊後，1990年代に続いて2000年代にも経済が停滞し，「失われた20年」と言われている。わが国は「課題先進国」と称されるように，人口減少・高齢化，エネルギー・環境問題，規制改革，財政均衡と社会保障制度改革，デフレ脱却，働き方改革，地震・集中豪雨などの自然災害の多発などの課題が山積している。そのなかでもデフレからの脱却が最大の課題である。わが国経済が長期にわたってデフレに陥っている原因は，総需要の不足にある。事実，1997〜2004年，2008〜2012年には需給ギャップ（GDPギャップ）が拡大している。深尾京司[1]が指摘しているように，総需要を喚起するためには，生産性向上と民間消費の回復が必要である。

図1-1 「失われた20年」と総需要喚起策

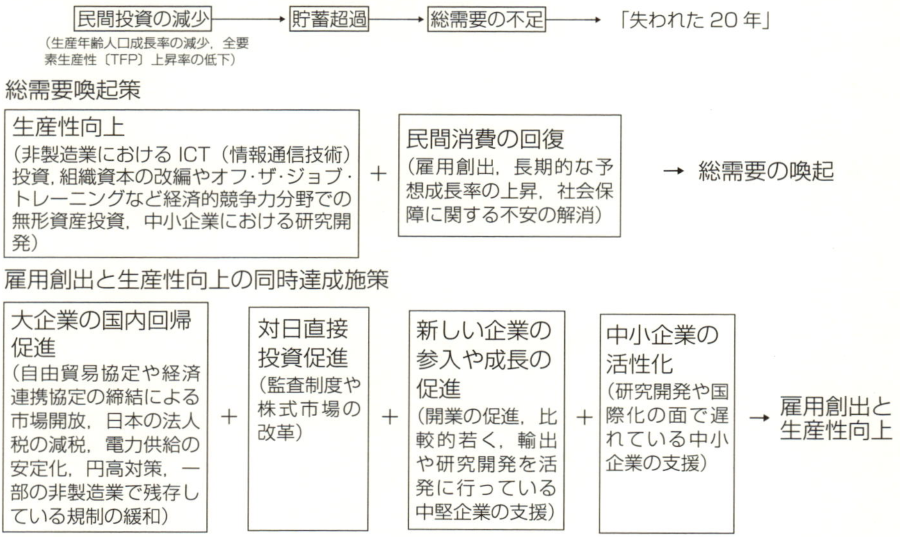

民間投資の減少 → 貯蓄過剰 → 総需要の不足 → 「失われた20年」
（生産年齢人口成長率の減少，全要素生産性〔TFP〕上昇率の低下）

総需要喚起策

生産性向上	＋	民間消費の回復	→ 総需要の喚起
（非製造業におけるICT（情報通信技術）投資，組織資本の改編やオフ・ザ・ジョブ・トレーニングなど経済的競争力分野での無形資産投資，中小企業における研究開発）		（雇用創出，長期的な予想成長率の上昇，社会保障に関する不安の解消）	

雇用創出と生産性向上の同時達成施策

大企業の国内回帰促進	＋	対日直接投資促進	＋	新しい企業の参入や成長の促進	＋	中小企業の活性化	→ 雇用創出と生産性向上
（自由貿易協定や経済連携協定の締結による市場開放，日本の法人税の減税，電力供給の安定化，円高対策，一部の非製造業で残存している規制の緩和）		（監査制度や株式市場の改革）		（開業の促進，比較的若く，輸出や研究開発を活発に行っている中堅企業の支援）		（研究開発や国際化の面で遅れている中小企業の支援）	

（資料）深尾京司（2012）『「失われた20年」と日本経済』日本経済新聞出版社，4-5，277，280-281ページ。

とりわけ，民間消費の回復には雇用の創出と実質賃金の上昇が前提となる。生産性向上と雇用創出のためには，①大企業の国内回帰の促進，②対日直接投資の促進，③新しい企業の参入や成長の促進，④中小企業の活性化に関する施策が講じられなければならない（図1－1参照）。

アベノミクスの「三本の矢」，「新三本の矢」

デフレからの脱却は，2012年12月に発足した安倍晋三内閣が目標としたものであり，その実現のために放ったのが①大胆な金融政策，②機動的な財政政策，③民間投資を喚起する成長戦略から成る「三本の矢」であった。そのうち，第1の矢の金融政策と第2の矢の財政政策は，短期的な需要拡大策であり，日本経済の先行きに関わる第3の矢の成長戦略[2]に本腰を入れて，真正面から地道に取り組まなければデフレからの脱却と経済再生の実現は達成困難である。2015年10月に発足した第三次安倍晋三改造内閣の下でアベノミクスの第二ステージとして2016年6月に「ニッポン一億総活躍プラン」が閣議決定され，一億総活躍社会の実現という目標を達成するために放たれたのが，①希望を生み出す強い経済（戦後最大の名目GDP600兆円），②夢を紡ぐ子育て支援（希望出生率1.8），③安心につながる社会保障（介護離職ゼロ）から成る「新三本の矢」であった。新しい三本の矢のうち，①の第1の矢は第一ステージの第3の矢（成長戦略）の延長線上に位置づけられている（表1－1参照）。

表1-1 アベノミクスの成長戦略

政策別／項目別	三本の矢	新三本の矢
内閣	第二次安倍晋三内閣	第三次安倍晋三内閣
発表年月日	2013年1月28日	2016年6月2日
ステージ	第一ステージ	第二ステージ
目標	デフレからの脱却	一億総活躍社会
政策	大胆な金融政策 機動的な財政政策 民間投資を喚起する成長戦略	希望を生み出す強い経済（戦後最大の名目GDP600兆円） 夢を紡ぐ子育て支援（希望出生率1.8） 安心につながる社会保障（介護離職ゼロ）

（資料）第183回国会における安倍首相所信表明演説（2013年1月28日），閣議決定（2016）「ニッポン一億総活躍プラン」による。

成長戦略と観光立国の鍵となる施策

近年は訪日外国人旅行者ならびに訪日外国人消費額が増加し，わが国の経済成長に寄与することになっており，成長戦略のなかに観光立国の実現を目指す施策が位置づけられている。2016年6月2日に閣議決定された「日本再興戦略2016」では，観光立国の鍵となる施策として，①観光資源の魅力向上（迎賓館等の開放，文化財・国立公園などの活用），②観光関連規制・制度の見直し（通訳案内サービスの拡大等），③地域観光経営（DMO）の推進，④観光人材の育成，⑤訪日外国人旅行者の拡大に向けた地域の受け入れ環境整備，⑥休暇取得の促進・分散化[3]を挙げている。

前掲図1－1の「生産性向上」のために必要な「非製造業におけるICT（情報通信技術）投資」と「大企業の国内回帰促進」のために必要な「一部の非製造業で残存している規制の緩和」は，観光サービスを提供する観光産業の革新のために早急に取り組まなければならない課題である。

わが国経済が長年にわたってデフレに陥っている原因は，総需要の不足にあり，総需要を喚起するためには生産性の向上と民間消費の回復が必要である。そして，雇用を創出し，生産性を向上させるためには，中長期展望を持った成長戦略を地道に実行していかなければならない。観光立国の実現を目指す施策は，成長戦略のなかに位置づけられ，その成果が期待されている。

2　観光立国の実現を目指すわが国の観光の現状

観光立国実現への経緯

21世紀はグローバル化の時代にあり，経済成長を遂げるアジア諸国を中心とした大交流時代にあって，国際交流の増進，わが国経済の活性化の観点から観光の重要性は高まっていった。小泉純一郎首相（当時・2001年4月26日～2006年9月26日）は，第154回国会における施政方針演説（2002年2月4日）において訪日外国人旅行者の増加とこれを通じた地域の活性化について言及し，第156回国会における施政方針演説（2003年1月31日）では2010年に訪日外国人旅行者数を1,000万人に倍増させるとの目標を提示し，観光への

理解を示していた。国家目標としての観光立国の基本的なあり方については，小泉首相が主宰する「観光立国懇談会」(2003年1月14日設置) において検討された。同懇談会ではわが国の観光立国としての基本的なあり方を多角的に検討した「観光立国懇談会報告書」(2003年4月24日公表) において，「住んでよし，訪れてよしの国づくり」を実現することを観光立国の基本理念とした。

わが国では観光に関する政策の目標を提示した「観光基本法」の下で観光行政が行われてきたが，制定以来40年以上が経過し，観光を取り巻く状況は著しく変化した。そのため，①観光旅行者の需要の高度化，②観光旅行形態の多様化，③観光分野における国際競争の一層の激化[4]などに的確に対応する新法の制定を求める機運が高まり，議員立法により「観光立国推進基本法」が2006年12月13日に参議院本会議で成立し，2007年1月1日から施行された。

表1-2 観光立国実現に向けた政府の取り組み

年　　月	内　　容
2003年 1月	小泉純一郎首相が「観光立国懇談会」を主宰（同年4月，「観光立国懇談会報告書」発表）。
4月	ビジット・ジャパン事業開始。
7月	「観光立国行動計画」策定。
2004年 11月	「観光立国推進戦略会議報告書」発表。
2006年 7月	国土交通省の観光部門が4課体制から6課体制に拡充。
12月	「観光立国推進基本法」成立。
2007年 1月	「観光立国推進基本法」施行。
6月	「観光立国推進基本計画」閣議決定。
2008年 10月	「観光庁」発定。
2009年 7月	中国個人観光ビザ発給開始。
2012年 3月	「観光立国推進基本計画」閣議決定。
2013年 4月	「国土交通省観光立国推進本部とりまとめ」公表。
6月	観光立国推進閣僚会議「観光立国実現に向けたアクション・プログラム」公表。
7月	タイ，マレーシアビザ免除。
2014年 6月	「観光立国実現に向けたアクション・プログラム2014」決定。
12月	インドネシアビザ免除（在外公館へのIC旅券事前登録）。
2015年 6月	「観光立国実現に向けたアクション・プログラム2015」決定。
2016年 3月	「明日の日本を支える観光ビジョン」策定。
2017年 3月	「観光立国推進基本計画」閣議決定。

(資料) 観光庁 HP (http://www.mlit.go.jp/kankocho/kankorikkoku/index.html) 2017年4月1日閲覧による。

また，政府は同法第10条の規定に基づき，観光立国の実現に関する施策の総合的かつ計画的な推進を図るため，「観光立国推進基本計画」を2007年6月29日に策定した。続いて，これまで国土交通省の観光部門を担っていた6課が同省の外局という位置づけで「観光庁」として2008年10月1日に発足した。同庁発足後は，国際観光の振興，観光地域づくりの支援，観光産業の育成，観光統計の整備などを実施している（表1－2参照）。国家目標として観光立国が提示（2003年）されて以来，10年以上が経過し，いまだ不十分な点が多いとはいえ，行政，観光業界の努力の成果が目にみえる形となって現れてきていることから，安倍晋三首相の施政方針演説においては毎回，観光振興の実績が強調されている（表1－3参照）。

「観光立国推進基本計画」の推移

観光立国の推進状況については，2007年から3期にわたり策定された「観光立国推進基本計画」の目標数値と実績を比較することで知ることができる（表1－4参照）。3期にわたり比較できるのは，3指標だけである。1.「国内旅行消費額」は第1期に30兆円の目標（2010年）に対し実績は23.8兆円，第2期に24.5兆円の目標（2016年）に対し実績は20.9兆円（速報値）であり，第3期の目標は「観光ビジョン」（明日の日本を支える観光ビジョン構想会議が2016年3月30日に公表した「明日の日本を支える観光ビジョン」）と同じ21兆円（2020年）である。2.「訪日外国人旅行者数」は第1期に1,000万人の目標（2010年）に対し実績は861万人であったが，第2期は1,800万人の目標（2016年）に対し実績は2,404万人（推計値）で，目標を33.6％も上回っており，第3期は4,000万人（2020年）を目標としている。7.「日本人の海外旅行者数」は第1期に2,000万人の目標（2010年）に対し実績は1,664万人，第2期は2,000万人の目標（2016年）に対し実績は1,712万人（推計値）で二期連続，目標を下回っていた。第3期は従来通りの2,000万人を目標（2020年）としている。

3.～6.の4指標は第2期と第3期の比較になるが，3.「訪日外国人旅行消費額」は，第2期に3兆円の目標（2016年）に対し実績は3.7兆円（推計値）で

観光振興と経済再生　第1章

表1-3　安倍晋三首相の施政方針演説における「観光」に関する発言

国　会	年　月　日	「観光」に関する発言内容
第183回	2013年2月28日	世界の人たちを惹きつける観光立国を推進する……。
第186回	2014年1月24日	昨年，外国人観光客1,000万人目標を達成した。……次は2,000万人の高みを目指し，外国人旅行者に不便な規制や障害を徹底的に洗い出す。 日本のおもてなしの心は外国の皆さんにも伝わっている。……日本ブランドは，海外から高い信頼を得ている。 観光立国を進め，活力に満ち溢れる地方を創り上げよう。
第189回	2015年2月12日	外国人観光客は，この2年間で500万人増加し，1,300万人を超えた。 ビザ緩和などに戦略的に取り組む。 国内の税関や検疫，出入国管理の体制を拡充する。 羽田空港の国際線と成田空港の発着枠を2020年までに年4万回増やす。 沖縄の那覇空港第二滑走路の建設を進める。
第190回	2016年1月22日	外国人観光客は，3年連続で過去最高を更新し，1,900万人を超えた。旅行収支は，55年ぶりに黒字となった。 戦略的なビザの緩和や，いわゆる「民泊」を拡大する規制改革を進める。 羽田空港の容量拡大に着手し，国内の税関や検疫，出入国管理の体制を一層拡充する。 沖縄・石垣港を訪れる大型クルーズ船は，この3年で2倍近くに増えた。…2年後の供用開始に向け，新しい岸壁の整備を進める。 免税店の数は，この1年で3倍，3万店に増えた。更なる手続きの簡素化，免税対象額の引き下げを行う……。
第193回	2017年1月20日	外国人観光客は，4年連続で過去最高を更新し，昨年は2,400万人を超えた。 日本を訪れる外国クルーズ船は，3年で4倍に増加した。民間資金を活用し，国際クルーズ拠点の整備を加速する。 新石垣空港では，昨年，香港からの定期便の運航が始まり，外国人観光客が増加している。 全国の地方空港で，国際定期便の就航を支援するため，着陸料の割引，入国管理等のインフラ整備を行う。 羽田空港では新しい国際線ターミナルビルの建設に着手する。 いわゆる民泊の成長を促すため，規制を改革する。 外国人観光客4,000万人の高みを目指し，観光立国を推進する。

（資料）首相官邸HP「施政方針／所信表明」より筆者作成。

あり，訪日外国人旅行者数の今後の増加を期待して第3期は8兆円を目標（2020年）としている。4.「訪日外国人旅行者に占めるリピーター数」は，第2期に1,000万人程度の目標（2016年）に対し実績は1,436万人（推計値）であり，第3期は2,400万人を目標（2020年）としている。5.「訪日外国人旅行者の地方部における延べ宿泊者数」の「地方部」は，第2期計画では東京，千

表1-4 「観光立国推進基本計画」における目標と実績

	第1期	（実績）	第2期	（実績）	第3期	〈参考〉観光ビジョンの目標
閣議決定	2007年6月29日		2012年3月30日		2017年3月28日	2016年3月30日策定
目標年次	2010年	(2010年)	2016年	(2016年)	2020年	2020年
1. 国内旅行消費額	30兆円	23.8兆円	30兆円	20.9兆円（速報値）	21兆円	21兆円
2. 訪日外国人旅行者数	1,000万人	861万人	1,800万人	2,404万人（推計値）	4,000万人	4,000万人
3. 訪日外国人旅行消費額			3兆円	3.7兆円（推計値）	8兆円	8兆円
4. 訪日外国人旅行者に占めるリピーター数			1,000万人程度	1,436万人（推計値）	2,400万人	2,400万人
5. 訪日外国人旅行者の地方部における延べ宿泊者数			2,400万人泊	2,845万人泊（速報値）	7,000万人泊	7,000万人泊
6. アジア主要国における国際会議の開催件数に占める割合			5割以上増（1,111件以上）	28%	3割以上	
7. 日本人の海外旅行者数	2,000万人	1,664万人	2,000万人	1,712万人（推計値）	2,000万人	

注）基本計画および観光ビジョンの目標の地方部は三大都市圏以外の地域，第2期計画の目標の「ゴールデンルート以外の地域」は東京，千葉，大阪，京都以外の地域を指す。
（資料）国土交通省（2007）「観光立国推進基本計画」3ページ，観光庁（2012）「観光立国推進基本計画」9-10ページ，観光庁（2017）「観光立国推進基本計画」11-14ページより筆者作成。

葉，大阪，京都のゴールデンルート以外の地域，第3期計画と観光ビジョンでは三大都市圏以外の地域を指しており，地理的範囲が異なる。そのため，第2期と第3期を単純に比較することはできない。第2期では2,400万人泊の目標（2016年）に対し実績は2,845万人泊（速報値）であり，第3期には7,000万人泊を目標（2020年）としている。6.「アジア主要国における国際会議の開催件数に占める割合」は，第2期に5割以上増（1,111件以上）の目標（2016

年）に対し実績は410件，アジア主要国に占める割合は28％で，開催件数は目標を大きく下回っている。第3期はアジア主要国に占める割合の目標（2020年）を3割以上としている。

　以上を総括すると，第1期は「国内旅行消費額」，「訪日外国人旅行者数」，「日本人の海外旅行者数」の実績は，すべて目標を下回っていた。第2期は「訪日外国人旅行者数」，「訪日外国人旅行消費額」，「訪日外国人旅行者に占めるリピーター数」，「訪日外国人旅行者の地方部における延べ宿泊者数」の実績は目標を上回っていたが，「国内旅行消費額」，「アジア主要国における国際会議の開催件数に占める割合」，「日本人の海外旅行者数」の実績は目標を下回っている。

訪日外国人旅行者数（インバウンド）と
日本人の海外旅行者数（アウトバウンド）の推移

　海外旅行が自由化された1964年以降，2016年までの訪日外国人旅行者数（以下，インバウンドと記す）と日本人の海外旅行者数（以下，アウトバウンドと記す）の推移を見ると，1964年から1970年まではインバウンドがアウトバウンドを上回っていたが，1971年から2014年まではアウトバウンドがインバウンドを上回り，2015年には45年ぶりにインバウンドがアウトバウンドを上回った（図1－2参照）。インバウンドは東日本大震災の2011年には前年比27.8％減となったが，翌年以降は顕著に増加している。インバウンドの増加の背景[5]には，①2012年末以降の円安の進行，②アジアの中間所得層の増加に伴う潜在的な旅行需要の拡大，③東アジアを中心とする格安航空会社（LCC）就航の増加，④アジア諸国を中心にビザ発給要件の緩和・免除措置（表1－5参照）が講じられたことを挙げることができる。

　グローバル化の時代，大交流の時代において，互いの国民が双方向で交流することは，相互の理解を深め，文化摩擦の回避に寄与することになる。表1－6は日本人の海外の国・地域へのアウトバウンドと海外の国・地域から日本へのインバウンド，前者の後者に対する比率を示したものである。韓国（0.5）と台湾（0.4）は，インバウンドがアウトバウンドを上回っているが，その他

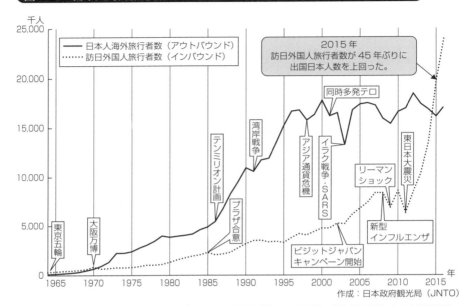

図1-2 日本人海外旅行者数と訪日外国人旅行者数の推移（1964〜2016年）

（資料）観光庁（2017）「資料1　観光の現状等について（案）」（第1回　次世代の観光立国実現に向けた観光財源のあり方検討会）6ページ。

表1-5　ビザ発給要件の緩和・免除措置

年　月	緩　和　内　容
2013年7月	タイおよびマレーシア向けのビザ免除，ベトナムおよびフィリピン向けの数次ビザ導入，インドネシア向けの数次ビザに係る滞在期間の延長
10月	アラブ首長国連邦向けの数次ビザ導入
11月	カンボジア，ラオスおよびパプアニューギニア向けの数次ビザ導入
2014年1月	ミャンマー向けの数次ビザ導入
7月	インド向けの数次ビザ導入
9月	インドネシア，フィリピンおよびベトナム向けの数次ビザ発給要件の大幅緩和
11月	インドネシア，フィリピンおよびベトナム向けの実質ビザ免除（観光目的，指定旅行会社経由）
12月	インドネシア向けのビザ免除
2015年1月	中国向けの数次ビザ発給要件の緩和
6月	ブラジル向けの数次ビザ導入
8月	モンゴル向けの数次ビザ導入
2016年1月	インド向けの数次ビザ発給要件の大幅緩和
2月	ブラジル向けの数次ビザに係る滞在期間延長。ベトナム，インド向けの数次ビザの発給要件の緩和
10月	中国向けの商用目的・文化人・知識人向け数次ビザの緩和および一定範囲の大学の学生等に対するビザ申請手続きの簡素化。カタール向けの数次ビザ導入
2017年1月	ロシア向けの数次ビザの導入，商用目的・文化人・知識人向け数次ビザの緩和，自己支弁渡航の場合の身元保証書等を省略する措置を実施
2月	インドの大学の学生等に対するビザ申請手続きの簡素化。ブラジル向けの数次ビザ発給要件の緩和
5月	中国向け一次・数次ビザの発給要件の緩和

（資料）「中短期工程表」（閣議決定（2017）「未来投資戦略2017」所収），170ページ。

観光振興と経済再生　第1章

表1-6　日本のアウトバウンド，インバウンド（2015年）

(単位：人)

地域別	国別	アウトバウンド（A）	インバウンド（B）	A/B
ヨーロッパ	イギリス	194,000	258,488	0.8
	フランス	682,121	214,228	3.2
	ドイツ	647,243	162,580	4.0
	イタリア	421,917	103,198	4.1
	スペイン	561,744	77,186	7.3
	スイス	226,198	40,398	5.6
	オーストリア	236,621	18,184	13.0
	ポルトガル	87,682	18,666	4.7
米州	アメリカ	3,758,297	1,033,258	3.6
	カナダ	275,027	231,390	1.2
	ブラジル	70,102	34,017	2.1
アジア・太平洋地域	韓国	1,837,782	4,002,095	0.5
	中国	2,497,000	4,993,689	0.5
	台湾	1,586,489	3,677,075	0.4
	香港	632,959	1,524,292	0.4
	タイ	1,349,388	796,731	1.7
	シンガポール	789,179	308,783	2.6
	マレーシア	483,569	305,447	1.6
	インドネシア	549,705	205,083	2.7
	オーストラリア	335,520	376,075	0.9
	ニュージーランド	87,328	49,402	1.8

（資料）日本政府観光局（JNTO）「各国・地域別日本人訪問者数」，「国籍/月別訪日外客数」(2015年) より筆者作成。

の国・地域はすべてアウトバウンドがインバウンドを上回っている。アジア諸国・地域に比べてヨーロッパ諸国では，わが国のアウトバウンドとインバウンドの間の不均衡が著しい国がある。たとえば，オーストリアを訪れる日本人旅行者数は日本を訪れるオーストリア人旅行者数の13.0倍であり，一方通行の状態になっている。多数の日本人旅行者が地理的に遠距離にあるにもかかわらずオーストリアを訪れているのは，オーストリアに旅行者を惹きつける文化的磁力，魅力があるからである。逆に，オーストリアから日本を訪れる旅行者がなぜこれほど少ないかと言えば，「遠くても行きたいという観光地としての

『引力』が日本はまだ弱い」[6]からである。インバウンドを増加させるためには，わが国の観光地ブランドを確立し，観光情報の海外への発信と訪日外国人旅行者の受け入れ体制の整備が必要である。

世界における日本の観光の地位

わが国のインバウンドは，2012年以降顕著に増加し，2015年には1,974万人，そして2016年には2,404万人となった。また，2003年4月からビジット・ジャパン事業を開始して以来，国際旅行収支の赤字は年々減少し，2015年には暦年としては1962年以来，53年ぶり[7]の黒字（1兆905億円）となった。このように近年のわが国の観光は，インバウンドと国際旅行収支の2つの指標で見る限りでは順調に推移しているようにみえる。しかし，国連世界観光機関（UNWTO）の統計（表1-7参照）によると，国際観光客到着数で10位までの国のうちトルコ，メキシコ，ロシア以外の7カ国は，国際観光収入においても10位以内に入っている。つまり，国際観光客到着数の多い国は，国際観光収入も多く，観光で稼いでいると言える。わが国は国際観光客到着数では第1位のフランスの1/4以下（23.4％），国際観光収入では第1位のアメリカの1/8以下（12.2％）に過ぎず，観光先進国への道のりは遠いと言わざるを得ない。

表1-7　国際観光客到着数，国際観光収入（2015年）

順位	国際観光客到着数	（万人）	国際観光収入	（億ドル）
1	フランス	8,450	アメリカ	2,045
2	アメリカ	7,750	中国	1,141
3	スペイン	6,820	スペイン	565
4	中国	5,690	フランス	459
5	イタリア	5,070	イギリス	455
6	トルコ	3,950	タイ	446
7	ドイツ	3,500	イタリア	394
8	イギリス	3,440	ドイツ	369
9	メキシコ	3,210	香港（中国）	362
10	ロシア	3,130	マカオ（中国）	313
	日本	1,974	日本	250

（資料）UNWTO, *Tourism Highlights*, 2016 Edition, p.6, p9.

3 観光先進国への課題と展望

観光先進国への課題

　課題先進国である日本は，山積する課題のなかでもとりわけデフレからの脱却が最優先課題である。デフレから脱却すればそれでおしまいではなく，成長戦略を地道に実行し，経済再生を果たすことが重要である。成長戦略のなかの1つに観光立国の実現を目指す施策が位置づけられている。2007年と2012年に策定された「観光立国推進基本計画」の目標と実績を比較すると，目標達成状況は決して満足できるものではなかった。また，国際観光客到着数と国際観光収入で見る限り，世界のなかでの日本の観光の地位は上位にはなく，観光先進国には程遠い状況である。日本が観光立国を実現し，観光先進国となるためには次の諸課題に真摯に取り組まなければならない。

観光産業の生産性向上

　第1に，観光産業の生産性向上を図らなければならない。観光産業は観光サービスを提供する産業である。生産性水準の国際比較には，「通貨の換算の仕方やサービスの質の評価」[8]など難しい問題を伴うが，滝澤美帆[9]によれば，日本のサービス産業の労働生産性（2010〜2012年）は，アメリカを100として49.9，つまり1/2に過ぎない。観光産業を構成している宿泊業や旅行業の労働生産性を他産業と比較すると，全業種平均の502万円に対して，旅行業は700万円で39.4％上回っているが，宿泊業は256万円でほぼ半分（51.0％）に過ぎない（図1−3参照）。観光サービスを提供する観光産業は，①生産と消費の同時性（したがって，在庫がきかない），②基本的に，サービス提供者，サービスを受けるものがいずれも人間である，というサービス財生産の特性を持っている。そのため，観光産業の場合は，製造業のように最新鋭の機械を導入すれば生産性が急上昇するような事例は見られない。しかし，観光産業においても情報通信技術（ICT）の活用，人的資源の質の向上[10]，観光関連規制・制度の見直しは，観光産業の生産性向上のために早急に取り組むべき課題である。

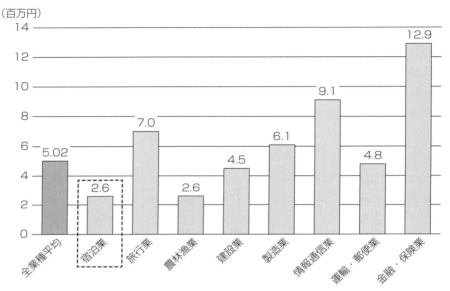

図1-3 業種別従業者1人当たりの付加価値（労働生産性）

注）付加価値額とは，企業の生産活動によって新たに生み出された価値
（付加価値額＝売上高－費用総額＋給与総額＋租税公課）。
出典：総務省「平成24年経済センサス―活動調査」より抜粋。
(資料) 観光庁 (2016)「第1回観光産業革新検討会説明資料」20ページ。

インバウンドの受け入れ体制の整備

　第2に，インバウンドの受け入れ体制の整備をしなければならない。2016年6月2日に閣議決定した「日本再興戦略2016」では，「訪日外国人旅行者数〔インバウンド〕を2020年に4,000万人，2030年に6,000万人とすることを目指す」[11]と記している。つまり，2016年のインバウンドの2,404万人に対し2020年には1.7倍，2030年には2.5倍の増加を目標としている。これほどのインバウンドの増加を実現しようとすれば，日本は世界中の人々から観光目的地として選ばれる国になる努力が必要である。2016年の日本のインバウンド[12]（2,404万人）を見ると，そのうちアジアの国・地域からが2,010万人（全体の83.6％）を占め，地理的に近距離にあるアジア偏重型になっており，地理的に遠距離にある国・地域からも多数のインバウンドがあるヨーロッパの観光先進

国とは大きな相違がある。

　日本が世界中の人々から観光目的地として選ばれる国になるためには，(1)日本の観光資源の魅力や大都市だけでなく，地方の観光地の魅力，日本文化の魅力をさまざまなメディアを通じて，あらゆる機会をとらえて世界へ情報発信することである。また，情報発信対象についても，現在の日本のインバウンドの中心である中間所得層だけでなく，プライベート・ジェット機に乗り，高級ホテルに宿泊し，桁違いの買い物をする富裕層をも対象にする必要がある。

　(2) インバウンド促進のためには，ビザ発給要件の緩和・免除措置[13]の実行が効果的である。2015年の日本のインバウンド1,974万人のうちビジット・ジャパン重点15カ国・地域（ビザ免除国・地域：韓国，台湾，香港，タイ，シンガポール，マレーシア，インドネシア，オーストラリア，アメリカ，カナダ，イギリス，フランス，ドイツ，イタリア，スペイン）は1,328万人（67.3％）で，全体の2/3を占めている。ビジット・ジャパン重点5カ国（ビザが必要な国：中国，フィリピン，ベトナム，インド，ロシア）は561万人で，28.4％，その他の国・地域は85万人で，4.3％である。2013年7月1日にビザ免除をしたタイからの訪日旅行者数は，2012年7月〜2013年6月・330,261人が2013年7月〜2014年6月・582,416人（76.4％増），2014年7月〜2015年6月・750,561人（28.9％増）に，そして同時にビザ免除をしたマレーシアからの訪日旅行者数は2012年7月〜2013年6月・140,330人が2013年7月〜2014年6月・221,242人（57.7％増），2014年7月〜2015年6月・266,929人（20.7％増）に増加し，ビザ免除効果が明確に現れている。

　(3) 外国人旅行者にとって入国審査がスムーズに行われるかどうかは，入国審査官の対応によってその国の第一印象が決まってしまうことから，20分以内の目標を目指して入国審査の迅速化[14]が必要である。具体的には，①一般の外国人には，入国審査待機中にバイオカートによる指紋，顔写真の個人識別情報を事前取得し，審査ブースに進んでもらう，②出発地空港で個人識別情報を事前取得したプレクリアランス（事前確認）対象外国人は，専用レーンへ進んでもらう，③自動化ゲート登録外国人は，入国時に提供された指紋情報を活用し，出国手続きにおいて自動化ゲートに進んでもらう。このような措置をと

る空港が拡大し，入国審査官も増員されることにより，外国人旅行者が増加しても入国審査が迅速に行われなければならない。

（4）わが国の周囲は海のため，訪日外国人の交通手段は，航空機か船である。現在，訪日外国人の85％が東京，千葉，大阪，京都のゴールデンルートを含む特定の空港に集中し，混雑しているが，地方空港（主要7空港を除く，国管理，地方管理，コンセッション空港）から入国する訪日外国人は，訪日外国人全体の6％[15]（2015年）に過ぎない。ゴールデンルートを含む特定の空港への訪日外国人客の集中・混雑を回避し，地方の活性化を図るためにも，地方空港の施設・設備，入国審査体制の充実を図り，「地方イン・地方アウト」[16]の流れをつくる必要がある。

また，わが国港湾へのクルーズ船の寄港回数[17]は，2013年・1,001回，2014年・1,204回，2015年・1,454回，2016年・2,018回となっており，3年で倍増している。訪日クルーズ旅客数は，2013年・17.4万人，2014年・41.6万人，2015年・111.6万人，2016年（速報値）・199.2万人となっており，3年で11.4倍の増加であり，政府は2020年には500万人[18]を目標としている。クルーズ船の寄港回数が増え，訪日クルーズ旅客数の増加が見込まれることから，ハード面では大型クルーズ船が着岸できる岸壁の延伸，旅客ターミナルの整備，ソフト面では無料Wi-Fiの整備，寄港地を起点とする観光情報の発信[19]などが必要である。

日本人のアウトバウンドと国内旅行の振興

第3に，近年はインバウンドの顕著な増加に注目が集まっているが，一方のアウトバウンドに目を移すと，2012年の1,849万人をピークに，その後3年連続で減少し，2015年には1,621万人になり，2016年には1,712万人（推計値）に増加したものの，「観光立国推進基本計画」（2012年策定）で目標としていた2,000万人（2016年）を下回っている。とりわけ，若年層（20～29歳）のアウトバウンド[20]が2012年の303万人から2015年には254万人に3年連続で減少しており，日本人のアウトバウンド全体に占める若年層のシェアは2012年の16.4％から2015年の15.7％へ毎年低下の一途をたどっている。若い

とき，とりわけ学生時代はおかねがなくても暇はある。「若い時旅をいたさねば，年寄っての物語がない」（大蔵流狂言「魚説経」）という名言があるように，感受性豊かな若いときに旅をしてさまざまな体験を積んでおかなければ，歳をとってから自分の子どもに話すことがない。

　日本人のアウトバウンドだけでなく，国内旅行も低迷している。国内宿泊観光旅行の年間平均宿泊数（2015年）は 2.27 泊で，前掲の計画で目標としていた 2.5 泊（2016年）を下回り，国内宿泊観光旅行を行わない国民の割合（2015年）は 46.8％で，40％程度に引き下げるとしていた目標（2016年）を達成していない[21]。また，国内宿泊旅行と国内日帰り旅行を合計した 2016 年の国内旅行消費額（20.9 兆円）は，同年の計画目標（24.5 兆円）を下回っている。近年はインバウンド消費の増加が注目されているが，国内旅行消費額は訪日外国人旅行消費額（3.7 兆円）の 5.6 倍[22]であることから，需要喚起の一環としての旅行消費の拡大には国内旅行の振興にもっと力を入れなければならない。そのためには旅の歴史，旅と人生，旅の意義などについて家庭で，学校で教える「旅育」を根気強く続け，旅をすることは人間が生きていくうえで欠くことができないものであるとの国民全体の意識の醸成を図っていく必要がある。まさにモーツァルト，W. A.（1756〜1791）が父宛の手紙のなかで言うように，「旅をしない人間は（少なくとも芸術や学問にたずさわる者は）みじめな人間です！……凡庸な才能の人間は，旅をしようがしまいが，いつまでも凡庸なままです。しかし卓越した才能の人間は（ぼくがぼく自身にそれを認めても，身のほど知らずだということには，ならないでしょう）いつも同じ場所に留まっていては，だめになります」[23]。

休み方改革と働き方改革

　内閣府では休み方改革ワーキンググループ[24]が 2014 年に報告書を発表しており，政府では働き方改革実現会議が首相の示した同一労働同一賃金，長時間労働の是正など 9 つのテーマについて審議し，2017 年に実行計画[25]をとりまとめた。どのような働き方をしているかということは，どのような休み方ができるかに影響する。長時間労働をしている人は，休みをとれないか，とれたと

しても短い休みしかとれない。人員のやり繰りがつかない職場であれば，有給休暇をとって休むこともままならない。わが国では「国民の祝日に関する法律」（昭和23年法律第178号）を改正して，2000年に「成人の日」と「体育の日」，2003年に「海の日」と「敬老の日」を移動祝日にして三連休にする「ハッピーマンデー制度」や月末の金曜日に早期帰宅を奨励し，消費を喚起する「プレミアムフライデー」が2017年2月24日に始まったが，いずれも短期の休みしかとれないため，あわただしい「弾丸ツアー」しかできない。わが国では2020年までに年次有給休暇取得率[26]を70％にするという目標を掲げているが，2015年は47.6％であり，目標には程遠い現状である。連続して十分な休みが確保できなければ，家族そろって，ゆっくりと旅行することはできない。その意味で，働き方改革と休み方改革は一体となって進められなければならない。そうでない限り，日本人のアウトバウンドも国内旅行の振興も図ることは難しい。

観光関連規制・制度の見直し

　第4に，わが国の観光を取り巻く状況の変化が激しく，現行の観光関連規制・制度が現状に対応したものになっていないため，見直しが必要である。
　(1) 訪日外国人旅行者の増加に伴い，通訳案内士の需要が増加している。通訳案内士登録者[27]は19,033人いるが，地域別に見ると都市部に偏重（東京都，神奈川県，千葉県，埼玉県で56％，大阪府，兵庫県，京都府で19％，計75％）しており，通訳案内士試験のある10カ国語の言語別内訳[28]は，英語67.8％，中国語12.0％，韓国語5.2％，その他15.0％で，英語に偏重しており（2015年現在），近年訪日外国人旅行者が増加している東南アジアの言語はタイ語だけである。通訳ガイドはこれまで国家資格の通訳案内士だけであったが，急増する訪日旅行者の多様化するガイドニーズに応えるため，都道府県認定の「地域限定通訳案内士」，地方公共団体の研修を修了すれば一定区域内で有償ガイドが可能な「特例ガイド」制度も存在していたが，通訳ガイドのあり方の変化に対応して「通訳案内士法」[29]（昭和24年法律第210号）は，次のように改正された。①通訳案内士の業務独占規制を廃止し，名称独占へ移行し，全国対応

のガイドである「全国通訳案内士」に加えて，地域による地域に特化したガイドである「地域通訳案内士」の資格制度を創設する。②通訳案内士の質の維持・向上のため，一定期間ごとの研修制を義務づける。③通訳案内士試験の合格率は 10 〜 20％程度の難しい試験であるが，試験内容は知識偏重のため，「旅程の管理や外国人ごとの生活文化への対応，災害発生時等における適切な対応など」[30]の現場の実態を反映した試験内容に改める。

（2）従来からある発地型旅行とは異なり，地元の観光資源を活用し，地元ならではの文化や産業の体験，交流などを重視した着地型旅行[31]が注目されている。しかし，「旅行業法」（昭和 27 年法律第 239 号）は，発地型旅行を前提にしており，着地型旅行促進に対応するものでなかったため，この度同法の一部を改正して，次のように着地型旅行商品を企画・提供しやすい環境整備をすることになった。①現行の旅行業務取扱管理者試験の内容は，着地型旅行等の地域限定旅行商品を取り扱う地域限定旅行業者にとっては必ずしも必要としない知識であるため，地域限定旅行業者が取り扱う旅行に係る知識のみに限定した試験を新設する。②旅行者の安全と取引の公正を損なっていないと認められる場合は，複数営業所兼務を認める方向で取扱管理者選任要件を緩和する。③旅行業者代理業は代理できる旅行業者がこれまでは 1 社限定であったが，他社の旅行商品も販売可能とする。

（3）旅行業者からの委託を受け，運送事業者，宿泊事業者，ガイド等の手配を行うランドオペレーターは，旅行業者の登録をしているものは約 2 割に過ぎず，多くはこれまで「旅行業法」に基づく管理外にあり[32]，土産物屋での高額な商品購入の勧誘，無資格ガイドの利用，高額なキックバックの要求，貸し切りバスの基準下限割れ運賃＊での契約などをする者が後を絶たなかった[33]。そのため，「旅行業法」が改正され，ランドオペレーターに対して①業務の適正化を図るための登録制の導入，②契約時の書面交付等の義務，③旅行者の安全，取引の公正を担保する資格者の設置，④禁止行為，違反事業者に対する罰則[34]が定められた。悪質業者を放置することは，旅行者の不評を買い，観光地の評価を落とすことになる。

（4）近年のインバウンドの急増に伴って，東京，大阪などの大都市でのホテ

ル，旅館の客室不足が深刻な問題になっている。そこで注目されたのが，主にインターネット上などの仲介業者を通して自宅やマンションなどの空き部屋を宿泊施設として有料で提供する民泊[35]である。「旅館業法」（昭和23年法律第138号）は，ホテル，旅館の営業には構造設備基準，衛生管理や宿泊者名簿を備えるなどの義務を定めているが，民泊については「実態が先行し，必要な旅館業の許可を得ていない」[36]違法民泊が増加し，治安上・衛生上の問題，近隣トラブルなどが発生するに至った。そこで，「旅館業法」よりも設置基準がゆるやかで，多様化する宿泊ニーズに対応し，空き部屋を有効に活用して，民泊サービスを普及させるためのルールづくりが進められ，新たに「住宅宿泊事業法案」[37]が2017年3月10日に閣議決定され，同年6月9日の参議院本会議で成立した。同法案によると，①「住宅宿泊事業者」は，都道府県知事への届け出が必要であり，民泊営業の年間上限日数は180日で，都道府県や政令市は地域の実情を反映して日数を制限する条例を制定できることとした。家主居住型の住宅宿泊事業者に対しては，衛生確保措置，騒音防止のための説明，苦情への対応，宿泊者名簿の作成・備え付け，標識の掲示等を義務づけ，家主不在型の住宅宿泊事業者に対しては，これらの措置を住宅宿泊管理業者に委託することを義務づけた。そして，住宅宿泊事業者に係る監督は，都道府県知事が実施することとした。②「住宅宿泊管理業者」は，国土交通大臣の登録が必要で，住宅宿泊事業者への契約内容の説明等を実施し，住宅宿泊事業の適正な遂行のための措置（標識の掲示を除く）を代行することが義務づけられた。そして，住宅宿泊管理業者に係る監督は，国土交通大臣が実施することとした。③「住宅宿泊仲介業者」[38]は，観光庁長官の登録が必要で，宿泊者への契約内容の説明等が義務づけられた。そして，住宅宿泊仲介業者に係る監督は，観光庁長官が実施することとした（図1－4参照）。わが国の民泊は国家戦略特区の対象地域に限定して東京都大田区と大阪府で先行して始まったが，全国展開するのはこれからである。民泊はたんにホテル，旅館の客室不足を補うという役割だけでなく，日本の生活体験・文化体験をしたい訪日外国人との交流の場であり，滞日中によい思い出をつくってもらい，リピーターになってもらう絶好の機会でもある。

図1-4 民泊における制度スキーム

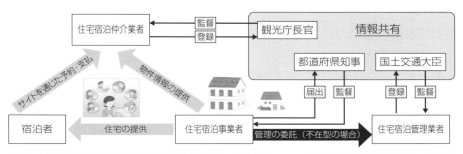

(資料) 国土交通省観光庁・厚生労働省 (2017)「民泊新法の検討状況について」(第11回規制改革推進会議 資料1) 1ページ。

観光統計の整備

 第5に,観光政策の立案(Plan),実施(Do),効果の確認(Check)そして課題への対応(Action)のPDCAサイクル[39]を円滑に機能させるためには観光統計の整備が重要である。わが国では1970年代後半からサービス経済化が進展していたにもかかわらず,サービス業統計の整備は遅れていた。そのなかでも,とりわけ観光統計の不備が目立っていた。統計制度改革,統計充実のきっかけとなったのは,小泉純一郎内閣の下で改革第2段階における「基本方針第2弾」として発表された「経済財政運営と構造改革に関する基本方針2002」であり,2003年度からニーズの乏しい統計を廃止し,雇用や環境,新サービス産業や観光などの新成長分野等ニーズのある統計を抜本的に整備する[40]との方針を掲げた。

 わが国の観光統計の開始年を見ると,「旅行・観光消費動向調査」は2003年,「宿泊旅行統計調査」は2007年であり,観光庁発足(2008年)後は,「訪日外国人消費動向調査」と「都道府県観光入込客統計」は2010年である。これまでは都道府県ごとにバラバラの統計調査基準のもとで観光入込客統計が集計されていたが,観光庁の共通基準に則って統計が集計されることになり,都道府県別の旅行・観光消費額を推計できるとともに都道府県間での比較が可能となった。さらに,「観光地域経済調査」が2012年から開始され,国連世界観光機関(UNWTO)が示した統一基準「観光統計に関する国際勧告2008」

(TSA：RMF08)[41]に準拠して観光サテライト勘定（TSA）を導入したので，TSAをすでに導入している諸国間との国際比較が可能となった。わが国の観光統計整備の歴史は浅く，発展途上にある。観光先進国とよばれる国々は，早くから観光統計の重要性を認識し，観光統計の整備に努め，観光政策の実行に反映させている観光統計先進国でもある。

観光人材の育成

　第6に，グローバル化への対応，労働生産性の向上，観光サービスの質の向上などの観光事業の現場におけるさまざまな変化に対応し，競争力を維持・向上させていくためには，観光人材の育成[42]が重要である。観光産業の担い手は，①トップ人材（経営人材），②中核人材，③実務人材から構成される。①トップ人材[43]（経営人材）は，観光産業全体を牽引することができる人材であり，一橋大学と京都大学では2018年度に大学院に観光MBA（経営学修士）を設置し，観光の経営人材を育成する予定である。②中核人材は，地域の観光産業の中核を担う人材である。小樽商科大学[44]では地域の旅館・ホテルの経営人材育成のための教育カリキュラムを産学連携して2015年度から実施している。さらに，職業実践知の教育に軸をおきつつ，学術知の教育と融合した実践的な職業教育機関として2019年度に開学を目指している「専門職業大学」[45]では，専門職業人材の養成を行うことになっている。③実務人材は，観光産業の即戦力となる人材であり，急増するインバウンドに対応する人材確保と観光分野の専修学校での人材育成が課題となっている。

　観光の理論的な研究の蓄積が観光実務に生かされ，観光実務で蓄積された結果が観光の理論的研究に反映されなければならない。このようなフィードバックの関係があってこそ，観光の理論的な研究も観光実務も進歩・発展する。観光実務に携わる人たちには，観光の理論的な研究の裏付けが必要である。目先の，すぐに処理しなければならないことばかりを繰り返していたのでは，何の進歩・発展もない。観光後進国においては，観光の理論的研究と観光実務とのフィードバックの関係の構築を組織的・計画的に実施していかなければならない。観光研究者と観光実務に携わる人たちにこの自覚がなければ，観光人材育

成のレベル・アップを図ることはできないし，観光後進国から観光先進国への発展は難しい。

東日本大震災からの復興

　第7に，東日本大震災からの観光の復興なくして，日本の観光の再生はない。東日本大震災からの10年間の復興期間のうち，2011～2015年度の「集中復興期間」は終了し，現在は2016～2020年度の「復興・創生期間」である。震災前の2010年と比べて，2016年の東北6県における外国人延べ宿泊者数は28.3％増で，震災前の水準を上回ったが，全国の146.2％増とは比べものにならない。被災3県（岩手県，宮城県，福島県）は2010年と比べて2016年は12.7％増で，福島県は18.2％減である[46]。東北6県への国・地域別の外国人延べ宿泊者数は，2010年と比べて2016年では，風評被害の残る韓国は52.0％減，香港は54.4％減，シンガポールは5.4％減である[47]。福島第一原子力発電所事故[48]の風評被害を受けて福島県の2016年度の教育旅行入込数は，震災前の2010年度と比べて64.6％[49]にとどまっている。風評を払拭し，福島の復興・再生を図るためには中長期的な対応が必要である。

　政府は2016年を「東北観光復興元年」と位置づけ，東北6県の外国人延べ宿泊者数を2020年に150万人泊（2015年の53万人泊の3倍）にすることを目標とし，「復興・創生期間」につぎのような対策[50]を実施する予定である。すなわち，

① 2020年度末までに2,000人規模の海外の旅行会社関係者等の招請。
② 海外の教育旅行関係者の招聘による震災復興のスタディツアーの実施。
③ 全世界を対象とするデスティネーション・キャンペーンとしての東北〔観光復興〕プロモーションの実施。
④ 広域観光周遊ルートの形成に向けた地域の取り組みの支援，旅館の再生・活性化の取り組みの実施。
⑤ 仙台市と仙台空港を含む周辺エリアを「復興観光拠点都市圏」とする重点的な支援の実施。

2020年に開催される東京オリンピック・パラリンピック競技大会は，「復興

五輪」[51] として位置づけられ，被災地での聖火リレーや事前キャンプの実施などの被災地と連携した取り組みが進められる予定である。同大会は世界中から訪れる旅行者に震災時に差し伸べられた暖かい支援に感謝の気持ちを伝えるとともに，東北地方の復興する姿をつぶさに見ていただき，世界へ発信してもらう絶好の機会である。東北地方の観光が震災前の原状を回復すればよしとするのではなく，東北地方の観光のありようが震災前より改善され，質的に充実し，生まれ変わったようになる「創造的復興」を目指さなければならない。東北地方の観光の創造的復興が被災地の復興の明るい兆しとなることが期待されている。

注

1) 深尾京司（2012）『「失われた20年」と日本経済』日本経済新聞出版社，4-5，277，280-281ページ。
2) 高品盛也（2016）「アベノミクスの進捗と成長戦略」『調査と情報』第917号，9ページ。
3) 閣議決定（2016）『日本再興戦略2016』17ページ。
4) 国土交通省編（2007）『観光白書（平成19年版）』（株）コミュニカ，1-6ページ。
5) 米良有加・倉知善行・尾崎直子（2013）「最近の訪日外国人増加の背景とわが国経済への影響」『日銀レビュー』2013-J-7，1-2ページ。
6) 三菱総合研究所政策・経済研究センター（2016）「内外経済の中長期展望 2016-2030年度」35ページ。
7) 年度としては，2014年度に1959年度以来，55年ぶりに2,547億円の黒字となった。表1-3の安倍晋三首相の2016年1月22日の施政方針演説中の「旅行収支は，55年ぶりに黒字となった」との発言は，年度で見たものである。
8) 森川正之（2009）「サービス産業の生産性分析～政策的視点からのサーベイ～」『日本銀行ワーキングペーパーシリーズ』No.9-J-12，35ページ。
9) ちなみに，アメリカの労働生産性水準を100として，日本の製造業全体のそれは69.7である。滝澤美帆（2016）「日米産業別労働生産性水準比較」『生産性レポート』（日本生産性本部）Vol.2，3ページ。
10) 森川正之，前掲誌，33ページ。
11) 前掲注3），92ページ。

12) 観光庁（2017）「観光の現状等について（案）」（第1回　次世代の観光立国実現に向けた観光財源のあり方検討会　資料1）4ページ。
13) 国土交通省（2016）「国土交通省重点政策2016」53ページ。
14) 同上，57ページ。
15) 観光戦略実行推進タスクフォース（2016）「観光インフラ整備プログラム施策集」27ページ。
16) 国土交通省（2016），前掲資料，61ページ。
17) 国土交通省港湾局産業港湾課（2017）「2016年の訪日クルーズ旅客数とクルーズ船の寄港実績（速報値）資料」1-2ページ。
18) 前掲注3），102ページ。
19) 前掲注15），29ページ，国土交通省港湾局（2016）「クルーズ振興を通じた地方創生」4ページ。
20) 観光庁（2017）「観光立国推進基本計画」8ページ。
21) 同上，9ページ。
22) 観光庁（2017）「プレスリリース　旅行・観光消費動向調査　平成28年年間値（確報）について」5ページ。
23) 柴田治三郎編訳（1980）「モーツァルトから父（ザルツブルク）へ　パリ，1778年9月11日」『モーツァルトの手紙（上）』（岩波文庫）岩波書店，184-185ページ。「モーツァルトは35年10カ月9日間生存し，そのうち10年2カ月8日間を旅の空で過ごした」（柴田治三郎編訳，同（下）239ページ）。
24) 休み方改革ワーキンググループ（2014）「休み方改革ワーキンググループ報告書」。
25) 働き方改革実現会議（2017）「働き方改革実行計画」。
26) 第6回仕事と生活の調和推進官民トップ会議（2016）「仕事と生活の調和推進のための行動指針」　別紙1。
27) 国土交通省観光庁（2016）「通訳案内士制度について」（第57回規制改革会議資料1-2）3ページ。
28) 観光庁（2015）「通訳案内士を巡る状況及び今後の対応について」（第11回通訳案内士制度のあり方に関する検討会，資料3），2ページ。
29) 2005年に「通訳案内業法」から現在の名称に改められた（真子和也（2016）「通訳案内士制度をめぐる動向」『調査と情報』第890号，5ページ）。「通訳案内士法の一部を改正する法律案」は2017年3月10日に閣議決定され，その後，改正「通訳案内士法」が2018年1月4日に施行された。
30) 観光庁（2016）「通訳案内士制度の見直し方針について　中間取りまとめ」（通訳

案内士制度のあり方に関する検討会) 3 ページ。

31) 観光庁 (2016)「新たな時代の旅行業法制に関する検討会 中間とりまとめ」(新たな時代の旅行業法制に関する検討会) 3-6 ページ。

32) 同上，6 ページ。

33) 観光庁 (2016)「ランドオペレーターの現状について」(第 1 回新たな時代の旅行業法制に関する検討会 資料 3) 4 ページ。

* 2016 年 1 月 15 日に発生した軽井沢スキーバス事故(乗員乗客 15 名死亡，乗客 26 名重軽傷)の貸し切りバス事業者「イーエスピー」(東京都羽村市)の今回のツアー受注額は，基準下限(約 26.4 万円)を下回る約 19 万円だった(『日本経済新聞』2016 年 1 月 23 日(朝刊))。

34) 前掲注 31)，8-9 ページ。旅行業法施行規則等の一部を改正する省令が 2017 年 10 月 31 日に公布され，その後，改正「旅行業法」が 2018 年 1 月 4 日に施行された。

35) 日本政策投資銀行関西支店 (2016)「日本における民泊利用の実態」1 ページ。

36) 規制改革会議 (2015)「民泊サービスの推進に関する意見」1 ページ。

37) 国土交通省観光庁・厚生労働省 (2017)「民泊新法の検討状況について」(第 11 回規制改革推進会議 資料 1) 1 ページ。政府は 2017 年 10 月 24 日の閣議で「住宅宿泊事業法」の施行日を 2018 年 6 月 15 日に決めた(『日本経済新聞』2017 年 10 月 25 日(朝刊))。

38) 参考までに，アメリカの民泊仲介大手のエアビーアンドビー(本社・サンフランシスコ，2008 年設立)は，191 カ国，5 万都市に 300 万件の物件を持ち，利用者数は 1 億 4,000 万人である。一方，中国でスマートフォン(スマホ)アプリを中心とした民泊予約サイトを運営する途家(トゥージア)(本社・北京，2011 年設立)は，約 70 カ国，1,090 都市に 45 万件の物件を持ち，アプリダウンロード数は約 1 億 5000 万件である(『日本経済新聞』2017 年 2 月 1 日(朝刊))。

39) 観光庁観光経済担当参事官室 (2013)「観光統計の概要と利活用について」119 ページ。

40) 閣議決定 (2002)「経済財政運営と構造改革に関する基本方針 2002」17 ページ。

41) UNWTO (2008), *Tourism Satellite Account : Recommended Methodological Framework.*

42) 前掲注 20)，39-40 ページ。

43) 第 1 回クールジャパン人材育成検討会 (2017)「観光庁提出資料 資料 11」3 ページ。

44) 第 1 回観光産業革新検討会 (2016)「観光産業革新検討会説明資料 資料 4」32

ページ。

45) 中央教育審議会実践的な職業教育を行う新たな公等教育機関の制度化に関する特別部会（2016）「社会・経済の変化に伴う人材需要に即応した室の高い専門職業人材養成のための新たな公等教育機関の制度化について（審議経過報告）」25 ページ。新しい高等職業教育機関創設を巡る経緯については，小林信一（2016）「大学教育の境界〜新しい高等職業教育機関をめぐって〜」『レファレンス』785 号，23-52 ページ参照。
46) 復興庁（2017）「東日本大震災からの復興の状況に関する報告」21 ページ。
47) 東北運輸局観光部（2017）「東北地方における観光の現状」6 ページ。
48) 小池拓自ほか（2016）「福島第一原発事故から 5 年」『調査と情報』第 899 号，1-27 ページ参照。
49) 泉水健宏（2017）「東日本大震災からの復興の現状及び課題」『立法と調査』No.395，13 ページ。
50) 前掲注 20），19-20 ページ。〔　〕内，筆者加筆。
51) 復興庁（2016）「『復興・創生期間』における東日本大震災からの復興の基本方針」11 ページ。

第2章 都市再生と都市観光

　都市は誕生以来,興隆と衰退を繰り返してきている。都市が興隆し,発展するとき,都市域は外延的に拡張し,都市での活動を支える基盤施設が整備され,都市に居住する人々や都市を訪れる人々でにぎわう。しかし,グローバル化の進展,人口減少,産業構造の変化,都市間競争の激化,人々の価値観の変化などの社会経済状況が変化することによって都市は機能不全に陥り,衰退することがある。都市が衰退するとき,都市を構成する組織や機能を回復させる都市再生がさまざまな立場の違いを越えて,共通の話題となる。

　わが国では20世紀末から都市論や都市政策の分野では,都市再生が議論の焦点となり,さまざまな都市論が交錯している。都市の将来像をどのように描くかによって都市再生のあり方は異なるが,都市再生のなかに都市観光の振興が組み入れられているケースが多くなっている。都市の現場では,都市再生と都市観光の振興は一体となって実施されている。しかし,研究の現場では,都市再生は都市論や都市政策の分野の研究者,そして都市観光は観光分野の研究者がそれぞれ別々に研究しているのが現状である。観光まちづくりについても,都市観光の振興をまちづくりの中心に据え,「観光から観光まちづくりへ」進むケースとまちづくりから出発したものの,都市観光の振興に力を入れていくうちに「まちづくりから観光まちづくりへ」と進むケースもみられる。このように,都市観光の振興と観光まちづくりは不即不離の密接な関係にあるが,研究の現場では前述した都市再生と都市観光の振興の場合と同様な状態が現実である。

　本章は,このような現状認識に立って,都市再生と都市観光,都市観光とまちづくりの双方に足場を置いて,両者を有機的に結びつけることによって都市再生を図り,魅力的な都市を形成する方途を明らかにする。

1 「開発型」都市再生と「保全型」都市再生

都市再生の経緯

　都市再生とは，経済活動が停滞したり，組織の機能不全に陥って活気が失われた都市を蘇生させることである。衰退した都市を蘇らせるといっても原状回復すればよいというのではない。なぜなら，原状の都市を取り巻いていた社会経済状況と都市再生後のそれとは相違しているからである。原状とは変化した社会経済状況に適合した都市再生をいかに実現するかが重要である。

　都市再生を実現する方策が都市政策である。どのような考え方の都市政策を実施するかによって，再生後の都市のあり方が相違する。わが国で都市再生が語られるようになったのは，1990年代末からである。自らを「経済再生内閣」と位置づけた小渕恵三内閣（1998年7月30日〜2000年4月5日）において首相直属の機関である経済戦略会議が1999年2月26日に提出した「日本経済再生への戦略」と題する最終答申では，不良債権の処理，日本経済再生の切り札として都市再生が位置づけられていた。そして，21世紀にふさわしい都市の構築に向けた国家戦略を策定するため，首相直轄の「都市再生委員会」を設置し，同委員会の下で都市開発を実施するにあたっては徹底した民間委託を行って，不良担保不動産等の流動化と一体となった土地の有効利用を強力に推進する[1]，と述べている。

　小渕首相が病気で倒れ，不明朗な手続きのなかで後継首相となった森喜朗首相が2001年4月6日に経済対策閣僚会議で正式決定した「緊急経済対策」は，日本経済の構造問題の根本的な解決に向けての具体的施策のなかに都市再生，土地の流動化を取り上げ，内閣に「都市再生本部」（仮称）を設置することとした[2]。森内閣（2000年4月5日〜2001年4月26日）の後を継ぎ，「構造改革なくして景気回復なし」を標榜して発足した小泉純一郎内閣は，都市の再生に関する施策を総合的かつ強力に推進するため，都市再生本部[3]を2001年5月8日に設置した。そして，都市再生本部が同年5月18日に公表した「都市再生に取り組む基本的考え方」では，国際的にみて地盤沈下している東

京圏と大阪圏の都市の魅力と国際競争力を高めることが内政上の重要課題であるとして，民間に存在する資金やノウハウなどの民間の力を引き出し，構造改革の一環として都市再生が実現できれば，不良債権化した土地の流動化とともに日本経済再生にもつながる[4]との見通しを示している。

　都市再生本部は，この時点では，東京圏と大阪圏という大都市圏を対象とする都市再生を念頭に置いていたが，同年6月14日に公表された「都市再生プロジェクトに関する基本的考え方」では，①人と自然との共生，②豊かで快適な生活を実現するためのまちづくり，③市街地の中心部の再生，④鉄道による市街地分断の緩和・解消などの課題に的を絞って地方都市の都市再生も対象としている。都市再生のための行動計画としての都市再生プロジェクトは，①国際競争力のある世界都市の形成，②安心して暮らせる美しい都市の形成，③持続発展可能な社会の実現，④自然と共生した社会の形成といった「21世紀の新しい都市創造」を目指すものをリーディングプロジェクトとして選定する一方，①地震に危険な市街地の存在，②慢性的な交通渋滞，交通事故など都市生活に過重な負担を強いている「20世紀の負の遺産の解消」を目指すものを緊急課題対応プロジェクトとして選定している[5]。

　都市再生の推進体制・支援措置等に関する法的枠組みとして「都市再生特別措置法」が2002年4月5日に公布，同年6月1日から施行され，同法に基づいて「都市再生基本方針」が同年7月19日に閣議決定された。この基本方針において都市再生は，土地の流動化を通じて不良債権問題の解消に寄与し，経済再生の実現につながる[6]，とされている。「20世紀の負の遺産の解消」と「21世紀の新しい都市創造」などを目指す都市再生プロジェクトは，2001年6月14日の第1次決定から2007年6月19日の第13次決定まで23プロジェクト[7]が決定され，推進中である。都市の再生の拠点として，都市開発事業等を通じて緊急かつ重点的に市街地の整備を推進すべき地域（同法第2条3項）が「都市再生緊急整備地域」であり，2002年7月24日の第1次指定から2016年11月24日まで総計59地域，約8,263haが指定されている[8]。同地域で実施されている事業のなかには，「各省庁の持つ既存事業が都市再生の名前を便宜的に利用して実施されている」[9]ものも含まれているのが実態である。

「開発型」都市再生と「保全型」都市再生

　わが国の都市再生本部の都市再生のあり方は，都市再生を通じて土地の流動化を促し，不良債権問題を解消し，ひいては日本経済の再生につなげようとする市場主義に基づく都市再生，企業活動が効率的に行えることを重視し，「経済成長の持続をめざす都市再生」[10]である点に特徴がある。今回の都市再生では，国は効率性を重視し，建築物の高さや容積率の規制を大幅に緩和するなどの措置を講じて，民間の活動の下支えに徹し，民間に存在する資金やノウハウなどを引き出し，民間主導の「開発型」都市再生を推進している。かつて中曽根康弘内閣（1982年11月27日～1987年11月6日）の下でも「アーバンルネサンス」（1983年）が唱道されたことがある。その時にわれわれは古い建物が次から次に解体された後，新しい建物・ビルに取って替わり，全国どこへ行っても画一的な，無色透明な街並みが出現する光景を目の当たりにしたが，今回の都市再生においても同じことが繰り返されている。まち全体から多様性[11]が失われ，街並みから個性がなくなり，古い建物が消え，文化の重層性[12]が喪失するとき，都市の魅力はなくなる。古い建物が取り壊され，人々がまちを離れるということは，コミュニティの人間関係が解体されることにつながる。つまり，「まちの風景が壊れていくこと，失われていくことは，ひととひとのつながりがなくなっていくこと」[13]に直結する。また，建設ラッシュのなかで経済効率性や便利さと引き替えに，都市の自然環境が破壊され，都市のなかから潤い，憩い，安らぎの場も喪失している。

　わが国は市場主義に基づく都市再生，経済成長の持続を目指す都市再生を推進する20世紀型の時代遅れの都市政策を踏襲している。この対極にあるのが，ヨーロッパ諸国，たとえばイタリアの反市場主義に基づく都市再生，人間の生活の「場」としての持続可能な都市を目指す都市再生[14]（表2－1参照）のあり方である。後者の「保全型」都市再生においては，第1に，都市の自然環境を保全・再生し，都市のなかの緑や水辺を利用することで，都市住民や都市を訪れる観光者が安らぎ，潤い，癒し，落ち着き，快適性を感じられるようにすることを目指している。第2に，都市のなかで人間が人間らしくいきいき暮らすことができるように都市の生活機能を回復することに努めている。古い

表2-1　日本とイタリアの都市再生

項目別＼国別	日　本	イタリア
1. 都市づくりのスタイル	開　発　型 「農村の大改変」や「震災・戦災からの再出発」が近代都市づくりの契機。米国思想追従で「開発型」を志向。	保　全　型 古代，中世の都市国家の伝統が，現代の地方分権・地方自治の体制を支えている。 1960－1970年代の政策により「ストック保全型」を選択。
2. 都市の性格	「絵にならない」（均質・非個性的） シビルミニマム（必要最低限の機能水準）に向けた政策・補助金の「均質性」を反映。	「絵になる」（差異・個性的） 地域の自然，歴史・文化・生活様式の「多様性」を反映。
3. 都市計画の主要目的（および土地利用の原則など）	「産業・経済の場」の整備 産業・経済効率を重視した用途純化（ゾーニング）。 「フロー経済」に対応した「土地利用更新」が不可避。	「生活の場」の確立 生活・住民構成の持続を重視し，諸用途を混在させる。 「持続と保存」にもとづき，経済は「ストック型」に。
4. 都市と地域の構造	外　延　的 職住などが分離し，他地区・他都市に依存→地区間・都市間の移動が多い。 都市・非都市の区分が曖昧。 低密度（低層・戸建て）。	集　約　的 機能をコンパクトに備えて自立・自律→地区間・都市間の移動が少ない。 都市・農村が明確に区分。 高密度（中高層・集住）。

（資料）民岡順朗（2005）『「絵になる」まちをつくる―イタリアに学ぶ都市再生―』（生活人新書）日本放送出版協会，23ページ。

　建物も古いものの良さを見出せば，保全と再利用への道が開ける。個性的な街並みがしっかりと息づき，都市内に特徴的なイメージを持つエリアがあり，都市の表情が豊かで，奥が深いこと（多様性），伝統文化が根付き，新しい文化も生気に満ちていること（文化の重層性）は，都市の魅力である。魅力的な都市とは，都市住民にとっては暮らしやすく，都市を訪れる観光者にとっては何度でも訪ねたくなる文化的磁力を持った都市であり，活気，にぎわい，楽しさ，暖かさ，おもしろさ，居心地の良さ，感性を刺激するという都市観光の面からの魅力的な要素を備えた都市である。

2 都市再生と都市観光

魅力的な都市と都市観光の魅力

　都市は都市住民が暮らす場であるとともに観光者が訪れる交流の場でもある。都市は都市住民のためだけの場ではなく，都市を訪れる観光者にとっても快適に過ごせる場でなければならない。しかし，都市論や都市政策に関わる研究者は，当初は都市における観光の役割にはほとんど注目してこなかった。一方，観光研究者は大都市を主に観光者の送り出し先とみなしはするものの，観光地としては無視してきた。そのため，都市観光の研究は，これまで学術レベルではあまり関心を持たれてはこなかった[15]が，都市観光が注目され出したのは欧米では1980年代，わが国ではようやく1990年代に入ってからのことである。

　ニューヨークが1980年代に「アーバン・ルネサンス」と言われる活況を呈した[16]ときには，都市再生の取り組みのなかに都市観光の振興が組み入れられていた。わが国では2001年5月に設置された政府の都市再生本部は，「全国都市再生のための緊急措置」を2002年4月に決定し，同年10月には「都市観光の推進」をテーマに設定した。全国から選ばれた，稚内市，岐阜県神岡町（現・飛騨市），玉野市，松山市，石垣市の4市1町は，都市観光地域別検討会を設置して，関係府省（内閣府，環境省，総務省，国土交通省，経済産業省）の重点支援を受けて，地域特性を生かしたコンセプトを中心とする都市観光事業を推進している[17]。さらに，国土交通省社会資本整備審議会が2003年12月24日に公表した「都市再生ビジョン」では，都市再生へのアクションプランのなかに「都市観光の振興」[18]を取り上げ，①個性的な観光まちづくり，②通年型都市観光の実現，③外国人の訪日都市観光の促進を重要な課題として挙げている。

　近年，わが国では都市再生を図る際に，都市観光の振興が位置づけられる事例が多くなってきた。その理由は，都市を訪れる観光者は都市住民が利用する物販施設，飲食施設，文化施設などを利用し，都市住民が参加する祭りやイベ

ントなどにも参加することから，都市再生のなかで都市観光の振興を無視することはできないからである。経済成長の持続を目指す「開発型」都市再生は，効率性，標準化，画一化を追求する結果，個性のない，落ち着きのない，雑然とした都市が出現する。その反省の上に立って，われわれは人間の生活の「場」としての持続可能な都市を目指す「保全型」の都市再生を支持する。都市住民と観光者が都市に求めるものを截然と区分することは難しいが，どちらかというと都市住民は穏やかな生活を過ごせるように都市にゆとり，暖かさ，安らぎ，安全，潤い，やさしさ，快適さ，落ち着き，居心地の良さなどを求めるであろう。一方，都市を訪れる観光者は居住地にはないもの，たとえば美しさ，癒し，憩い，楽しさ，おもしろさ，個性，刺激，活気，にぎわい，猥雑さなどを都市に求める傾向が強いであろう。つまり，人間の生活の「場」としての持続可能な都市を目指すのであれば，都市住民が求めるものと都市を訪れる観光者が求めるものを双方とも満足させることができる，住んでよし，訪れてよしの都市の構築に努めなければならないと言える。

　都市は都市住民が暮らすだけでなく，観光者が訪れ，都市住民と交流するなかで経済活動が活性化し，新しい文化が誕生し，蓄積されていく。その意味で，都市は人々が「生きる知恵を生み出す苗床」[19]である。1960〜1970年代のイタリアでは，「保全型」都市再生の道を選択したが，都市を保全することは，さまざまな「創造力の源泉」[20]を保全することを意味する。都市論のキーワードは，時代の変遷とともに移り変わっていくものであり，これまで「住みよさ都市」，「持続可能都市」，「創造都市」などが提起されてきた。大阪市では，都市の活力は創造性豊かな人材が集まり活動していることから生み出されるとの認識の下で，創造性に富んだ人や企業が活発に活動し，その活動に惹かれてさらに人や企業が集まり，新たな都市活力創出の好循環を生み出していくという「創造都市」[21]づくりに向けて，都市経営の基本戦略となる「創造都市戦略」を2007年3月に策定した。

　魅力的な都市は，観光拠点に魅力があるとともに，都市全体が個性豊かで，魅力的であり，都市観光の点からみると，観光者を吸引する強力な文化的磁力を持つ場合が多い。都市を訪れる観光者が期待する都市観光の魅力要素（表2

表2-2　都市観光の魅力要素

1.「見る」楽しみ	①歴史的なまちなみを見る楽しみ ②都市の個性的な景観を見る楽しみ ③ヒューマンウォッチングの楽しみ ④先進的なまちなみを見る楽しみ
2.「買う」楽しみ	①その土地にしかないものを買う楽しみ ②流行の最先端のものを買う楽しみ ③個性ある店で買う楽しみ ④豊富な品揃えの中から選んで買う楽しみ
3.「食べる」楽しみ	①郷土料理，名物料理を食べる楽しみ ②豊富な店から選んで食べる楽しみ ③良質な素材，旬の素材を食べる楽しみ
4.「集う」楽しみ	①着飾る楽しみ ②祭りや行事を見たり，参加する楽しみ ③地場産業や伝統工芸等に触れる楽しみ
5.「憩う」楽しみ	①シティホテルを使う楽しみ ②自然（緑陰や水辺等）に触れる楽しみ ③文化や芸術・芸能等に触れる楽しみ ④イブニングライフの楽しみ

(資料) 都市観光を創る会監修，都市観光でまちづくり編集委員会 (2003)『都市観光でまちづくり』学芸出版社，40-54ページ。

－2参照) は，観光者が居住地では体験することができない「楽しみ」があることである。たとえば，「見る」・「買う」・「食べる」・「集う」・「憩う」楽しみであり，これらの楽しみの具体的内容をみると，観光者だけの楽しみに限定されるものではなく，都市住民の楽しみでもあるものも含まれている。なぜなら，これらの楽しみに関わる都市内の諸施設は，都市住民と観光者が共通に利用して楽しみを享受するという点が都市観光の特徴であるからである。

われわれが魅力的な都市だと感じるのは，美しい都市である。何をもって美しいと感じるかは，「個人の好みや育った環境，世代，立場，専門分野，地域など」[22]によって相当異なる。一般的にわれわれは，都市の自然環境が保全され，人間の生活の「場」としての都市の生活機能が円滑に機能しているときに

その都市を美しいと感じる。「都市の美しさは健全な生活が営まれるなかで育まれる」[23]と言われるように，都市の生活機能の健全性が都市の美しさに反映する。

都市の美観と日本橋地域再生

　「景観法」（平成16年法律第110号）が2004年6月18日に公布され，2005年6月1日に全面施行されたのを契機に，都市景観のあり方を巡って全国各地で都市景観論争が活発に展開されている。東京都心の日本橋地域では，東京オリンピック開幕前年の1963年に首都高速道路が日本橋の上に開通した。当時は高度経済成長の真っ只中にあり，経済効率が最優先され，都市の美観は考慮の対象外にあった。その後，低成長，バブル経済の崩壊を経て，都市再生が課題となる際に都市の美観が論議の対象となる時代を迎えた。都市景観に対する関心の盛り上がりを追い風に，日本橋の上を走る首都高速道路を移設し，日本橋地域の再開発をいかに推進するかが都市再生の潮流のなかで注目され，再開発のあり方を巡ってさまざまな意見が提案されている。

　国土交通省，東京都，首都高速道路公団で組織された「東京都心における首都高速道路のあり方委員会」（2001年4月2日設立）は，計画論的・技術論的立場から日本橋地域における首都高速道路の4つの再構築案（①日本橋川下の浅い地下を利用し，地下構造で再構築する「浅い地下案」，②広幅員道路下を利用し，地下構造で再構築する「別線地下案」，③日本橋川沿いのビルと地下構造で一体整備する「一体整備地下案」，④日本橋川沿いのビルと高架構造で一体整備する「一体整備高架案」）を検討した結果，日本橋周辺の歴史的建造物の景観確保や日本橋川の再生，都市の再生に向けた再開発等との「一体整備案がより適切である」[24]との結論に至った。

　日本橋創架400周年の2003年に学識経験者，日本橋地区の地元関係者，国土交通省，東京都，中央区，首都高速道路株式会社によって組織された「日本橋　みちと景観を考える懇談会」（2003年8月12日設立）は，日本橋地域における首都高速道路の3つの移設案（①日本橋川の北側の浅い地下に移設する「地下案1」，②日本橋ゾーンでは日本橋川の北側の浅い地下に移設し，大手町

ゾーンでは日本橋川の南側の浅い地下に移設する「地下案2」，③日本橋川の南側の浅い地下に移設する「地下案3」）を検討した結果，まちづくりからみた場合，「地下案2」が望ましい[25]との結論に至った。

　小泉純一郎首相は，自民党総裁任期切れを前にした2005年12月26日に，日本橋の上を首都高速道路が走り，景観を損ねているとして「夢をもって，日本橋の上を思い切って空にむかって広げてみよう」[26]と記者団に訴えた。この首相発言をきっかけに，伊藤滋（早稲田大学特命教授），奥田碩（日本経済団体連合会会長），中村英夫（武蔵工業大学学長），三浦朱門（日本芸術院院長）の4氏による有識者会議「日本橋川に空を取り戻す会」（2006年2月14日設立）が組織された。同会は，日本橋の上を走る首都高速道路の3つの再構築案（①撤去案，②高架案，③地下案）を検討した結果，地表面と地下鉄の狭い空間に首都高速道路を建設する「浅い地下案」[27]は，日本橋地域の街・川・道が一体となった地域づくりが可能で，大きな波及効果が期待できるとして推奨した。このように，日本橋地域における首都高速道路の移設案は，浅い地下に首都高速道路を移設し，周辺地域を一体的に整備する案で収束した。

　何をもって都市の美観とするかは，上述した要因によりかなりの個人差がある。日本橋は1603年の架橋当時は木造橋であり，約300年間に19回の架け替えと大改修が行われた末，1911年に妻木頼黄（1859～1913）の設計によるルネッサンス様式の石拱橋（アーチ橋）が架けられ，1963年に日本橋の上に首都高速道路が走ることになって，現在に至っている。日本橋のたどってきた歴史（表2－3参照）を振り返ってみると，時代とともに日本橋自体が変化し，橋周辺の景観も変化してきている。日本橋の上に首都高速道路があることが景観を損ねているので，地下に移設し，周辺地域を一体的に整備するという案が示されたが，この場合の工事費と用地補償費を合計した事業費は約4,000～5,000億円にのぼる。この事業費は，東京都港区の大型施設である「六本木ヒルズ」（2003年5月25日開業）の2,700億円，「東京ミッドタウン」（2007年3月30日開業）の3,700億円と比較すれば，いかに巨額であるかがわかる。この事業は，都市の美観を守るという追い風を背に受けて，日本橋の上を走る首都高速道路を地下に移設し，日本橋地域とその周辺地域を一体的に整備すれば

表2-3 日本橋の歴史

年	事　項
1603年	日本橋架橋。
1872年	最後の木橋として架け替え，欧風化の時代に合わせ橋のそりを無くし，擬宝珠も廃止。車道と人道を分ける。
1873年	国内諸街道起程の元標となる。
1882年	馬車鉄道が開通。
1903年	馬車鉄道が電車に。
1911年	石造りのルネッサンス様式の橋として完成（1603年以降約300年間に19回の架け替えと大改修が行われている）。
1923年	関東大震災で照明塔，高欄などが破損。
1931年	地下鉄上野・新橋間の延長により，日本橋下を通過。
1963年	日本橋の上に首都高速道路が開通。
1968年	名橋「日本橋」保存会発足。
1972年	現在の日本国道路元標，設置。
1991年	橋詰景観整備事業，実施（4つの橋詰広場を建設）。
1996～98年	日本橋照明灯装飾品，修復。
1999年	日本橋，重要文化財の指定を受ける。「日本橋地域ルネッサンス100年計画委員会」発足。
2003年	「日本橋　みちと景観を考える懇談会」を設置。
2005年	小泉純一郎首相が「夢をもって，日本橋の上を思い切って空にむかって広げてみよう」と発言。
2006年	「日本橋川に空を取り戻す会」発足。首都高速の江戸橋―竹橋間2kmを地下に移設する方針を決定。

（資料）東京都心における首都高速道路のあり方委員会（2002）「第3回　参考資料3『日本橋と日本橋川の歴史』」，五十嵐太郎（2006）『美しい都市・醜い都市』（中公新書ラクレ）中央公論新社，58ページ。

不動産価値が上昇し，キャピタル・ゲインが見込まれるとの見通しの下で行われようとしているが，「かたちを変えたハコモノ事業ではないか」[28]との疑いを抱かざるを得ない。この事業は，都市の生活機能を回復し，人間の生活の「場」としての持続可能な都市を目指す都市再生のあり方でないことは確かである。

東京の水辺空間の魅力向上

　都市で暮らす都市住民と都市を訪れる観光者の双方が安らぎ，落ち着き，癒し，居心地の良さ，快適さを感じるのは，緑が多く，水辺景観，水辺環境が優

れている都市である。都市内を何本もの川が流れる江戸では，春には川堤での桜の花見，夏は屋形船での納涼，橋の上や堤からの花火見物，秋は江戸前の寿司や天ぷらを食べて，冬は雪見酒を酌み交わすなど四季を通じて江戸の町に暮らす人々と川の関わりは密接であった。その後，交通手段の中心が水上交通から陸上交通に移るにつれて，都市のなかを流れる川は利用されなくなり，悪臭たちこめるどぶ川に変貌してしまった。しかし，河畔にたたずんだときに川面をなでる風の心地好さ，波が川岸に当たる音，川の流れと川岸の並木や家並みが醸し出す水辺景観などの水辺空間独特の良さが再評価され，水辺空間の魅力をいかに向上させるかが都市再生や都市観光の振興を図る場合に重要な課題として浮上してきている。

　世界有数の水辺の大都市である東京では，水辺の持つ安らぎや快適さの魅力を生かし，東京の居住者だけでなく，東京を訪れる観光者にも魅力的な水辺の都市空間[29]を形成するため，次の取り組みを行っている。

　水辺空間の魅力向上の出発点は，水質の改善である。隅田川では流域の下水道普及率の上昇によって水質は改善され，1978年には「隅田川花火大会」・「早慶レガッタ」が復活し，1992年には神田川への鮎の遡上が確認された。東京都では水質の改善と並んで水と触れ合える機会を図るなどの①「水辺環境」を改善・整備することを先行して実施したうえで，②水辺を生かした活動や観光まちづくりを推進し，「水辺のにぎわい」を創出すること，③利用しやすい船着き場を整備し，観光拠点を結ぶ「舟運」ネットワークを巡らすこと，④水辺の散策が楽しめる空間を整備し，美しい潤いのある「水辺景観」の形成に取り組んでいる。

　東京都では水辺空間を河川，運河，海に区分し，第1に河川では①隅田川地域は，江戸以来の歴史的観光資源が豊富に存在することを生かした江戸下町文化を感じさせる街並みと隅田川の周遊，②神田川下流・日本橋川地域は，わが国を代表する業務・商業機能が集積することから，国際的魅力を持つ商業集積と開放感溢れる水辺景観，③江東内部河川地域は，水路が縦横に流れている地域特性を生かして，水との触れ合いが楽しめる水上レクリエーション地区の形成を目標として水辺空間の魅力向上に取り組んでいる。

第2に、運河地域では、東京都は運河の水域利用とその周辺におけるまちづくりが一体となって、地域のにぎわいや魅力を創出することを目的とした「運河ルネサンス」[30]に着手し、運河ルネサンス推進地区（2009年7月現在）として指定した①芝浦地区（芝浦運河・新芝運河・芝浦西運河周辺）、②品川浦・天王洲地区（天王洲運河・天王洲南運河周辺）、③朝潮地区（朝潮運河・新月島運河周辺）、④勝島・浜川・鮫洲地区（勝島運河周辺）、⑤豊洲地区（豊洲運河・東雲運河・春海運河）では、運河の役割の変化に伴って、工場・倉庫群から住宅や商業施設が立地する水辺空間へと土地利用の転換が進んでいる現状を踏まえて、水と街が融合する業務・商業・居住の新たな都市空間の形成を目標とする水辺空間の魅力向上に取り組んでいる。

　第3に、臨海地域（臨海副都心）では、交流の場を人々が躍動する舞台に見立てた「舞台都市」[31]をコンセプトとする観光まちづくり事業が2003年度に東京都の重点事業として決定し、お台場海浜公園でのビーチバレーや年末年始に海辺を彩るイルミネーションなどにぎわい創出に向けた取り組みが実施されている。

水都大阪の再生

　東京と並んで大阪でも水辺空間の魅力をいかに向上させるかが課題となっている。政府の都市再生本部は、2001年12月4日に決定した都市再生プロジェクト（第三次決定）において「水都大阪」を再生するため、都心部の河川について川沿いのまちづくりと一体となった再生構想を策定するとともに、このうち先行的に道頓堀川の環境整備を推進する[32]ことになった。水都大阪の再生構想[33]は、時を感じる水の回廊づくりを目標に掲げ、①水辺空間の集客拠点の創出、②舟運を組み入れた交通システムの開発、③「水の都大阪」ブランドの発信などによって水の都を支える集客システムを構築し、国際集客都市大阪を目指して、都心の再生を図ることを目的としている。

　水の回廊づくりにおいては、表2-4のように4つのゾーンに分けて、①大阪ミナミの繁華街を流れる「道頓堀川ゾーン」では、水辺のにぎわいを創出すること、②船場都心を流れる「東横堀川ゾーン」では、都心居住と就業環境を

表2-4 水都大阪の水の回廊づくり

項目別＼ゾーン別	道頓堀川ゾーン	東横堀川ゾーン	中之島ゾーン	木津川ゾーン
ゾーンの目標	道頓堀　なにわの水辺劇場の創出	船場都心　うるおいと楽しみ環境の創出	水とみどりが活きる国際アイランドの創出	活気とうるおい・文化交流環境の創出
ゾーンの取り組みの方向	・川とまちを一体化し，にぎわいの基盤となる遊歩道整備 ・水辺空間の積極的利活用のための制度整備等	・都心住居・就業環境を魅力的なものとする水辺空間整備 ・憩いと楽しみの環境の創出に向けた水辺空間利活用の促進等	・中之島開発と連動した水辺整備 ・防災性を高め，まちと河川の一体化を促進するみどり豊かな水辺整備等	・魅力あるみどり豊かなやすらぎ環境と，にぎわいづくりに向けた水辺空間利活用のための環境整備 ・防災性を高め，まちと河川の一体性を高める水辺整備等
イメージ	川とまちを一体化し，にぎわいの基盤となる遊歩道整備	都心居住・就業環境を魅力的なものとする水辺空間整備	防災性を高め，まちと河川の一体化を促進するみどり豊かな水辺整備	魅力あるみどり豊かなやすらぎ環境とにぎわいづくりに向けた水辺空間利活用のための環境整備

（資料）水の都大阪再生協議会（2003）「水の都大阪再生構想（ダイジェスト版）」14-17ページ。

魅力的なものとする水辺空間を整備すること，③堂島川と土佐堀川に囲まれ，水都大阪を代表する水辺景観を持つ「中之島ゾーン」では，京阪電鉄「中之島線」の建設（2008年10月19日開通）によってはずみがついた中之島開発と連動した緑豊かな水辺を整備すること，④大阪の西部を北から南に流れる「木津川ゾーン」では，水辺空間の緑化を推進し，やすらぎの水環境をつくることに重点を置いて取り組んでいる。また，都心部を流れる川を利用して乗合クルーズ（図2-1参照）が落語家の解説付きで「落語家と行くなにわ探検クルーズ」と称して湊町船着き場（湊町リバープレイス）発着で，中之島・大阪城コース（所要時間・約105分，道頓堀川→木津川→堂島川→大川→土佐堀川→木津川→道頓堀川），川の環状線コース（同・約90分，道頓堀川→木津川→堂島川→土佐堀川→東横堀川→道頓堀川）そして春には川の環状線桜特別コース（同・約105分，道頓堀川→木津川→堂島川→大川→土佐堀川→東横堀川→道頓堀川）が運航されており，大阪を訪れる観光者の人気を博している。

図2-1 水都大阪の乗合クルーズ

(資料) JR西日本 (2007)「落語家と行く なにわ探検クルーズ 2月～5月」。

　大阪は「水都大阪」と言われるように、河川の水辺の魅力を生かして、①大川左岸の八軒家浜では、川の駅「はちけんや」の建設（2009年）、②土佐堀川左岸に位置する北浜では、全国初の常設川床「北浜テラス」の設置（2009年）、③中之島西部エリアでは、堂島川左岸にレストランや画廊などを核とした水辺空間のにぎわいを目指す「中之島バンクス」の整備（2010年）など、水辺のにぎわい拠点の整備を進めてきた。

3 都市観光と観光まちづくり

国と東京都の観光政策の経緯

　グローバル化の進展，高齢化の進行，国民のライフスタイルの変化などを背景に，これまでの観光のあり方を反省して，観光を巡る議論[34]が活発に展開され，観光に対する関心が高まってきたのは，1990年代に入ってからのことである。1995年6月に公表された観光政策審議会答申「今後の観光政策の基本的な方向について」は，21世紀のわが国において観光と観光産業への期待が大きいとして，これまでの均質性を指向する，ものづくり立国の発想から多様な価値との触れ合いを重視する交流立国へ転換する必要があると論じている。さらに，5年後の2000年12月に公表された同審議会答申「21世紀初頭における観光振興方策」は，観光振興を国づくりの柱に据え，①外国人旅行者訪日促進のための戦略的取り組み，②観光産業の高度化・多様化，③連続休暇の拡大と長期滞在型旅行の普及などの施策を推進し，わが国が21世紀初頭に観光交流大国を実現するビジョンを示している。

　21世紀に入り，国際交流の増進，わが国経済の活性化の観点から，観光立国を目指していくことが重要であるとの認識の下で，観光立国懇談会が2003年4月に公表した「観光立国懇談会報告書」は，「住んでよし，訪れてよしの国づくり」を実現することを観光立国の基本理念として掲げた。同報告書を受け，観光立国関係閣僚会議が同年7月に公表した「観光立国行動計画」は，観光立国実現のため，①21世紀の進路「観光立国」の浸透，②日本の魅力・地域の魅力の確立，③日本ブランドの海外への発信，④観光立国に向けた環境整備，⑤観光立国に向けての戦略の推進の5項目から成る行動計画を示している。さらに，1963年6月に制定された「観光基本法」は，2006年12月の参議院本会議で議員立法により成立した「観光立国推進基本法」に改められ，2007年1月から施行されている。

　国の観光政策の進展を受け，東京都は石原慎太郎知事の下で産業として観光を位置づける観光振興策[35]である「東京都観光産業振興プラン」を2001年11

表2-5　東京都の観光政策の推移

1999年11月	「危機突破・戦略プラン」策定
2000年12月	「東京構想2000」策定
2001年11月	「東京都観光産業振興プラン」（2002－2006年度）策定
2002年10月	宿泊税の導入，東京観光情報センター開設
2003年3月	江戸開府400年記念事業
10月	財団法人東京観光財団，設立
2004年3月	「東京都観光まちづくり基本指針」発表
2005年3月	「運河ルネッサンスの推進方針について」発表
2006年2月	「東京の水辺空間の魅力向上に関する全体構想」策定
12月	「10年後の東京～東京が変わる」策定
2007年3月	「東京都観光産業振興プラン」（2007－2011年度）策定
2013年5月	「東京都観光産業振興プラン」（2013－2017年度）策定

（資料）筆者作成。

月に公表した。同プランにおいて東京都は，東京を訪問する外国人旅行者277万人を5年間で600万人に倍増させるとの目標を掲げ，東京都ならではの観光資源を開発し，東京都の魅力を世界に発信するとともに，観光案内所や観光ボランティアの充実など外国人旅行者を温かく迎え入れる受け入れ体制を整備することによって観光産業の振興を図っていくことになった。東京都では観光まちづくり推進協議会が2004年3月に公表した「東京都観光まちづくり基本指針」に基づいて，旅行者が訪れたくなる，活力あるまちを目指して，地域特性に応じた東京ならではの観光まちづくりの推進に取り組んでいる。さらに，東京都は2006年2月に公表した「東京の水辺空間の魅力向上に関する全体構想」に基づいて，河川，運河，海に面する地域特性を踏まえて水辺景観を整備し，水辺のにぎわいや魅力を創出することで東京の水辺空間総体としての魅力向上を目指す事業を推進している（表2－5参照）。

都市観光の振興と観光まちづくり

　1990年代後半以降の国と東京都の観光政策の展開に連動して，21世紀に入り都内各区では観光振興計画（表2－6参照）が競うように策定されている。

表2-6 東京都各区の観光振興計画

区の名称	観光振興計画の名称	公表年月
千代田区	千代田区観光ビジョン	2006年12月
中央区	中央区観光振興戦略	2006年3月
港区	港区観光振興ビジョン	2005年8月
新宿区		未発表
文京区	文京区観光ビジョン	2009年7月
台東区	台東区観光ビジョン	2001年2月
墨田区	墨田区観光振興プラン	2004年11月
江東区	江東区観光推進プラン	2011年3月
品川区	品川区都市型観光アクションプラン	2006年3月
目黒区	目黒区観光ビジョン	2005年3月
大田区	大田区観光振興プラン	2009年3月
世田谷区	世田谷を楽しもう　世田谷で楽しもう	2008年3月
渋谷区		未発表
中野区	中野区都市観光ビジョン	2012年6月
杉並区	杉並区観光事業に関する基本的な考え方（中間報告）	2016年10月
豊島区	豊島区観光振興プラン	2004年3月
北区	北区観光振興プラン	2015年3月
荒川区	荒川区観光振興ビジョン	2003年7月
板橋区	板橋区観光振興ビジョン	2005年4月
練馬区	練馬区観光ビジョン	2003年3月
足立区	足立区観光基本計画	2005年10月
葛飾区	かつしか観光プラン	2007年3月
江戸川区		未発表

（資料）筆者作成。

　都市観光は、「各種物販業、飲食施設、文化施設、イベント、さらには町並み、界隈性などさまざまな要素が複合して観光客を吸引する新しいタイプの観光」[36)]である。これらの施設整備やイベントの充実、都市景観の保全などは、都市住民と都市を訪れる観光者の双方に関わりのある「まちづくり」（表2-7参照。「まちづくりの実践」については、参考資料2-1参照）の課題でもあり、都市観光とまちづくりの双方が交わるところに「観光まちづくり」が位置づけられる。観光まちづくりとは、観光の視点に立ったまちづくりを行うも

表2-7 「まちづくり」とは何か

まち	①「まち」とは，…変化しながら，しだいに蓄積された総体なのである（65ページ）。 ②「まち」とは市民全体が共有のものとして自覚でき，共同に利用，活用できる場の総称である（121ページ）。
つくる	①まちづくりの「つくる」とは，土木・建築的な物的な整備だけをいうのではない。まちを動かす仕組みや財政，自治組織，市民意識などのソフト面も含んでいる（24ページ）。 ②「つくる」とは，新しくつくるだけではなく，風土と歴史の上に立ってこれを修復したり，守ることも含まれる（54ページ）。 ③「まちづくり」の「つくる」という意味には，…物づくりだけではなく，「シゴトづくり」「クラシづくり」「シクミづくり」「ヒトづくり」などがある（87ページ）。 ④…「つくる」には…「見えるまちづくり」と「見えないまちづくり」の両面があり，それらが不即不離で働くのが，まちづくりなのである（87ページ）。 ⑤「つくる」には，逆に「つくらない」こと，「つくらせない」こともふくめておきたい（87ページ）。
まちづくり	①「まちづくり」は，今日の場に立ちながらも未来へ向かい，未来へ賭ける行為である（3ページ）。 ②「まちづくり」は地味な仕事である（3ページ）。 ③「まちづくり」は，その「まち」を愛する心の美しい人々の手になるとき，金をかけたよりも美しい「まち」をつくる（11ページ）。 ④「まちづくり」という用語は，…ハードだけでなくソフトを含むトータルイメージをもっている（25ページ）。 ⑤「まちづくり」とは，一定の地域に住む人々が，自分たちの生活を支え，便利に，より人間らしく生活してゆくための共同の場を如何につくるかということである（52〜53ページ）。 ⑥今日の「まちづくり」は…市民が共同して自分たちの共同空間と，共同システムをつくってゆくことである（120ページ）。 ⑦「まちづくり」とはその共同の場を，市民が共同してつくりあげてゆくことである（121ページ）。 ⑧「まちづくり」という言葉は，官庁まかせの都市建設を，市民が自分たちの問題として考え，共同責任をもつものに転換するための言葉である（135ページ）。 ⑨「まちづくり」は…ばらばらに行なわれてきたものを明確な目標の下に結集させ，「まち」が主体となって総合性を発揮しようという考えである（140ページ）。 ⑩「まちづくり」は，自分の足もとの地域を見直し，そこから地域の特性を引きだし，これを広い未来的視野に立って伸ばし育てることである（145ページ）。 ⑪「まちづくり」とは，個性の復興を求める運動である（145ページ）。 ⑫「まちづくり」とは息の長い，未来へ向けての作業である（152ページ）。 ⑬「まちづくり」は，…時間をかけても実践してゆくものである（158ページ）。 ⑭「まちづくり」は未来につながる今日に生き，今日の行動の中に未来を生みださなくてはならない（159ページ）。 ⑮「まちづくり」は，まちという身近な小生活空間を基点にして，見えるまちを再建しようとするものである（169ページ）。 ⑯これからの「まちづくり」は，…多くの市民が協働して共同の責任をもち，長い時間かかって仕上げてゆく共同作品である（171ページ）。 ⑰「まちづくり」「地域づくり」は，地域内にある土地，金，物そして人やチエを生かし，組合わせながら，長い目で見て，暮しやすい，住みやすい場をつくることである（176ページ）。 ⑱「まちづくり」は，終わることのない夢であり作業である（186ページ）。 ⑲「まちづくり」は時間のかかる仕事である（186ページ）。 ⑳まちづくりは，市民が自らの問題として，自分たちの生活の場を協働してつくり上げることである（203ページ）。 ㉑まちづくりは，これまでの硬直的で官僚的な自治体を，自治体行政内部の側からも，市民の側からも転換させようという動きのひとつである（203ページ）。 ㉒まちづくりは，多くの人々が，ひとつの目標へ向けて，チエや力を結集してゆく壮大な大河ドラマである（224ページ）。

(資料) 田村明（1987）『まちづくりの発想』（岩波新書）岩波書店より筆者作成（表のなかのページは，引用書のページである）。

のであり,「地域が主体となって自然・文化・歴史・産業・人材など地域のあらゆる資源を活かすことによって,交流を振興し,活力あるまちを実現するための活動」[37]である。都市のなかには観光振興をまちづくりの中心に据え,「観光から観光まちづくりへ」進むケースとまちづくりから出発したものの,観光振興に力を入れていくうちに「まちづくりから観光まちづくりへ」と進むケースもみられる。いずれにせよ,表2－6に挙がっている都内各区の観光振興計画は,ほとんどが都市観光とまちづくりの双方に関わりのある観光まちづくりを重視している点が共通している。

都市観光に魅力が感じられるのは,第1に,都市の自然環境がしっかりと保全され,都市のなかで人間が人間らしくいきいき暮らすことができるように都市の生活機能が機能しており,都市内に特徴的なイメージを持つエリアがあり,都市の表情が豊かで,奥が深いこと,一言で言えば,都市に「多様性」[38]があることである。都市内によそゆきのおしゃれなエリアもあれば,気取らない普段着のエリアや猥雑なエリアなどがあるということが都市の個性を醸し出している。第2に,都市に古くから受け継がれてきた伝統文化がしっかり根付いているとともに,新興文化も生気に満ちていること,一言で言えば,「文化の重層性」[39]がみられ,それが都市に活気をもたらしていることである。

都市観光の魅力で近年,重視されるようになり,観光まちづくりからも注目されているのが,「まち歩き観光」である。まち歩き観光とは,身近な個性溢れるまちの一定エリアを個人や少人数のグループで訪ね,都市の景観や生活文化を楽しみ,豊かな時を過ごす都市観光の1つのスタイルである[40]。都市のなかには都市観光の魅力要素である「見る」・「買う」・「食べる」・「集う」・「憩う」楽しみや五感を刺激するものがある。団体で,あわただしく駆け巡るのではなく,個人や少人数のグループでゆっくりとまち歩きをすると,ふだん気が付かないことに気付いたり,自分なりにまちの良さを感じることがある。それが歩く楽しさであり,まち歩き観光の人気の秘密である。まち歩き観光に注力している東京都練馬区（表2－8参照）では,地域特性を生かして「みどりや農」,「歴史や芸術文化」,「まちのにぎわいや景観」に関して区内の観光資源の魅力をみがく,見つける,創り出す努力をしている。歩いて楽しいまちを実現

表2-8 練馬区「まち歩き観光」取り組みのイメージ

努力＼地域特性	みどりや農	歴史や芸術文化	まちのにぎわいや景観
みがく	みどりを守り育てる仕組みづくり	伝統文化の保存・継承	公共施設の景観整備，魅力ある街並みの形成，環境美化の推進
見つける	みどりと水のネットワークの整備	区民の自主的文化活動の支援	地域産業の振興
創り出す	農とのふれあいの推進	伝統文化の保存・継承，区民の自主的文化活動の支援	地域産業の振興

（資料）東京都練馬区（2003）「練馬区観光ビジョン」Ⅳ．1．

することは，都市住民と都市を訪れる観光者の双方が求めることであり，住んでよし，訪れてよしのまちづくりを目指すことにつながる。観光まちづくりは，観光の視点に立ったまちづくりであり，都市観光の振興を図る場合にも，まちづくりを実施する際にも重要な現代的テーマである。

4 都市観光の課題と展望

　都市は，歴史が示す通り，盛衰を繰り返す。都市が衰退するとき，都市再生が実施されることになる。都市再生のあり方には，大別して二通りある。第1は，わが国にみられる「開発型」都市再生である。このタイプの都市再生は，経済成長の持続を目指して経済効率性や便利さが追求されるため，それと引き替えに都市再開発の波にもまれて都市の自然環境は破壊され，都市のなかから潤い，憩い，やすらぎの場が失われ，個性のない，落ち着きのない，雑然とした都市が出現する。第2は，イタリアにみられる「保全型」都市再生である。このタイプの都市再生は，都市の自然環境を保全するとともに都市の生活機能を回復することに努めている点に特徴があり，都市のなかにやすらぎ，潤い，落ち着きが感じられ，個性的な街並みがしっかりと息づき，人間が人間らしくいきいきと暮らすことができる。

都市再生の取り組みのなかには，都市観光の振興がたいてい組み入れられている。都市は都市住民が暮らす場だけでなく，都市を訪れる観光者にとっても快適に過ごせる場でなければならない。つまり，都市再生にあたっては，都市住民が求めるものと都市を訪れる観光者が求めるものを双方とも満足させることができる都市を構築しなければならないが，このような魅力的な都市は，都市観光の面からの魅力的な要素を備えた都市である。魅力的な都市は，美しい都市である場合が多い。われわれは，都市の自然環境が保全され，都市の生活機能が円滑に機能しているときにその都市を美しいと感じる。

　まちづくりの取り組みのなかには，都市観光の振興が組み入れられている事例が多い。都市住民が利用する物販施設，飲食施設，文化施設などは，都市を訪れる観光者も利用し，都市住民が参加する祭りやイベントなどは，都市を訪れる観光者も参加することから，都市施設の整備やイベントの充実，都市景観の保全などは，まちづくりにとっても都市観光の振興の点からも重要な課題である。まちづくりと都市観光の双方が交わるところに観光まちづくりが位置づけられ，その1つの形態として近年はまち歩き観光が注目されている。歩いて楽しいまちは，都市の表情が豊かで，奥が深く，個性的で，「多様性」があり，伝統文化がしっかり根付いているとともに新興文化も生気に満ち，「文化の重層性」がみられる。

注

1) 経済戦略会議（1999）『日本経済再生への戦略』21-22ページ。
2) 経済対策閣僚会議（2001）「緊急経済対策」8ページ。
3) 閣議決定（2001）「都市再生本部の設置について」1ページ。
4) 都市再生本部（2001）「都市再生に取り組む基本的考え方」1ページ。
5) 都市再生本部（2001）「都市再生プロジェクトに関する基本的考え方」1ページ。
6) 閣議決定（2002）「都市再生基本方針」1ページ。
7) 都市再生本部（2007）「都市再生の現状と課題」所収，Ⅲ. 都市再生プロジェクト，3ページ。
8) 内閣府地方創生推進事務局「都市再生緊急整備地域及び特定都市再生緊急整備地域の一覧（H28.11.24時点）」（http://www.kantei.go.jp/jp/singi/tiiki/toshisaisei/

kinkyuseibi.list/2017 年 4 月 6 日閲覧)。
9 ）大西隆（2004）『逆都市化時代』学芸出版社，35 ページ。
10）神野直彦（2002）『地域再生の経済学』（中公新書）中央公論新社，13 ページ。
11）都市観光を創る会監修，都市観光でまちづくり編集委員会（2003）『都市観光でまちづくり』学芸出版社，212 ページ。
12）同上書，213 ページ。
13）民岡順朗（2005）『「絵になる」まちをつくる－イタリアに学ぶ都市再生－』（生活人新書）日本放送出版協会，170 ページ。
14）神野直彦，前掲書，9 ページ。
15）クリストファー・M・ロー著，内藤嘉昭訳（1997）『アーバン・ツーリズム』近代文芸社，11-13 ページ。
16）加茂利男（2005）『世界都市』有斐閣，66 ページ。
17）都市再生本部（2007），前掲資料，「V. 全国都市再生の推進」12 ページ。
18）国土交通省社会資本整備審議会（2003）『都市再生ビジョン』31-33 ページ。
19）都市観光を創る会監修，前掲書，11 ページ。
20）民岡順朗，前掲書，29 ページ。
21）大阪市（2007）「大阪市創造都市戦略 ver.1.0」2 ページ。
22）ぽむ企画「けんちく生態学　『美しい』まちづくり」『朝日新聞』2007 年 3 月 18 日（朝刊）。
23）国土交通省社会資本整備審議会都市計画・歴史的風土分科会歴史的風土部会（2006）「古都保存行政の理念の全国展開小委員会報告」9 ページ。
24）東京都心における首都高速道路のあり方委員会（2002）「『東京都心における首都高速道路のあり方』についての提言」7 ページ。
25）日本橋　みちと景観を考える懇談会（2006），第 9 回「資料 2」2 ページ。
26）『朝日新聞』2005 年 12 月 28 日（朝刊）。
27）日本橋川に空を取り戻す会（2006）「日本橋地域から始まる新たな街づくりにむけて（提言）」16 ページ。
28）五十嵐太郎（2006）『美しい都市・醜い都市』（中公新書ラクレ）中央公論新社，61 ページ。
29）東京都産業労働局（2006）「東京の水辺空間の魅力向上に関する全体構想」52-53 ページ。
30）東京都港湾局（2005）「運河ルネサンスの推進方針について」1 ページ。
31）臨海地区観光まちづくり検討会（2004）「臨海地区観光まちづくり基本構想（概

要版)」4 ページ。
32) 都市再生本部（2001）「都市再生プロジェクト（第三次決定）」6 ページ。
33) 水の都大阪再生協議会（2003）「水の都大阪再生構想（ダイジェスト版）」19 ページ。
34) 拙稿（2004）「グローバル化時代の観光振興」『神戸国際大学経済経営論集』第 24 巻第 1 号，1-6 ページ。
35) 地方自治研究所都市グループ（2005）「シリーズ　石原都政　『植えた苗は今』第 3 回　産業としての観光政策」『地方財務』第 612 号，6 月号，313-323 ページ。
36) 東京都新宿区（2005）『産業を基軸とした観光ルートにおける観光関連調査報告書』2 ページ。
37) 観光まちづくり研究会（2001）『観光まちづくりガイドブック』(財)アジア太平洋観光交流センター，5 ページ。
38) 注 11）に同じ，212 ページ。
39) 同上，213 ページ。
40) 東京都練馬区（2003）「練馬区観光ビジョン」II．2．(1)，東京都目黒区（2005）「目黒区観光ビジョン」4 ページによる。

参考資料2−1 「まちづくりの実践」とは何か

① 「まちづくり」の実践には，たくさんの人々の協力関係が必要だ……（26ページ）。
② 「まちづくりの実践」とは，行動を通じて環境を意識的に変化させることである（41ページ）。
③ 「まちづくり」の実践の基本には「理念」や「理想」がある。それが「現実」と食い違うときに，現実を理念に近づけるようにする行動の全体が実践である（41ページ）。
④ 理念をもって事態を変えさせる知恵と行動があって，初めて「まちづくりの実践」になる（44ページ）。
⑤ 継続する活動はやがては状況を動かし，「まちづくり」の実践に繋がるのである（51ページ）。
⑥ 「まちづくり」の実践は，地域の価値を見つけ，正しく評価するところから始まる（54ページ）。
⑦ 自分たちの地域を知るということは，「まちづくり」の実践の第一歩である（57ページ）。
⑧ 「まちづくり」の実践とは，ヒトが自分以外の外部のヒトやモノなどにたいして働き掛けて行うものである（124ページ）。
⑨ 「まちづくり」の実践にはその（公務と民間との……筆者）垣根を低くする必要がある（183ページ）。
⑩ 「まちづくり」の実践は，こうした人々の新たな繋がりをつくる出会いの場をハード，ソフトともにつくることだろう（205〜206ページ）。
⑪ 「まちづくりの実践」は過去から未来への時間のなかの現在として行われるものである（206ページ）。

（資料）田村明（1999）『まちづくりの実践』（岩波新書）岩波書店より筆者作成（表のなかのページは，引用書のページである）。

第3章 都市景観と都市観光

　わが国の1960年代から1970年代前半にかけての高度経済成長期は，経済性，効率性を重視した経済運営が行われ，GNPの規模は確かに拡大し，物的な豊かさは増加した。その反面，地域格差の拡大，公害問題の発生，自然破壊の進展があり，都市では古い建物，ビルが次から次へと解体された後，新しいものに建て替えられ，全国どこへ行っても画一的な，個性のない街並みが出現することになった。国，自治体の景観整備施策においては，保存修景の動きはみられたものの，乱開発防止や歴史的風土を保存するための風致地区の指定に代表される「点」の整備に過ぎなかった。官主導の都市計画から官，民，企業，住民等の協働によるまちづくりへと転換し，景観の整備・誘導の動きが「面」の整備へ動き出すのは，低成長期に入った1970年代後半になってからのことである。さらに，国土交通省は2003年7月に発表した「美しい国づくり政策大綱」で，今後は行政の方向を美しい国づくりに向けて大きく舵を切ると表明し，2004年6月には良好な景観の保全と創出を基本理念に掲げる「景観法」が公布された。今日では，地方自治体においても，景観条例，景観計画を定め，個性的な，魅力ある景観整備を実施している事例が見受けられる。

　都市における景観整備は，都市観光と密接な関わりがあり，都市の現場では両者は一体となって実施されている。しかし，研究の現場では，都市景観整備は景観工学，都市工学の分野の研究者，そして都市観光は観光分野の研究者がそれぞれ別々に研究しているのが現状である。本章は，このような研究の現状の反省に立って，都市景観整備と都市観光の双方を視野に入れて，都市観光振興を図る場合になぜ都市景観整備が重要なのかを明らかにする。

1　景観の本質と良好な景観

　風景や景色は,「日本三景」,「近江八景」などのように山,川,海などの自然の眺めを指し,自然が主役である。一方,景観は地形,地質,気候,植生などの自然環境や人間の活動,それらの時間的(歴史・文化・伝統)・空間的(平面的秩序)な関係や相互作用の結果を特質とし,人々がそのように認識する環境の総体的な姿[1]を指す。

　景観の本質は,「視点」(対象を見る目の位置)と「視対象」(見る物)の関係性にあり,視点に位置する人間が主体となることから,視対象を美しいと認識するか否かは,人間の認識によって左右される。景観を構成する要素である視点と視対象では,視点が重要であり,特に視点の場の状況を指す「視点場」が景観の美醜を左右する(図3-1参照)[2]。

　市民が生活する視点場が雑然として,個性がなく,魅力的でないとすれば,視対象がいくら優れていたとしても良好な景観であるとは言えない。したがって,景観整備は,生活者の視点に立った市民のためのまちづくり[3]としての視点場の整備が視対象の整備に優先して実施されなければならない。視点場を整備する目標は,良好な景観を形成することであり,「景観法」[4]の基本理念で明記されているように,現にある良好な景観を保全するだけでなく,新たに良好な景観を創出することをも含んでいる。

　良好な景観が形成されているということは,景観を意識したまちづくりがなされ,市民が安全・安心・快適に人間らしい生活を送ることができるアメニティな空間[5]が形成されていることを意味する。アメニティな空間とは,第1に,通過車両・生活車両から安全で,死角が少なく(防犯上,安心である),憩いの場所がある「安心できる空間」,第2に,地域のシンボルとなる歴史的建築物が維持され,文化や伝統がしっかりと継承されているとともに,地域コミュニティの連帯・絆が強固である「文化的な空間」,第3に,市民が生活する視点場の街並みの統一感,施設の一体感があって快適であり,視対象にあたる周辺環境と調和している「調和のとれた空間」である。

図3-1 景観模式図

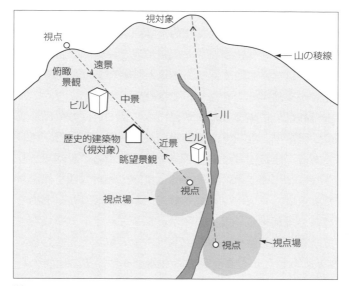

注）図中の近景，遠景は，眺望景観の場合を記している。俯瞰景観の場合は，近景と遠景が逆になる。
(資料) 筆者作図。

　良好な景観は，官主導で形成されるものではなく，行政，市民，企業，市民団体などの協働による地道な，息の長い活動によって形成されるものである。良好な景観は保全し，次の時代に継承されなければならない。良好な景観が悪化する恐れがある場合には，現状を維持できるような景観規制が，そして良好な景観が悪化した場合には，改善措置が取られねばならない。また，良好な景観が失われた場合には，原状回復，再生の努力が払われなければならない。

2　景観規制と都市景観

　1960年代から1970年代前半にかけてのわが国の高度経済成長期は，経済性，効率性が重視され，景観の美しさには無頓着であったため，個性のない，画一的な景観[6]が全国各地に出現した。景観形成の自覚がないまちは，①防災

上，防犯上のシステムがなく，安全性や安心に対する配慮に欠けるまち，②歴史的建築物の存在価値が認められず，厄介者扱いされ，目先の実利優先で，文化，芸術，芸能への関心が低い，文化的な雰囲気のないまち，③生活の場に街並みの統一感や施設の一体感がなく，周辺環境との調和がとれていないまちである。このような雑然としたまちは，市民が愛着や誇りを持てる快適なまちではなく，観光者が来訪するようなまちではない。

　良好な都市景観は，市場メカニズムにのみ任せていたのでは形成されない。景観整備には，建蔽率，容積率，建築物の高さ，屋外広告物，色彩などの景観規制が必要である。建蔽率は住宅の密集を避けるための規制であり，容積率と建築物の高さ規制は，街並みの統一や眺望景観，俯瞰景観を保全するために必要である。たとえば，ロンドンの高さ規制[7]としては，セントポール大聖堂周辺の建物の高さを規制する「セント・ポールズ・ハイト」やロンドンのランドマークとして現在指定されているセントポール大聖堂と国会議事堂が市内の指定された10カ所の地点から直接眺められるように周辺の建物の高さ規制を行う「戦略的眺望の保全」が挙げられる。看板のような屋外広告物は，設置する場所，大きさ，設置する高さ，色彩等の規制がなければ雑然とした街並みになってしまう。2007年9月1日から施行された「京都市屋外広告物等に関する条例」では，屋上に設置された看板と点滅照明を使った看板は市内全域で禁止された。外壁や看板に使用する色彩については，周辺環境との調和が図られなければ落ち着いた街並みは形成されなくなる。

　良好な景観を形成するために建築物に対する景観規制[8]が行われる場合，高さ制限は調和のとれた街並みを形成することになるが，その反面利用可能容積は減少する。壁面の位置が指定される場合は，歴史的な街並みの保全に寄与することになるが，建築の自由度は減少する。使用する材質が規制される場合は，統一した街並みの形成につながるが，建築費が増加する可能性がある。このように景観規制にはプラスの効果もあれば，マイナスの効果もある（表3－1参照）。しかし，良好な景観は個人の自由意思の趣くままに任せていたのでは形成されない。東京都国立市の「大学通り」沿いの14階建てマンション（高さ約44m）を巡り，地元の住民が「景観が壊された」と建築主の「明和地

表3-1 建築物に対する景観規制による主なプラスの効果,マイナスの効果

建築物に対する 景観規制の内容	プラスの効果	マイナスの効果
・高さ制限 ・壁面の位置の指定 ・最低敷地規模 ・形態意匠 ・色彩 ・材質	・調和のとれた街並みの形成 ・歴史的な街並みの保全 ・眺望の確保 ・シンボル的景観価値の保全 ・圧迫感の減少 ・日照,通風の増加 ・来訪者,観光客の増加による商業収益,観光収益の増加	・利用可能容積の減少 ・建築の自由度の減少 ・建築コストの増加

(資料)国土交通省住宅局(2007)「建築物に対する景観規制の効果の分析手法について」2ページ。

所」などを相手に,上層部の撤去などを求めた国立マンション訴訟[9]において最高裁は,2006年3月30日の判決で,「良好な景観の恩恵を受ける利益(景観利益)は法的保護に値する」とのはじめての判断を示した。われわれは1人ひとりが良好な景観を「国民共有の資産」[10]であるとの自覚を持ち,その保全に努めるとともに,次世代へしっかりと継承していかなければならない。

良好な景観を形成するための景観整備施策には,景観規制のほかに,現状を保全し,何もつくらない,つくらせないこと,悪化した景観の改善,失われた景観の再生が含まれる。景観整備は,「まちづくり」[11]の一環として実施される場合が多く見受けられ,景観整備とまちづくりの双方が交わるところに「景観まちづくり」[12]が位置づけられる。景観まちづくりとは,景観を意識したまちづくりを行うものであり,市民が行政,企業,市民団体等と協働して,地域資源を活用し,建築物の配置,材質,色彩等を考え,視点場と視対象を総合的に整備することを通じて良好な景観の形成に努め,快適なまちを実現するための活動である。景観まちづくりの活動の結果生まれるまちは,市民が暮らしやすいまち,快適なまち,美しいまちである。

3 都市景観と都市観光

魅力的な都市の構築

都市は市民が生活する場であるとともに、ビジネスや観光目的などの人々が訪れる場でもある。したがって、都市は市民だけでなく、来訪者にとっても快適に過ごせる場でなければならない。都市ではそこで生活する市民とビジネスや観光目的などでの来訪者が交流するなかで経済活動が活性化し、にぎわい、新しい文化が誕生し、蓄積されていく。歴史を遠く遡る古い時代から人間は都市を形成してきたが、その目的は「文化の集積と持続、そしてその発酵」[13]である。都市の魅力は何かと問われれば、第1に「多様性」[14]が挙げられる。すなわち、個性的な街並みがしっかりと息づき、都市内に特徴的なイメージを持つエリアがいくつもあり、都市の表情が豊かで、奥が深いことである。第2は、「文化の重層性」[15]である。すなわち、伝統文化が根付き、新しい文化も活力に満ちていることである。

魅力的な都市は、市民にとっては安全・安心・快適に暮らすことができ、ゆとり、安らぎ、潤い、落ち着きが感じられる都市である。一方、観光者にとって魅力的な都市は、観光拠点に魅力があるとともに、都市そのものが個性豊かで、何度でも訪ねたくなる強力な文化的磁力を持ち、文化的雰囲気、楽しさ、おもしろさ、活気、にぎわい、感性を刺激するという都市観光の面からの魅力的要素を備えた都市である。このように、市民と観光者の間では、魅力的な都市の観点が異なる。生活の場としては優れていても、観光者にとって何の魅力もない都市はつまらないし、逆に観光者にとっては魅力的であっても、市民にとって生活しにくい都市もつまらない。人間が生活し、交流する場としての都市を目指すのであれば、市民が求めるものと観光者が求めるものを双方とも満足させるための利害調整や「調和させる知恵」[16]が必要とされる。その労を惜しまなければ、住んでよし、訪れてよしの都市を構築することができるであろう。

都市景観の魅力と都市観光

　都市景観の本質は視点と視対象の関係性であり，良好な都市景観の形成にあたっては，視点の場の状況である視点場が視対象より優先して整備されなければならない。なぜなら，市民が生活する視点場が雑然としていたのでは，良好な都市景観とは言えないからである。都市景観を構成する物販施設，飲食施設，文化施設，水辺環境などは，市民と都市観光で訪れる観光者が共通に利用して，見る・買う・食べる・集う・憩う楽しみを享受している。都市観光は，「各種物販業，飲食施設，文化施設，イベント，さらには町並み，界隈性などさまざまな要素が複合して観光客を吸引する新しいタイプの観光」[17]であり，良好な都市景観を整備することは，市民と観光者の双方に関わりのある「まちづくり」の課題である。

　都市観光とまちづくりの双方が交わるところに「観光まちづくり」が位置づけられる。観光まちづくりとは，観光を意識したまちづくりを行うものであり，「地域が主体となって自然・文化・歴史・産業・人材など地域のあらゆる資源を活かすことによって，交流を振興し，活力あるまちを実現するための活動」[18]である。まちづくりのなかで，「観光まちづくり」は観光振興が中心に置かれ，前述した「景観まちづくり」では景観整備が中心に置かれる。しかし，景観整備と観光振興は，互いに密接な関係にあることから，観光まちづくりと景観まちづくりは，まちづくりにおいて相互の関連性を意識しながら施策が展開されなければならない（図3－2参照）。

　魅力的な都市は，都市のイメージが明確で，美しい都市である。美しい都市は，街並みが美しい。街並みは，「文化や歴史の積み重ね」[19]によって形成される。建築学上や景観工学上の美の基準はあるが，街並みの美しさのグローバル・スタンダードはない。パリの街並みは確かに美しく，絵になるが，この街並みを気候，地形，文化の違う国に持ち込むことはできない。

美しい街並み

　都市景観の魅力の第1は，美しい街並みである。京都市は「古都・京都」という強力なブランドを有する，わが国を代表する観光都市である。観光者は，

図3-2 まちづくり（景観まちづくり，観光まちづくり）と都市観光の相関図

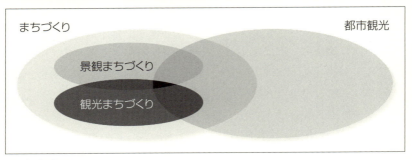

（資料）筆者作図。

　古都の趣のある京都らしい景観をイメージして京都を訪れる。しかしながら，京都の景観の現状は，①地域の街並みに調和していない建築物がみられる，②眺望景観や借景が失われている，③京町家などの歴史的な建築物が消失している，④屋外広告物や放置自転車によって景観が悪化している，⑤森林の維持管理が行き届いていないなどの問題を抱えている。京都の景観は，危機的状況にある[20]。そこで，京都市では6本の新景観条例[21]を2007年3月23日に制定し，同年9月1日から施行した。京都の美しい街並みを形成するにあたって京都市が取り組んだのは，建物の高さ規制である。市内中心部の河原町通，堀川通，烏丸通（南北に走る通り），御池通，四条通，五条通（東西に走る通り）の6本の幹線道路沿道地区（田の字地区）の建物の高さの最高限度は45mから31mに，その内側は31mから15mに引き下げられ，鴨川西岸では15mから12mに引き下げられた（図3－3参照）。市街地の各区域ごとに建物の高さの最高限度が決められた結果，既存の建物を建て替える際に現状よりも低い建物しか建てられない「既存不適格」の建物は約1,800棟にのぼっている[22]。建築物に対する景観規制に伴ってこのような問題が発生するが，長い眼で見れば，景観形成によって維持・創出される経済価値が得られることも考えられる。

　京都らしい景観と言えば，京町家の街並みが挙げられる。京町家とは，江戸時代中期以降に建てられた伝統的工法による木造建築物を指す。古い木造建築

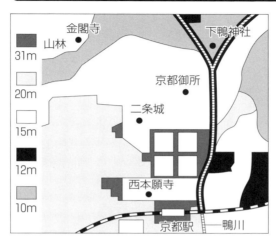

図3-3 京都市内の建築物の高さ規制（2007年9月以降）

（資料）『日本経済新聞』2007年8月27日（朝刊）。

物は，建築基準法の規定によると，耐震構造や防災上の問題があるうえ，所有者の維持管理費用や相続税の負担が課題となっている。その結果，京町家の消失が後を絶たず，京都らしい街並みが失われつつある。京都市内の上京，中京，下京，東山4区，2,065haを対象とした京都市の1998年度の調査によると，約28,000軒の京町家が確認されたが，6年後の2004年3月の調査では，そのうち約13％が消失していた[23]。京町家は，京都の歴史と文化の象徴である。京都市は2004年に京町家の保全・再生を図るため，町家を改修して5戸以上の賃貸住宅に再生する場合，バリアフリーや耐震工事の費用のうち2/3を限度に助成する制度[24]を創設した。また，（財）京都市景観・まちづくりセンターは，京町家の改修に対する助成や管理に資する目的で，「京町家まちづくりファンド」[25]を2005年9月30日に発足させている。京町家の街並みは，京都というまちの個性的な都市景観である。「個性が都市の景観として表現されるときに，市民にとっても，来訪者にとっても，感動を与える美しさになる」[26]と言われるように，京都から京町家の街並みがなくなることは，京都らしさが消失し，京都の魅力がなくなることを意味する。

夜間景観（夜景）

　都市景観の魅力の第2は，夜間景観（夜景）である。都市は夜になると，昼間とは異なる表情を示すことがある。それはなぜかというと，照明の光が当たる明るい部分と当たらない闇の部分とができることによって，昼と夜では図柄として認知されるもの（「図」）と背景として認知されるもの（「地」）が逆転することが生じるからである。西欧の都市では，街路灯の設置や歴史的建築物へのライトアップが早くから始まっており，市民も観光者も夜のまちの散策や娯楽・飲食などを楽しむナイトカルチャーの蓄積がある。わが国では夜間景観を意識して，歴史的建築物のライトアップなどの都市景観照明が始まったのは，1970年代に入ってからのことである。

　神戸，長崎と並ぶ「日本三大夜景」の1つに挙げられる函館は，市の南西部に位置する函館山（標高334m）からの夜景が絶景である。函館市[27]では夜景見学と連携した夜間の市街地散策を促すため，「ファンタジー・フラッシュ・タウン基本計画」を1990年3月に策定し，1990〜1993年度にかけて歴史的建築物等のライトアップやガス灯風の観光街路灯を整備してきた。その後，「函館市夜景診断調査」が2004年3月に実施され，新しい夜間景観の保全のあり方，新たな夜間景観の魅力の創造に向けて実効性のある提言がなされた。函館市では，①夜間景観の観点から，ライトアップを充実させて一層の魅力向上を図り，「きらめく灯りをつくる」，②市民生活の観点から，安全・快適な夜のまちづくりを図り，「にぎわいの灯りをつくる」，③景観と環境の共生の観点から，ライトアップによる光害をはじめ，省エネルギーなど環境に配慮して，「やさしい灯りをつくる」施策を展開し，「世界一の夜景都市・函館」を目指している。

　下関市[28]においては，①夜間景観の観点からは，光による，美しく，個性的な都市景観を創造する，②市民生活の観点からは，市民の安全な生活の空間と時間を確保する，③景観と環境の共生の観点からは，環境・エネルギーに配慮した調和のとれた照明に努めるとの基本姿勢の下で，下関市の歴史と文化を踏まえ，下関駅〜唐戸〜長府へと連なるルートを「光の回廊」として設定する「夜間景観形成」＝光のまちづくりを通して下関市の魅力を発信している。

函館市と下関市の夜間景観形成の取り組みを見ると，光源のランプの種類や設置場所，光の色などに配慮し，快適な光環境が確保されるならば，夜間景観形成は観光者にとっては夜のまちの散策や娯楽・飲食などを楽しむ機会が増え，市民にとっては夜道が明るくなり，防犯上の効果も期待できる。このように夜間景観形成は，たんに観光者向けになされているのではなく，市民にとっても関わりのあることである。

水辺景観（河川景観）

　都市景観の魅力の第3は，水辺景観（河川景観）である。都市の水辺景観は，自然の営みと河川周辺の建築物や人間の活動によって形成される複合的景観である。河川の水辺は，魅力的である。昼と夜で川の表情は，がらりと変わる。天候の変化や四季の移ろいで川の水の色は変化する。河畔の緑地（植生）も季節によって色彩が変化する。都市の河川は，水と緑の潤いのあるオープンスペースとして貴重な自然空間を形成[29]しており，市民にとっては安らぎと憩いの場であるとともに，観光やイベントなどで観光者を引きつけるにぎわいの場ともなっている。

　都市の水辺景観は，台風，洪水などの自然の営みによる変化に加えて都市の人間活動の影響によって変化する。京都を代表する河川である鴨川は，京都という都市の景観形成の重要な要素[30]となっており，京都の顔として市民や観光者に親しまれている。しかしながら，鴨川の水辺景観は都市化の進展に伴って変貌を遂げてきている。京都府議会は，より安全で，美しく，親しまれる鴨川を目指して，河川環境を整備・保全するため，「京都府鴨川条例案」[31]を2007年7月3日に可決した。同条例では，鴨川の良好な水辺景観を形成するため，京都の夏の風物詩となっている「鴨川納涼床」[32]を設置する場合の審査基準を定めるほか，景観阻害要因となるエアコンの室外機，物干し台，看板などの設置者に対して景観に配慮することを要請できるようにしている。また，同条例は鴨川の河川敷を親しみのある水辺空間として多くの人々に快適に利用してもらうため，自動車の乗り入れ禁止，自転車の放置禁止，打ち上げ花火・橋げたへの落書き・バーベキューなどの迷惑行為を禁止し，違反者には5万円

以下の罰金を科すと定めている。良好な水辺景観を形成するためには，河川敷の清掃活動，護岸の緑化，河川を利用するスポーツやレジャー活動，眺望景観に配慮した河川周辺の建築物の修景などを通して市民が河川に親しみ，積極的に関わることが大切である。市民が愛着と誇りを持って形成した良好な水辺景観に接するとき，観光者は市民とともに感動空間を共有することになる。

4　良好な都市景観形成の課題と展望

　景観の本質は，視点と視対象の関係性である。視点の場の状況である視点場は，景観の美醜を左右することから視対象より優先して整備されなければならない。市民の生活の場である視点場において良好な景観が形成されているということは，市民が安全・安心・快適に人間らしい生活を送ることができるアメニティな空間が形成されていることを意味する。アメニティな空間とは，①安心できる空間，②文化的な空間，③調和のとれた空間であり，市民も観光者も共に求めるもので，良好な都市景観と同義である。

　都市観光は，都市景観を構成する都市内の諸施設を市民と観光者が共通に利用して見る・買う・食べる・集う・憩う楽しみを享受するという点に特徴がある。建築物の高さ規制による街並みの整備や夜間景観・水辺景観の整備による良好な都市景観の形成は，市民にとってアメニティな空間を創出するだけでなく，観光者を都市に引きつける文化的磁力となって都市観光の振興に寄与することになる。

　良好な都市景観の形成には，建蔽率，容積率，建築物の高さ，屋外広告物，色彩などの景観規制が必要である。景観規制にはプラスの効果もあればマイナスの効果もあり，市民と観光者，観光関連企業と非観光関連企業との間で利害が異なる。良好な都市景観を形成するためには，利害の異なる者同士の利害を調整する知恵が必要である。市民1人ひとりが自分の住むまちに愛着と誇りを持ち，景観まちづくりや観光まちづくりへの関心を深め，積極的に関わることによって，良好な都市景観が形成され，観光者に感動を与える，住んでよし，訪れてよしの魅力的な都市が構築されることになる。

注

1) 国土交通省河川局（2006）「河川景観の形成と保全の考え方」（参考資料）2章1ページ，閣議決定（2008）「国土形成計画（全国計画）」113ページ。
2) 小杉雅之（2005）「景観インデックスによる都市景観研究」『地域政策研究』（日本政策投資銀行地域政策研究センター）Vol.16，2ページ。
3) 同（2004）「景観からまちづくりを考える」『地域政策調査』（日本政策投資銀行地域政策研究センター）Vol.17，46ページ。
4) 2004年6月18日公布，同年12月17日一部施行，2005年6月1日全面施行。同法の詳細は，林俊行（2004）「特集・第159回国会主要成立法律（3）景観法」『ジュリスト』第1276号，80-85ページ参照。
5) 小杉雅之（2004），前掲誌，53ページ。
6) 国土交通省（2003）「美しい国づくり政策大綱」3ページ。
7) 上田貴雪（2004）「ヨーロッパの景観規制制度」『調査と情報』（国立国会図書館）第439号，3-4ページ。
8) 国土交通省住宅局（2007）「建築物に対する景観規制の効果の分析手法について」2ページ。
9) 『朝日新聞』2006年3月31日（朝刊）。国立マンション訴訟について詳細は，五十嵐敬喜・小川明雄（2003）『「都市再生」を問う』（岩波新書）岩波書店，212-226ページ，大西隆ほか（2003）「特集 国立から景観問題を考える」『地域開発』第464号，1-63ページ，石原一子（2007）『景観にかける』新評論，参照。
10) 国土交通省（2007），前掲資料，114ページ。
11) 「まちづくり」について詳細は，田村明氏の次の岩波新書三部作を参照。①『まちづくりの発想』1987年，②『まちづくりの実践』1999年，③『まちづくりと景観』2005年。
12) 景観法，景観条例とまちづくりとの関連について詳細は，北村喜宣ほか（2006）「特集 景観法とまちづくり」『ジュリスト』第1314号，1-94ページ参照。
13) 中村良夫（2008）『風景からの町づくり』日本放送出版協会，19ページ。
14) 都市観光を創る会監修，都市観光でまちづくり編集委員会（2003）『都市観光でまちづくり』学芸出版社，212ページ。
15) 同上書，213ページ。
16) 田村明（2005）『まちづくりと景観』（岩波新書）岩波書店，47ページ。
17) 東京都新宿区（2005）『産業を基軸とした観光ルートにおける観光関連調査報告

書』2 ページ。
18) 観光まちづくり研究会（2001）『観光まちづくりガイドブック』（財）アジア太平洋観光交流センター，5 ページ。
19) 芦原義信（1990）『続・街並みの美学』（同時代ライブラリー　45）岩波書店，240 ページ。
20) 京都市（2006）「時を超え光り輝く京都の景観づくり審議会　最終答申」1-8 ページ。
21) ①「京都市眺望景観創生条例」，②「京都都市計画（京都国際文化観光都市建設計画）高度地区の計画書の規定による特例許可の手続に関する条例」，③「京都市自然風景保全条例」，④「京都市風致地区条例」，⑤「京都市市街地景観整備条例」，⑥「京都市屋外広告物等に関する条例」。
22) 『朝日新聞』2007 年 11 月 1 日（朝刊）。
23) 『日本経済新聞』2005 年 3 月 31 日（夕刊）。
24) 『朝日新聞』2006 年 9 月 16 日（朝刊）。
25) 『朝日新聞』2005 年 10 月 1 日（夕刊）。
26) 田村明，前掲書，36 ページ。
27) 函館市（2006）「函館市夜景グレードアップ構想・基本計画～『世界一の夜景都市・函館』づくり～」20-22 ページ。
28) 下関市（2006）「下関市夜間景観形成基本方針」4-9 ページ。
29) 国土交通省都市水路検討会（2005）「懐かしい未来へ～都市をうるおす水のみち～」7 ページ。
30) 鴨川流域懇談会（2006）「千年の都と鴨川～より安全で，美しく，親しまれる鴨川をめざして～」27 ページ。
31) 『朝日新聞』2007 年 7 月 4 日（朝刊）。
32) 鴨川の右岸の二条大橋から五条大橋までの区間において，飲食を提供するために設置される高床形式の仮設の工作物をいう（「京都府鴨川条例」第 14 条による）。

参考資料 3-1　美しい都市景観づくりのための 19 原則

①自然の地形を尊重し，できるだけ生かしていく。
②特色ある自然の山・川・海・湖などを極力意識的に見せる。
③連続した時間の証明者である歴史的遺産を尊重し，現代に生かす。
④都市を拡散させないで，できるだけコンパクトにして，豊かな田園を保持する。
⑤都市の上空は市民総有の空間としてコントロールする。
⑥都市を一望で捉えられる眺望点を確保し，市民が都市の実感をもてるようにする。
⑦協働作品としての都市景観に，個性ある統一性を求める。
⑧統一を乱さない範囲の多様性を奨励し尊重する。
⑨道路は人間のためにあることを確認し，歩行者空間を拡大する。
⑩都市のシンボルをつくり，市民が一致できる共感点を育てる。
⑪都市に潤いとくつろぎを増やすため，緑と花と水場を増やす。
⑫「まち」に優れたアートやデザインされたストリート・ファニチュアを置く。
⑬地域の素材をできるだけ使い，地域の色彩を見つける。
⑭地域にそぐわない不良物を排除し，その侵入を防ぐ。
⑮人々が楽しく安心して動き，憩う場を作り，市民の交流を深める。
⑯都市を舞台にして，伝統の祭り，魅力的な新しいイベントを繰り広げる。
⑰日常生活の中で，市民の愛情ある手がいつも加えられていること。
⑱ヒトやモノへの人々の優しい気持ちを育てる。
⑲子供のときから老人まで「まち」への関心を深める教育・学習を行う。

（資料）田村明（2005）『まちづくりと景観』（岩波新書）岩波書店，219-222 ページ。

第4章 水辺景観と都市観光

　河川，運河，掘割，港湾などの水辺空間は，都市の顔である。人間の顔が加齢とともに変化するように，これらの水辺空間も時代の変遷とともに変化していく。交通手段の中心が水上交通から陸上交通に移るにつれて，河川や運河の舟運は衰退し，顧みられなくなり，排水路と化してしまう。掘割は利用されなくなると，ヘドロが堆積し，悪臭が立ち込め，厄介者扱いされることになる。港湾は物流・産業拠点としての機能を担っているが，グローバル化の進展，国内港湾間の競争激化などにより港湾の役割が変化し，港湾地域が衰退するケースが見られる。

　わが国では水辺空間は，水上交通から陸上交通への転換を契機に見捨てられてしまった。一方，ヨーロッパ諸国では水上交通は斜陽化したとはいえ，見捨てることはしなかった。経済活動が停滞し，組織の機能不全に陥って活気が失われた都市を蘇生させる「都市再生」が課題となったとき，水辺空間は都市の重要な構成要素として新たな意味や役割が与えられ，水辺の復権を果たすことになった。わが国においても遅ればせながら，都市再生が俎上にあがったとき，水辺空間や水辺景観を整備することは個性と風格のある都市づくりに寄与すると認識されるようになった。

　本章は，河川，運河，掘割，港湾の水辺空間と市街地の街並みからなる水辺景観の整備が都市観光の振興とどのような関連を有しているかを明らかにする。

1　河川景観と都市観光

河川は都市の顔

　河川は古来より物資の運搬や人々が移動する通路として利用されてきた。物

資や人々の移動に伴って，流域に河川文化が形成されていった。ヨーロッパ10カ国を東西に流れるドナウ河は，中央ヨーロッパの川であり，ウィーンを中心にドナウ河流域の都市を結ぶ「ドナウ・ネットワーク」を形成した。ドナウ河は，まさに，ハプスブルク帝国の精神的・文化的動脈という役割を果たし，それによって「ドナウ文化」を形成してきた[1]。

河川は都市の重要な構成要素であり，都市の顔[2]である。セーヌ川は「パリの機軸」[3]であり，パリを代表する川である。パリからセーヌ川がなくなれば，パリではなくなる。セーヌ川の存在なくして，パリを語ることはできない。同様に，京都の鴨川は京都を代表する川である。鴨川は京都の歴史とともにあり，京都の文化を育んできた。京都から鴨川がなくなれば，京都ではなくなる。鴨川の存在なくして，京都を語ることはできない。

人間の顔が加齢に伴って変化するように，河川も時代の変遷とともに変貌を遂げる。行政・企業・団体・住民が河川とどのように関わっているかによって河川の表情は変わってくる。「その町の川を観れば，人々の暮らしやまちの方針が見える」[4]と言われるように，河川はその町のまちづくりのありようを映す鏡である。都市の自治体・企業・団体・住民が日常の活動の中で河川の存在を感じながら生活しているか，河川の水辺環境や河川景観を良好な状態に維持する努力が払われているかどうかが河川のありように反映される。1980年代初めにイギリスのイングランド北西部を流れるマージー川が汚染され，劣悪な状態であったとき，当時の国務大臣マイケル・ヘーゼルタイン（Michael Heseltine）は，河川の汚染は「文明社会の恥辱」[5]であると嘆いた。その後，水質改善，持続可能な水際再生およびそのための公的，私的，コミュニティ，ボランティア各部門の連携・構築を目的とするマージー川流域キャンペーン（Mersey Basin Campaign；MBC）が展開されることになった。

河川法

古来より河川の氾濫に悩まされてきた国の為政者の役割の1つは，河川を治めること，すなわち治水におかれた。わが国の河川行政の歩みを回顧すると，1896年制定の「河川法」では「治水」が主目的であった。国土が平坦な国を

流れる河川と比べれば，わが国の河川は急峻な山から海へ短時日で流下する，まるで滝のような河川が多く，自然災害が頻発したため，治水の必要性が高かった。1964年の同法改正時にはこれまでの治水に灌漑，給水，レジャーなどで河川を利用する「利水」が目的に加えられた。さらに，1997年の同法改正の際には，水質の改善を図り，水辺環境を保全すること，良好な河川景観を整備することなどを含む「河川環境の整備と保全」という目的が加えられた。

河川景観

河川景観は地形，地質，気候，植生などの自然環境や人間の活動，それらの時間的（歴史・文化・伝統）・空間的（平面的秩序）な関係や相互作用の結果を特質とし，人々がそのように認識する環境の総体的な姿[6]を指す。景観の本質は，「視点」（対象を見る目の位置）と「視対象」（見る物）の関係性にあり，前者のほうがより重要であり，特に視点の場の状況を指す「視点場」が景観の美醜を左右する[7]。河川景観における視点場は，都市住民が生活している身近にある水辺空間であり，都市住民だけでなく，都市を訪れる観光者も共通に利用して楽しみを享受する憩いの場，にぎわいの場，交流の場である。良好な河川景観は，都市住民にとっても，また都市を訪れる観光者にとってもアメニティな空間[8]が形成されていることを意味する。アメニティな空間とは，第1に安全で，憩いの場所がある「安心できる空間」，第2に祭りや川遊び，イベントなど河川に関わる文化や伝統が継承されている「文化的な空間」，第3に河川と視対象にあたる市街地の街並みとの一体感がある「調和のとれた空間」である。

紫川（北九州市）マイタウン・マイリバー整備事業

良好な河川景観を形成するには，河川の水質が改善され，水と緑のネットワークがあり，生命の営みが活発であることが重要である。水と緑は，生命を育む。水と緑がいきいきしているところは，動物も人間も生命が輝いている。北九州市の都心部を流れる紫川（全長約20kmの二級河川）は，1960年代後半から1970年代前半にはどぶ川とよばれるほど汚染が進み，市民も建物も川に

背を向けて暮らしていた。そのため，紫川の水質を改善し，水辺空間の魅力を生かした「水景都市」[9]を実現することが北九州市の課題であった。建設省（現・国土交通省）は，1987年に行政主体の河川改修，道路・橋梁・公園の都市基盤整備と民間主体の市街地整備などを一体的に進める街づくりを支援する「マイタウン・マイリバー整備事業」[10]を創設し，北九州市の紫川は，東京都の隅田川，名古屋市の堀川とともに1988年に同事業の対象河川の認定を受けた。紫川の事業対象区域は，JR鹿児島本線鉄橋から国道3号貴船橋までの約2km，面積約170haで，事業期間は1990～2011年度であった。紫川マイタウ

図4-1 紫川マイタウン・マイリバー整備事業エリア図

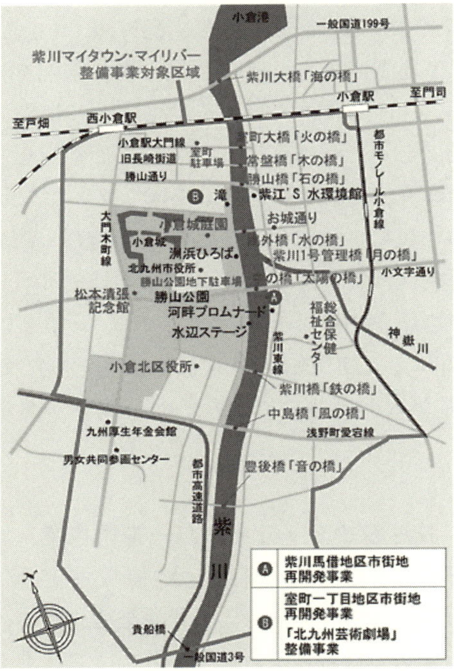

(資料）北九州市建築都市局まちづくり推進室まちづくり推進課「紫川マイタウン・マイリバー整備事業パンフレット」（http://www.city.kitakyushu.lg.jp/）2017年6月18日閲覧。

表4-1 紫川マイタウン・マイリバー整備事業における橋の整備

	橋の名称	完成年月	長さ（m）	幅員（m）
①	紫川大橋「海の橋」	1993年4月	87.0	35.0
②	室町大橋「火の橋」	1991年4月	77.3	15.0
③	常盤橋「木の橋」	1995年3月	85.0	6.0
④	勝山橋「石の橋」	2000年8月	88.0	40.0
⑤	鷗外橋「水鳥の橋」	2000年3月	90.0	5.0〜20.0
⑥	紫川1号管理橋「月の橋」	2008年1月	25.0	5.0
⑦	中の橋「太陽の橋」	1992年5月	79.2	36.0〜43.0
⑧	紫川橋「鉄の橋」	1998年12月	83.5	25.0
⑨	中島橋「風の橋」	1992年7月	82.6	30.0
⑩	豊後橋「音の橋」	1983年6月	75.7	16.0

（資料）北九州市建築都市局ホームページ（http://www.city.kitakyushu.lg.jp/ 2017年6月18日閲覧）より筆者作成。

ン・マイリバー整備事業[11]（図4-1参照）では，紫川の下流の川幅を広げ，掘り下げることによって洪水を防ぎ，橋の上の交通渋滞をなくし，橋の老朽化に対応するため橋の整備（表4-1参照）を進めてきた。

　1995年には紫川下流部の西側に幅約50mの「滝」と「洲浜ひろば」という親水空間がつくられた。「滝」の上には浅い水溜まりや噴水があって，憩いの場所となっており，「洲浜ひろば」は，紫川の下流約2kmが潮の干満によって1.6m前後の潮位の変化がある感潮区間であることを利用して，まるで干潟のように浜が出現したり，見えなくなったりするのを楽しめる広場である。「滝」の対岸（東側）には，「川」と「水」をテーマにした体験型学習施設「紫江'S（しこうず）水環境館」が2000年7月にオープンした。紫川の浄化運動の進展により，勝山橋付近のBOD（生物化学的酸素要求量）値は，1973年度の15mg/lから1988年度には1.2mg/lに改善し，天然鮎の遡上も確認されているので，水の中の様子を観察することができる。紫川を中心とした市街地整備事業も進展しており，紫川馬借地区では1997年に中の橋「太陽の橋」上流の東岸に，都市型ホテルなどが入居した，地下2階，地上9階建ての建物が建設された。船場地区では1998年にカラー舗装の道幅約6m，総延長約260mのお城

通りが完成した。紫川西岸には1998年に小倉城庭園と松本清張記念館がオープンし，多数の観光者が訪れている。室町1丁目地区には「リバーウォーク北九州」の第一期工事として商業ゾーン，文化ゾーン，情報発信ゾーンからなる大型複合施設が2003年4月に，第二期工事として教育ゾーン（西日本工業大学）が2006年3月にそれぞれ完成した。このように，北九州市は紫川を都市の機軸と位置付け，行政の河川改修事業と民間の市街地整備事業を一体的に推進し，「川づくり」と「まちづくり」の連関性を示した例と言える。

堀川（名古屋市）マイタウン・マイリバー整備事業

名古屋市の中心部を南北に貫く堀川（全長16.2kmの一級河川）も1988年に当時の建設省の「マイタウン・マイリバー整備事業」の対象河川の認定を受けた。堀川（図4−2参照）は1966年にBODが54.8mg/lと汚濁のピークに達していたが，下水道整備，川床表層のヘドロの除去，水面清掃や2001年から始まった庄内川からの暫定導水による水質改善の結果，近年は環境基準（河川D類型BOD8mg/l以下）を達成している。名古屋市は市民の間で名古屋の母なる川，堀川を再生させ，堀川を生かしたまちづくりを進めようとする機運が高まっていることを背景に，「堀川総合整備構想」を1989年3月に発表した。同構想は，「マイタウン・マイリバー整備事業」の趣旨に則り，街と川が

図4-2 堀川流域図

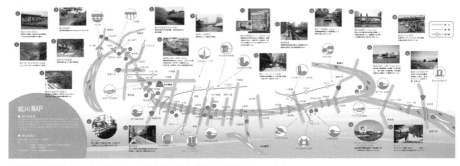

（資料）名古屋市緑政土木局河川部堀川総合整備室「堀川MAP」(http://www.city.nagoya.jp/ryokuseidoboku/cmsfiles/contents/0000009/9249/horikawamap.pdf) 2017年6月18日閲覧。

一体となった総合的な整備を図り,「うるおいと活気の都市軸・堀川」[12]を再生させることを目標として,堀川左岸では水に親しみながら憩うことのできる北清水親水広場や桜並木を配置した堀川端プロムナード,堀川右岸では桜並木の遊歩道がある白鳥プロムナードが整備された。その後,名古屋市では健全な水環境系を構築し,生物生息環境の確保と自然の豊かな触れ合い活動の場の確保を目的とする「堀川水環境改善緊急行動計画(清流ルネッサンス2)」[13]を2004年8月に策定し,人と水生生物等が共生できる望ましい河川環境の創出に取り組んでいる。同計画は,2010年度を目標年度とし,納屋橋と天王崎橋の間の堀川右岸には堀川の河川水に酸素を供給することにより水生生物が生息しやすい環境をつくり,河川の自然浄化機能の活性化を促す目的でエアレーション施設を設置した。さらに,堀川浄化の社会実験のための木曽川からの導水(2007年4月22日～2010年3月22日の3年間)に合わせて,「堀川1,000人調査隊2010」[14]が2007年4月22日に結成され,浄化効果の顕彰,生態系への影響調査を実施した。このように水質浄化や環境整備が行政と市民の協働によって取り組まれるなかで,堀川では催しに合わせた「観光舟運やオープンカフェなどの川と向き合った商業施設の展開」[15]により水辺ににぎわいが戻りつつある。

「水都大阪」の再生

　水辺空間が整備され,河川が舟運などに利用されると,水辺にあたかも磁力があるかのように都市住民も観光者も吸い寄せられ,にぎわう。水の都とよばれる大阪では,水辺空間の魅力をいかに向上させるかが課題となっている。政府の都市再生本部(2001年5月8日設置)は,同年12月4日に決定した都市再生プロジェクト(第三次決定)において「水都大阪」を再生するため,都心部の河川について川沿いのまちづくりと一体となった再生構想を策定するとともに,道頓堀川では先進的な取り組みとして,特例措置を活用した水辺のにぎわい空間を創出する事業が推進された[16]。この都市再生プロジェクトの決定を受けて,国,大阪府,大阪市,経済界等からなる水の都大阪再生協議会は,都心をロの字に取り巻く,堂島川,土佐堀川,東横堀川,道頓堀川,木津川を

「水の回廊」と位置づけ,「時を感じる水の回廊づくり」を目標に掲げる「水の都大阪再生構想」を2003年4月に策定した。同構想は,①水辺空間の集客拠点の創出,②舟運を組み入れた交通システムの開発,③「水の都大阪」ブランドの発信などによって水の都を支える集客システムを構築し,国際集客都市大阪を目指して,都心の再生を図ることを目的としている。

　水の回廊づくり[17]においては,①大阪ミナミの繁華街を流れる「道頓堀川ゾーン」では,水辺のにぎわいを創出すること,②船場都心を流れる「東横堀川ゾーン」では,都心居住と就業環境を魅力的なものとする水辺空間を整備すること,③堂島川と土佐堀川に囲まれ,水都大阪を代表する水辺景観を持つ「中之島ゾーン」では,京阪電鉄「中之島線」の開通(2008年10月19日)によって弾みがついた中之島開発と連動した緑豊かな水辺を整備すること,④大阪の西武を北から南に流れる「木津川ゾーン」では,水辺空間の緑化を推進し,安らぎの水環境をつくることに重点をおいて取り組んでいる。さらに,国,大阪府,大阪市,経済界等で組織する水都大阪2009実行委員会は,大阪＝「水都」という街のブランドイメージを確立し,将来の大阪に継承されていくこと[18]を意図して「川と生きる都市・大阪」をテーマとするイベント「水都大阪2009」を2009年8月22日〜10月12日まで52日間にわたって市内5会場(図4－3参照)で開催した。

　大阪は「水都大阪」の再生を目指してさまざまな試みを実施してきているが,河川舟運について見ると,前述した水の回廊とよばれる大阪都心部を流れる河川では,観光遊覧船が運航されているものの,淀川(図4－4参照)では1962年に大阪・伏見間の貨物輸送は途絶え,現在では土砂運搬船や不定期の観光船などが航行しているに過ぎない[19]。淀川には河口から約10kmに淀川大堰があるため船舶は大阪湾から淀川中・上流域へ航行することはできない。淀川大堰で分流している大川(旧淀川)から大阪湾へ向かう途中の土佐堀川にある淀屋橋などの複数の橋の下のクリアランスは,観光船の通行には不十分である。さらに,淀川河口から約26kmの枚方から木津川,宇治川,桂川の三川合流部までは土砂の堆積も多く,推進が確保されていないため,船舶の航行はできない状況である。東京では水上交通の多数のルートがあり,河川と海との一

図4-3 「水都大阪2009」マップ

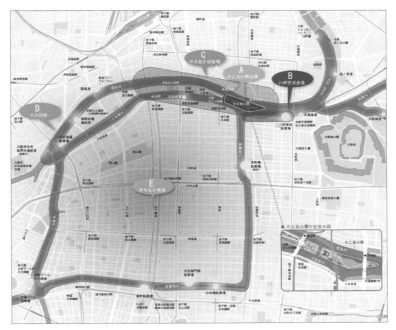

(資料) 公式記録水都大阪2009実行委員会 (2009)「水都大阪2009」6-7ページ (http://www.suito-osaka.jp/suito.jp/history/.../2009_record_outline.pdf) 2017年6月18日閲覧。

体的な航行が実現しており，船着き場と地下鉄やJRの駅とが近接している水上バスのルートも見られるが，大阪では船舶による海上と河川の一体的な航行ができない[20]のが現状である。

図4-4 淀川流域図

淀川流域の諸元

項目	諸元
流域面積	8,240km²
幹川流路延長	75km
流域内人口	1,179万人
想定氾濫区域面積	773km²
想定氾濫区域内人口	766万人
想定氾濫区域内資産額	137兆6,618億円
流域内市町村	54市24町4村

流域内人口は,「2005年国勢調査」
想定氾濫区域内のデータは,
「河川現況調査 近畿地方編
(1999):国土交通省河川局」

(資料) 近畿地方整備局 (2009)「淀川水系河川整備計画」3ページ。

パリの水上シャトル船「ヴォゲオ」

　河川に水上バス，観光遊覧船，土砂運搬船などが航行し，都市住民も観光者もそれらを利用し，その恩恵に与っている場合には，人々は河川を都市の機軸と位置づけ，都市にとって不可欠の構成要素として意識することになる。しかし，河川の舟運利用が途絶えてしまうと，水辺の復権は難しい。ヨーロッパ諸国の中には，19世紀に鉄道が開通した後も河川の舟運利用を見捨てることなく，それに「新たな意味や役割」[21]を見出して河川舟運の復権を図っている事例が見られる。船の航行速度は遅いが，二酸化炭素の排出量は少なく，コストはトラック輸送の1/8であり，急ぐ必要のないもの，かさばって，重いものに

図4-5　水上シャトル船ヴォゲオ（Voguéo）の路線図

（資料）（財）自治体国際化協会パリ事務所（2009）「フランスの環境配慮型交通政策」『CLAIR REPORT』第335号，55ページ。

は船が向いている．たとえば，パリのセーヌ川では，STIF（Syndicat des transports d'Île -de-France，イル・ド・フランス交通組合）は環境配慮型交通機関としての船に新たな役割を見出し，オステルリッツ駅（パリ13区）と郊外（ヴァル・ド・マルヌ県）のメゾン・アルフォールの獣医学校間9.26kmを結ぶ水上シャトル船「ヴォゲオ（Voguéo）」[22]（図4－5参照）の運航を2008年6月28日に開始し，片道約40分の所要時間で，ラッシュ時には20分毎，それ以外は30分毎に運航しており，停船場はバス路線，メトロ（地下鉄），RER（Réseau Express Régional，パリ首都圏高速鉄道）線と接続している．

水辺景観の整備

　良好な河川景観の形成にあたっては，①水辺環境の改善・整備，②水辺のにぎわいの創出，③河川舟運の復権とならんで，④水辺景観の整備が重要である．水辺景観は，橋，堰，閘門，護岸，散策路，樹木などから構成されるが，周囲の景観と調和してはじめて優れた水辺景観となる．水辺景観の整備にあたっては，水辺の安全確保に配慮しながら，水辺へのアクセスを容易にし，人々を水辺に吸い寄せる仕掛け，つまり「水に親しむ岸部の工夫（親水設計）」[23]が必要である．橋はたんに一方の岸から他方の岸へ渡るための通路としての通過空間でなく，人々が立ち止まって川をのぞき込んだり，周囲の風景を眺めたり，人と待ち合わせをしたり，夕涼みや花火大会などのイベントで集まる場所でもある．橋はたんなる土木構築物であるにとどまらず，架橋主体や設計者，土木技術者の思い入れが込められた美的オブジェとよばれるものが少なからずあり，「都市景観に多様性をもたらす差異化の要素」[24]をなしている．橋のなかには名橋とよばれるものがある．名橋は季節の移ろいを感じさせる舞台装置であるとともに，人々の想像力を喚起させ，詩歌や物語を生み，育む孵卵器の役割を果たすものである．つまり，名橋の条件とは，橋が土木構築物として美しいだけではなく，「橋のほとりに吸いよせられ，結晶した言葉と風物詩の見事さ」[25]であると言える．さらに，親水設計には都市住民も観光者も水辺に近づくことが楽しくなるような，安全で，快適な散策路，周囲の景観と調和した自然石の石積護岸の造成，水辺の植栽や周辺と調和がとれた個性ある水辺の緑

2　運河景観と都市観光

ヨーロッパの運河

　運河は人や物資の輸送，農業用灌漑，排水，給水などのために人工的に造られた水路である。ヨーロッパでは19世紀に鉄道開通後，運河の舟運利用は斜陽に陥ったとはいえ，現在でも全長34,000kmの運河網を維持している。ライン河とドナウ河を結ぶ「ライン・マイン・ドナウ運河」[26]（バンベルク～ケルハイム間，全長171km）は，1921年に着工し，総工費約78億マルクを費やして1992年9月26日に開通した。この運河の開通により，北海から黒海まで全長3,500kmが一本の水路でつながった。

　フランスではボルドーからトゥールーズまでのガロンヌ川に接続する「ミディ運河」[27]（トゥールーズ～セート間，全長241km）は，国王ルイ14世の国家プロジェクトとして認められ，ベジエ出身の徴税吏ピエール＝ポール・リケ（Pierre-Paul Riquet，1609～1680）が1666年に着工し，その後工事を継承した息子によって1681年に完成した。この運河の完成により，ジブラルタル海峡を通ることなく大西洋と地中海が一本の水路で結ばれた。19世紀に鉄道が開通後，ミディ運河は輸送の主役の座から降りたが，運河の土木建築物（橋，閘門など），護岸，散策路，並木などからなる運河景観はユネスコ（国連教育科学文化機関）から高い評価を受け，1996年に世界遺産（文化遺産）に登録された。ミディ運河は現在ではフランスを代表する運河観光クルーズの中心となっている。

　ベルギー北西部，フランドル地方のブリュージュ[28]は，潟湖のツウィン湖に臨み，中世にはイギリスからの羊毛輸入と織物業（10世紀の亜麻織物業，13～14世紀の毛織物工業）で栄えた都市であったが，15世紀に入ってからの潟湖の土砂堆積，イギリスでの毛織物工業の勃興，アンヴェルス（アントワープ）の台頭などで衰退し，運河も利用されなくなった。しかし，近年になって運河沿いの歴史的な街並みの整備が進み，「ブリュージュ歴史地区」は2000年

にユネスコの世界遺産（文化遺産）に登録され，運河舟運も復活し，世界中から訪れる観光者の人気を博している。

東京の運河

ヨーロッパ諸国と比べれば，運河網，運河の舟運利用・水辺利用いずれの点でもわが国は見劣りがするが，それでも近年は，運河の魅力を見直し，運河の再生を図る動きが見られる。東京都は2005年から東京の水辺の魅力向上や観光振興に資するため，運河の水域利用とその周辺におけるまちづくりが一体となって，地域のにぎわいや魅力を創出することを目的とした「運河ルネサンス」[29]に着手した。運河の役割の変化に伴って，運河ルネサンス推進地区（2009年7月現在）として指定された①芝浦地区（芝浦運河・新芝運河・芝浦西運河周辺），②品川浦・天王洲地区（天王洲運河・天王洲南運河周辺），③朝潮地区（朝潮運河・新月島運河周辺），④勝島・浜川・鮫洲地区（勝島運河周辺），⑤豊洲地区（豊洲運河・東雲運河・春海運河）では，工場・倉庫群から住宅や商業施設が立地する水辺空間へと土地利用の転換が進んでいる現状を踏まえて，水と街が融合する業務・商業・居住の新たな都市空間の形成を目標とする水辺空間の魅力向上に取り組んできた。

運河の魅力再発見プロジェクト

運河は，①人々に潤いと安らぎを与える水辺環境空間，②魅力ある観光資源であり，防災上も③大規模震災時の水上輸送基盤として果たす役割が大きい。国土交通省は，地域と港湾管理者などが主体となって，運河の魅力を再発見し，地域の個性を活かした遊歩道の整備による親水性と回遊性の向上，各種イベントの実施による水辺のにぎわい空間づくりへの取り組みを国が積極的に支援する「運河の魅力再発見プロジェクト事業」[30]を2007年1月22日に創設し，2月28日まで公募を行い，4月13日に8件のプロジェクトを第1次認定した。その後，同年10月1日から31日まで公募を行い，2008年1月29日に2件のプロジェクトを第2次認定した（表4-2参照）。

表4-2 「運河の魅力再発見プロジェクト」の概要

第1次認定（2007年4月13日）

運河名	プロジェクト名	プロジェクトの目標
①貞山運河（仙台塩釜港）	貞山運河の魅力再発見プロジェクト	貞山運河を中心として新しい観光産業を振興するためのマスタープランを策定し，その議論を通じて対等なヒューマンネットワーク（運河クラスター）を形成する。
②朝潮運河（東京港）	中央区運河のにぎわいづくりプロジェクト	朝潮運河を主軸とした「魅力ある水辺をつくり，活かす」ために，水辺の景観向上や安全性，環境改善に配慮した整備を行うとともに，災害時や地域の賑わい，さらには水上交通の活性化につながる活用の促進を図る。
③内港地区等（横浜港）	ヨコハマ水辺空間活性化プロジェクト	開港150周年を弾みとし，地元や関係者と共に景観や環境に配慮しながら，誰もが気軽に安心して，利用できるように，水際線の整備や秩序ある水域利用の活性化を推進する。
④富岩運河・住友運河（伏木富山港）	富岩運河元気わくわくプロジェクト	日常的な散策，野鳥観察や遊覧船などの活動に利用し，運河を中心とした新たな文化の創造，地域づくりを促進する。
⑤半田運河（衣浦港）	「温故知多新」半田運河再活性化プロジェクト	運河周辺に息づく半田の文化・伝統・歴史・教育・経済といったさまざまな観光資源をより深く洞察して見直し，新生して，観光客および市民に「温故知新」をより多く体感してもらうことで半田市を活性化する。
⑥咲洲キャナル（大阪港）	南港咲洲キャナルを活用したコスモスクエア地区活性化プロジェクト	市民が運河を訪れる機会を増やし，認知度を高め，運河を利用した地区内の歩行者ネットワークを充実させるとともに，運河周辺施設と一体となった水辺空間利用を促進し，運河の活性化を図る。
⑦尼崎運河（尼崎西宮芦屋港）	21世紀の尼崎運河再生プロジェクト	尼崎臨海地域を人々に賑わいと潤いをもたらす魅力と活力のあるみなとまちに再生する。
⑧堀川運河（油津港）	堀川運河ふれあい文化交流促進プロジェクト	油津港および堀川運河に伝わる文化（チョロ船，弁甲筏流し）や数多くの歴史的文化財（油津レンガ館等）を活用し，港周辺の賑わいを創出する。

第2次認定（2008年1月29日）

運河名	プロジェクト名	プロジェクトの目標
⑨中川運河・堀川（名古屋港）	風・水・光　なごや運河ものがたり	「環境首都」名古屋市の「水の道」である中川運河，堀川の水辺の景観と賑わいを創造し，環境再生に向けた気運を高め，みなとの文化・水の文化の活性化を図る。
⑩兵庫運河（神戸港）	兵庫運河を活用した地域活性化プロジェクト	市民や事業者との協働によって，運河水面の新たな活用と，運河沿いのプロムナード整備を行い，親水性と回遊性の向上，歴史を活かしたまちの魅力アップを図る。

（資料）国土交通省港湾局（2007）『『運河の魅力再発見プロジェクト』の認定（第1次について）および同（2008）同（第2次）より筆者作成。

半田運河

　国土交通省の「運河の魅力再発見プロジェクト」事業の第1次認定を受けた愛知県の半田運河（衣浦港）は，知多半島のほぼ中央に位置し，1855年の大洪水による被害を受けた後，排水路，港として整備された。半田は江戸時代には尾張廻船が行き交う海運のまちであるとともに酒，酢，醤油などの醸造業のまちでもあった。半田運河沿い約500mにわたって続く黒板囲いの蔵は，酢造大手のミツカン，醤油のキッコウトミなどの蔵である。

　1991年から2001年まで「衣浦港半田運河整備計画」[31]に基づいて長年の生活排水，産業排水によって運河に溜まっていたヘドロの除去，黒板囲いの醸造蔵に見合った自然石の石積護岸の建設，遊歩道の設置，源兵衛橋の改築などが実施され，現在の運河景観が形成された。半田運河沿いにならぶ醸造蔵からは酢の噎せるような匂いや醤油のもろみの香ばしい匂いが漂っており，その源となる自然や文化・生活を一体として将来に残し，伝えていく風景として，半田運河周辺は「半田の酢と酒，蔵の町」として2001年10月30日に環境省から「かおり風景100選」[32]に選定された。

　半田市では半田運河周辺地区を2005年1月29日に景観重点整備地区[33]に指定し，「ノスタルジック・カナル―蔵と調和したまちなみづくり―」をテーマとして，運河と醸造蔵（中埜酒造の「酒の文化館」，中埜酢店の博物館「酢の里」），旧家（中埜半六邸）などの歴史的建造物と調和した景観形成を図っている。半田市では，中部国際空港が常滑沖に開港（2005年2月17日）し，知多半島へのアクセスがよくなったこと，愛知県内の産業観光の地道な取り組みが定着してきたことなどが追い風となっていることから，観光散策コースの設定，駐車場・トイレの整備などの受け入れ体制を整え，情報発信することによって半田運河周辺への観光客数の増加を意図している。

3 掘割景観と都市観光

水郷柳川

　掘割とは，城の防御や物資の運搬，生活用水の確保などのために地面を掘っ

て，川の水を引き込んでつくった水路である。わが国には「水郷」とよばれるまちが全国各地にあるが，その筆頭に「水郷柳川」が挙げられる。柳川市は福岡県南西部の有明海に面するまちであり，柳川の掘割は1601年に入城した田中吉政（1548〜1609）が城郭の改築や道路整備とならんで城の防御のため矢部川から水を引き込んで堀を巡らせたことに始まり，1620年に移封された立花宗茂（1569〜1642）が治水・干拓事業を引き継ぎ，今日のまちの基盤を形成した。その後，柳川の人々は，営々と湿地を干拓して農地を造成し，灌漑用水や生活用水を確保するために川から水を引き込んで掘割という水路網を形成してきた。柳川の掘割は，総延長約900kmに達し，市域の約13％を占めている。水郷柳川の歴史は，掘割とともにまちの人々が生きてきた歴史である[34]。

柳川では明治以降，「どんこ舟」を操る川での漁や川遊び，物資の運搬，人

図4-6 柳川の川下りコース

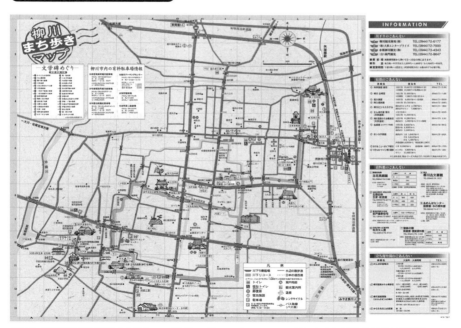

（資料）柳川市観光課「柳川まち歩きマップ」(http://www.city.yanagawa.fukuoka.jp) 2017年10月1日閲覧。

の移動に水路網を利用してきた。1954年に柳川出身の詩人・歌人，北原白秋（1885～1942）の少年時代を描いた芥川賞作家の長谷健（1904～1957）原作「からたちの花」が映画化され，柳川でのロケの際に，子役の地元の子どもたちの「川遊び」が全国から注目を浴びた。1955年にはまちの有志が有料の川下りを運航することになり，1965年には冬のこたつ舟が登場した[35]。

　掘割を巡る川下りコース（図4-6参照）は，外堀コースと内堀コースがあり，鋤崎土居（乗下船場・スタート）→城堀水門→汲水場（くみず）→水中歌碑→なまこ壁→並倉→日本の道百選→うなぎ供養碑→弥兵衛門橋→くもで網→待ちぼうけの碑→檀一雄文学碑→御花北御門（おはな）→出逢い橋→水天宮→沖端の船着き場（おきのはた）（乗下船場・終点）を巡る内堀コースは全長約4kmで，所要時間は約70分である。柳川では四季を通じて川に親しむイベント[36]（たとえば柳川川開き（2月中旬～下旬）→春の川下り・おひな様水上パレード（3月）→新緑の川下り（5月）→納涼船（7月）→川下り観月船（8月～10月の満月の日）→白秋祭水上パレード（11月1日～3日）→冬のこたつ舟（12月～2月））がある。掘割を巡る川下りと連携して，柳川では「白秋生家と沖端の漁師町を巡る」・「柳川の伝統・文化・神社仏閣巡り」のまち歩き，「中島朝市と干拓の歴史を巡り温泉でゆったり」過ごすドライブコース，「くもで網と有明海展望・梅の木街道と慶長本土居」・「柳川藩と水の歴史を辿るサイクリング」コースなどバラエティーに富んだコースを設定し，全国から来訪する観光者を受け入れている。

　柳川の掘割を巡る川下り観光は，決して順風満帆に歩んできたわけではない。1977年に掘割の大部分を埋め立て，コンクリート張りの都市下水路にする計画案が市議会や県の承認を得て，事業が推進されることになった。しかし，そのとき，事業推進の当事者である市の広松伝（つたえ）都市下水係長は，柳川の掘割を埋め立てると地盤沈下が起きると反対し，「郷土の川に清流を取り戻そう─柳川市民への呼びかけ」と題する文書を著して掘割の修復と浄化を図り，水辺空間を整備しようと市民に訴えた。掘割に向けるこのひたむきな熱い思いは，市議会に掘割の埋め立て計画の再考を促した。市は掘割の埋め立て計画を撤回した後，「河川浄化計画」を策定し，水都柳川のシンボルである掘割の水質浄化に努めるとともに川下りコースに遊歩道や休憩所，河畔公園を整備し

た。一方，市民も市内全域に掘割の「維持管理実施委員会」を組織し，掘割の水を抜いて，川底の清掃を行う「川浚い」を市と共同で行い，共に汗を流すことで市民の共有財産である掘割の水質浄化に努めるとともにブロック塀も生け垣に代えて，良好な水辺景観の創出に努めた[37]。柳川の良好な掘割景観は，市と市民の共同の地道な努力によって整備され，保全されてきている。掘割は，柳川の顔である。柳川から掘割がなくなれば，柳川ではなくなる。掘割の存在なくして，柳川を語ることはできない。

水都松江

わが国には「水都」とよばれ，水にこだわった観光地づくりを進めているまちが全国各地にある。山陰地方を代表する「水都」は，松江市である。松江を代表する観光スポットである松江城を囲む堀川は，城主堀尾吉晴（1543〜1611）が築城のとき（1607〜1611年）に城の防御，物資の運搬や人の往来そして生活用水として利用するために造られた。水都松江では魅力ある水の風景をつくり，水を生かし，水にこだわった観光地づくりを進めている[38]。「堀川めぐり」の遊覧船は，通年運航（冬期は，「こたつ舟」による運航）しており，遊覧コース（図4-7参照）は松江堀川ふれあい広場，大手前広場，カラコロ広場の3カ所からの発着ルートで，コースの全長は約3.7km，遊覧時間は約50分間である。堀川遊覧船「ぐるっと松江堀川めぐり」[39]は，1997年7月20日に就航し，2015年の利用者数は346,971人であり，市内観光地別来訪者数で見ると，「松江城」，「カラコロ工房」，「八重垣神社」に次いで第4位である。

松江市内に来訪する観光者は，観光資源の集積する中心部と南部に集中している。市内のほかの地区にも観光者が来訪するようにするためには，堀川遊覧コースの修景やイベントを実施して魅力アップを図るとともにまち歩きコースを認定して，まちなか観光との連携を強化していく必要がある。さらに，水都松江とは言うものの，遊覧船は現在，堀川遊覧のほかに宍道湖を約1時間かけて周遊する「宍道湖遊覧」（はくちょう号）と4月から10月までの期間限定で加賀の潜戸までを約50分かけて周遊する「潜戸遊覧船」が運航されているだ

図4-7 松江堀川遊覧コース

(資料) http://www.matsue-horikawameguri.jp/course/index-html 2017年6月18日閲覧。

けである。河川，湖，海という水辺環境に恵まれている松江では，観光需要があり，採算がとれるとすれば，新規航路として①宍道湖から佐陀川に入り，佐太神社へアプローチする佐陀川遊覧船の運航，②艪漕ぎの船での佐陀川花見遊覧船・葭原探勝船の運航，③宍道湖を南北に横断する航路や北岸沿いと南岸沿いを運航する東西航路，④松江～大根島～美保関を結ぶ中海航路，⑤島根半島海岸線観光遊覧船の運航[40]を検討する価値はあるであろう。

4 港湾景観と都市観光

港湾景観の整備と都市再生

港湾はこれまで主として物流・産業の拠点として利用されてきたが，近年で

は水域のレクリエーション利用，水際線や水上の商業・飲食施設など都市住民や観光者の憩いの場，にぎわいの場[41]としてのニーズが高くなっている。全国各地の港湾では港湾景観を整備し，都市住民だけでなく，観光者も港湾空間への来訪を促すためにさまざまな方策を講じている。港湾景観[42]は，港湾空間と背後の市街地から構成されている。港湾空間をにぎわいの場とするためには，港湾施設の整備，倉庫や歴史的施設を活用した周辺環境整備，親水緑地の整備を通じて良好な港湾景観を形成し，水域利用を促進するとともに海側と陸側（市街地側）双方からのアクセスルートを確保することや回遊できるように配慮することで水域と陸域の連携を緊密にしていかなければならない。

　土地（陸域）は所有権の行使により排他的利用が可能であるが，水域の場合は自由使用が原則である。そのため，水域を利用するためには利用者の安全確保[43]に配慮し，利用者の視点に立って，地域との共存が図れる水域利用のためのルールづくりや利害関係者間の調整[44]が必要になる。ヨーロッパ諸国では従来の物流・産業拠点としての港湾の役割を終え，使用されなくなった倉庫や歴史的な施設を交流施設や飲食・商業施設などの時代に合ったニーズに応えた転用を図り，港湾空間の魅力を創出し，港湾の再生を核とした都市再生を実現した事例が見られる。わが国においても近年では，物流・産業拠点としては衰退した港湾空間に新たな意味や役割を見出し，にぎわい空間の整備を行っている事例（表4－3参照）がある。

港湾空間の整備事例

①「広域占有型」の事例[45]である「ラグーナ蒲郡」*（蒲郡市）は，マリーナ（ラグナマリーナ・2001年4月開業），リゾートマンション（ラ・メルカーサ），ショッピングモール，タラソテラピー施設，レストラン，温泉，テーマパーク（ラグナシア）がある複合型マリンリゾート施設である。「シティマリーナヴェラシス」（横須賀市）は，マンション（全277戸）・マリーナ（陸域・水域合計390隻収容）併設型施設で，第1期は1997年4月に開業している。「横浜ベイサイドマリーナ」（横浜市）は，遊休化した貯木水面を活用して，（株）横浜ベイサイドマリーナがマリーナを1996年4月に整備し，

表4-3 水辺空間の有効利用事例

項目別 \ 類型別		広域占有型	水際占有型	桟橋型	水上構造物型
定義		陸域・水際線・水域を含む広大な区域を特定の目的で活用し，区域全体を管理するための管理者が配置されているもの。	水際線に設置された護岸等に構造物を設置して専用的に使用することによって，水域にできるだけ近接した場所の活用を可能とするもの。	港奥部・運河等の静穏な水域に小型の係留施設（桟橋等）を設置するもの。	静穏な水面上に従来陸上に設置されていた構造物（建築物を含む）を設置するもの。
主な用途・施設		マリーナ等	係留施設付き建築物等	小型船用桟橋（交通船・遊覧船・プレジャーボート等）	浮体式構造物・海面上の固定式構造物等（レストラン・旅客船待合所・オフィス等）
特徴		①陸域から水域までの広大な区域を一体的に活用することにより，広いエリアで賑わいを創出することが可能。②水域の景観を享受できる周辺の地域で，土地の付加価値が増加し，開発が促進（商業施設や住宅の立地等）。③広大な陸域とそれに隣接する静穏かつ広大な水域が必要となるため，設置場所が限定。	①水際線に施設を設置することにより，水辺との一体感を享受しやすくなる。②水域への接続性が向上するため，水域と陸域の一体的な活用が可能。③静穏な水域と専用的な使用が可能な護岸が不可欠であり，土地利用および建築物の用途が都市計画や港湾計画に合致していることが必要。	①低コストで設置・管理できる簡易な係留施設を設置することにより，小型船の活用が促進。②小型船が対象となるため，極めて静穏な水域が不可欠。③係留施設を利用する船舶が交通船の場合は，陸上の公共交通機関へのアクセスが重要。	①土地の取得費用が不要。②水面に設置されることから，水辺との一体感を享受しやすくなる。③船舶（係留船）かつ建築物である構造物を設置することとなるため，船舶検査や建築確認が不可欠。
適用される主な規制	水域の占用	広大な水域を利用するため，大規模な水域の占用許可を取得することが不可欠。	水域を利用するため，水域の占用許可を取得することが不可欠。	水域を利用するため，水域の占用許可を取得することが不可欠。	水域を利用するため，水域の占用許可を取得することが不可欠。
	公共施設（護岸等）の専用的な使用	水際線を構成する護岸が公共施設である場合，その専用的な使用に対する許可が不可欠。	水際線を構成する護岸が公共施設である場合，その専用的な使用に対する許可が不可欠。	水際線を構成する護岸が公共施設である場合，その専用的な使用に対する手続きが不可欠。	水際線を構成する護岸が公共施設である場合，その専用的な使用に対する手続きが不可欠。
	技術基準の適用	港湾の施設（係留施設，外郭施設等）については，港湾法に基づく技術基準の適用を受ける。	港湾の施設（係留施設等）については，港湾法に基づく技術基準の適用を受ける。	港湾の施設（係留施設等）については港湾法に基づく技術基準の適用を受ける。	浮体構造物については，建築基準法だけでなく，船舶安全法に基づく技術基準の適用も受ける場合が多い。
	都市計画の適用				水域が市街化調整区域となっている地域においては，開発行為に制限がかかる可能性あり。
主な事例		ラグーナ蒲郡（愛知県蒲郡市）シティマリーナヴェラシス（神奈川県横須賀市）横浜ベイサイドマリーナ（神奈川県横浜市）	ベルポート芦屋（兵庫県芦屋市）	芝浦アイランド（東京都港区）天王洲ヤマツピア（東京都品川区）	WATERLINE（東京都品川区）ぷかり桟橋（神奈川県横浜市）海王丸（富山県射水市）

（資料）国土交通省港湾局「水辺空間の有効利用によるみなとの魅力向上促進に関する研究会」第2回（2008）資料2「賑わい交流空間の開発のコンセプトの検討」2-5ページ，第3回（2008）資料2「ガイドラインの骨子（案）」5-8ページより筆者作成。

その後(株)三井不動産が1998年9月に物販・飲食施設を隣接地に整備したマリーナ・物販飲食施設併設型である。

② 「水際線占有型」の事例である「ベルポート芦屋」(芦屋市)は,ヨット,プレジャーボートなどの係留施設付きの戸建て住宅(2005年4月販売開始)で,敷地内には商業施設,結婚式場,スポーツクラブ,レストランも備えている。

③ 「桟橋型」の事例である「芝浦アイランド」(東京都港区)は,マンションと運河クルーズやボート大会,カヌー体験などで使用する多目的桟橋の一体開発型で,2007年3月に開業した。「天王洲ヤマツピア」(東京都品川区)は,(株)天王洲ヤマツピアが東京都の運河ルネサンス推進地区である天王洲に2006年8月に整備したパーティークルーズ用の常時係留桟橋で,運河沿いの結婚式場からそのまま乗船できるため,クルージングウェディングなどに利用されている。

④ 「水上構造物型」の事例である「WATERLINE」(東京都品川区)は,東京都の運河ルネサンス推進地区である天王洲に2006年2月に開業した水上レストランで,9m×24mの台船(上面が平らな貨物船)の上に建物が載っており,運河沿いのレストランと一体的に使用されている。「ぷかり桟橋」(横浜市)は,横浜市が発券所・待合室,店舗などの機能を持つ浮桟橋形式の旅客ターミナルを1991年11月に整備し,その後ぷかり桟橋共同事業体が指定管理者として維持管理している。「海王丸」(射水市)は,商船学校の練習船として建造された海王丸を(財)伏木富山港・海王丸財団が海王丸パークの海面上に固定し,歴史海洋博物館として1990年7月から一般公開している。

5　水辺景観と都市観光の課題と展望

水辺景観は,河川,運河,掘割,港湾などの水辺空間と市街地によって形成される。良好な水辺景観が形成されているということは,都市住民にとっても,また都市を訪れる観光者にとってもアメニティな空間が形成されていることを意味する。良好な水辺景観とは,第1に,水辺環境が健全な状態であるこ

と，つまり水質が改善され，生命の営みが活発であり，安全で，憩いの場所があることである。川面にごみが浮かび，下水や工場排水が流れ込み，悪臭が漂う川には誰も顔を向けようとしないし，近づこうとしない。川の浄化運動の結果，水質が改善し，水辺空間が整備されると，人々は川に吸い寄せられるように集まり，水辺空間は憩いの場となる。ライン河[46]は，ヨーロッパの工業都市を結ぶ内陸水運の大動脈であり，かつては「ヨーロッパの下水溝」とよばれるぐらい汚染されていた。しかし，流域各国が協調して水質浄化に努力した結果，1990年11月にはライン河の支流ジーク川に流れ込むブレールという小川で鮭が捕獲された。これを契機に，流域各国では「Lachs 2000」というスローガンの下にライン河の水質改善のために協調行動をとることを1992年末に申し合わせた。その後，21世紀に入っても清流を取り戻す流域各国の協調行動は，「Rhein Lachs 2020」[47]というスローガンの下で継続されている。

　良好な水辺景観が形成されると，第2に，水辺にあたかも磁力があるかのように都市住民だけでなく，観光者も吸い寄せられ，水域は観光遊覧船の舟運などに利用され，にぎわいの場となる。かつては河川を利用して物資が運搬され，人々が移動するのに伴って，流域に河川文化が形成された。河川の舟運が隆盛なときには，河岸(かし)は人や荷物を上げ下ろし，飲食・遊興する場所としてにぎわった。飲み食いや遊びの場所を変えることを意味する「河岸を変える」という言葉は，船が主要な交通手段であり，河川文化が繁栄した歴史的背景の下で生まれた言葉である。舟運の衰退に伴い，河岸は他の用途に転換され，河川文化はかつての輝きを失い，「河岸を変える」という言葉は死語となった。ヨーロッパ諸国では，鉄道の開通後も河川の舟運利用を見捨てることなく，急ぐ必要のないもの，かさばって，重いものの運搬や観光遊覧船などに利用し，舟運に新たな意味や役割を見出している事例があり，わが国の舟運復権を図る場合の参考となる。

　良好な水辺景観は，第3に，水辺へのアクセスが容易で，回遊できるように配慮され，水域と市街地の街並みとの一体感がある調和のとれた水辺空間である。良好な水辺景観を形成するためには，河川敷の清掃活動，護岸の緑化，河川を利用するスポーツやレジャー活動などを通して都市住民が河川に親しみ，

積極的に関わることが大切である。都市住民が愛着と誇りを持って形成した良好な水辺景観は、都市住民にとっては安らぎと憩いの場であるとともに、都市に来訪する観光者を観光やイベントなどで惹きつけるにぎわいの場でもある。

　水辺景観は、都市景観の重要な部分を形成している。良好な水辺景観を持つ都市は、市街地の街並みと一体になって、美しい、魅力的な都市である。水と緑が豊かな水辺空間のなかで都市住民は、安全・安心・快適に暮らすことができ、ゆとり、安らぎ、潤い、落ち着きを感じる。一方、観光者は陸域にはない、水辺空間の楽しさ、おもしろさ、活気、にぎわいなどを求めて良好な水辺景観を持つ都市に来訪する。このように、良好な水辺景観を持つ都市は、都市住民にとって魅力的であるだけでなく、都市観光の面からは観光者にとっても魅力的な都市である。

注

1）加藤雅彦（1991）『ドナウ河紀行』（岩波新書）岩波書店、63、70ページ。
2）河川審議会都市内河川小委員会（1998）「『河川を活かした都市の再構築の基本的方向』中間報告（（財）リバーフロント整備センター編（2002）『河川を活かしたまちづくり事例集』技報堂出版、所収）125ページ。
3）小倉孝誠（2008）『パリとセーヌ川』（中公新書）中央公論新社、72ページ。
4）広瀬川創生プラン素案づくり実行委員会（2003）「広瀬川創生プラン素案　河水千年の夢―広瀬川・悠久の流れとまちづくり―」（仙台市（2005）「広瀬川創生プラン」参考資料2、所収）53ページ。
5）United Kingdom Government Office North West (July 2006), *Evaluation of The Mersey Basin Campaign Final Report*, p.10.
6）国土交通省河川局（2006）「河川景観の形成と保全の考え方」（参考資料）2章1ページ、国土交通省（2007）「国土形成計画（全国計画）に関する報告」113ページによる。
7）小杉雅之（2005）「景観インデックスによる都市景観研究」『地域政策研究』Vol.16、2ページ。
8）小杉雅之（2004）「景観からまちづくりを考える」『地域政策調査』Vol.17、53ページ。
9）新川信夫（2004）「紫川〜景観に配慮した川づくり〜」『リバーフロント』

Vol.51, 26 ページ。
10) 北九州市建築都市局ホームページ（http://www.city.kitakyushu.lg.jp 2017 年 6 月 18 日閲覧）による。
11) 橋田光太郎「小倉都心部の都市景観をめぐるツアー」（阿部和俊編（2007）『都市の景観地理　日本編1』古今書院，所収）90-92 ページ。
12) 名古屋市緑政土木局堀川総合整備室ホームページ（http://www.city.nagoya.jp/shisei/jigyoukeikaku/douro/horikawa/　2017 年 6 月 18 日閲覧）による。
13) 同上（http://www.city.nagoya.jp/kurashi/seikatsu/dourokawa/horikawa/jouka/nagoya000471-　2017 年 6 月 18 日閲覧）による。
14) 同上（http://www.city.nagoya.jp/shisei/jigyoukeikaku/douro/horikawa/jikken/nagoya000462-　2017 年 6 月 18 日閲覧）による。
15) 松尾直規（2008）「学者が斬る　川づくりが都市の魅力を高める」『エコノミスト』第 86 巻第 19 号，51 ページ。
16) 都市再生本部（2001）「都市再生プロジェクト（第三次決定）」6 ページ。
17) 水の都大阪再生協議会（2003）「水の都大阪再生構想」（ダイジェスト版）14-17 ページ。
18) 水都大阪 2009 実行委員会事務局（2009）「水都大阪 2009」10 ページ。
19) 枚方市（2001）「淀川舟運の復活と枚方市の展望〜枚方市舟運構想〜報告書」9 ページ。
20) 大橋謙一（2002）「淀川の舟運利用について」『リバーフロント』Vol.43，15 ページ。
21) 三浦裕二・陣内秀信・吉川勝秀編著（2008）『舟運都市』鹿島出版会，98 ページ。
22) （財）自治体国際化協会パリ事務所（2009）「フランスの環境配慮型交通政策」『CLAIR　REPORT』第 335 号，53-57 ページ；Vogéo についての詳細は，http://www.vogueo.fr/vogueo/index.jsp（2017 年 6 月 18 日閲覧）参照。
23) 中村良夫（1982）『風景学入門』（中公新書）中央公論社，154 ページ。
24) 小倉孝誠，前掲書，209 ページ。
25) 中村良夫（2001）『風景学・実践篇』（中公新書）中央公論新社，146 ページ。
26) 吾郷慶一（1994）『ライン河紀行』（岩波新書）岩波書店，99-100 ページ。
27) Marie-Madeleine Damien (2001), *Le tourisme fluvial* (Que sais-je ?), Presses Universitaires de France, Paris, pp.43-44，ミディ運河建設の歴史については http://www.canalmidi.com/historic.html（2017 年 6 月 18 日閲覧），ピエール＝ポール・リケについては，http://www.canalmidi.com/paulriqu.html（2017 年 6 月

18 日閲覧）参照。
28) 三浦裕二・陣内秀信・吉川勝秀編著，前掲書，101 ページ，レオナルド・ベネーヴォロ著，佐野敬彦・林寛治訳（1983）『図説　都市の世界史　2. 中世』相模書房，118-140 ページ。
29) 東京都港湾局（2005）「運河ルネサンスの推進方針について」1 ページ，東京都産業労働局（2007）「水辺活用ハンドブック」55 ページ。
30) 国土交通省港湾局（2007）「運河の魅力再発見プロジェクト　概要」（http://www.mlit.go.jp/kowan/unga/bosyu.html　2017 年 6 月 18 日閲覧）。
31) 半田市「はんだの観光！　半田運河・蔵の街」（http://www.city.handa.aichi.jp/kankoukyoukai/miru/handaunga/index.shtml　2017 年 6 月 18 日閲覧）。
32) 環境省「かおり風景 100 選」（http://www-gis2.nies.go.jp/kaori/data/scene/index.asp?info=50）2017 年 6 月 18 日閲覧。
33) 半田市産業・観光振興計画策定委員会（2006）「商都半田の『復活』と『創造』　半田市産業・観光振興計画」47 ページ。
34) 「［事例 14］柳川市」（社団法人日本建築学会編（2005）『景観まちづくり』（シリーズ　まちづくり教科書　第 8 巻）丸善，所収），116-117 ページ，出口敦・佐伯純子・清水李太郎「掘割を骨格とした景観形成（柳川市）」（社団法人日本建築学会編（2005）『景観法と景観まちづくり』学芸出版社，所収），116-119 ページ。
35) 柳川市観光課（2008）「白秋のふるさと　水郷柳川」1-2 ページ。
36) 同上，9-10 ページ。
37) 田村明（1987）『まちづくりの発想』（岩波新書）岩波書店，88-94 ページ。
38) 石倉正明「開府 400 年の景観づくり」（自治体景観政策研究会編（2009）『景観まちづくり最前線』学芸出版社，所収），94-102 ページ。
39) 松江市（2016）「平成 27 年版　松江市観光白書（本編）」4 ページ。
40) 松江市（2007）「松江市観光振興プログラム」57-59 ページ。
41) 国土交通省交通政策審議会（2005）「今後の港湾環境政策の基本的な方向について」13 ページ。
42) 国土交通省港湾局（2005）「港湾景観形成ガイドライン」30 ページ。
43) 海は静穏な状態の時は，人間をやさしく包み込む母なる存在であるが，高潮，津波などの自然災害時にはむき出しの自然となって人間に情け容赦なく，猛威をふるう。そのため，港湾景観の整備に当たっては，親水性と同時に安全性への配慮が必要である。
44) 国土交通省港湾局・海事局（2008）「水域を活用した地域活性化方策のガイドラ

イン」4 ページ。
45) ①〜④の事例紹介の内容は，国土交通省港湾局（2008）「水辺空間の有効利用によるみなとの魅力向上促進に関する研究会」第 1 回，資料 2「事例紹介 1 〜 5」，第 2 回，資料「新しい事例の紹介」，東京都（2007）「水辺活用ハンドブック」40 ページによる。
＊2014 年 8 月 1 日に「ラグーナテンボス」に名称変更した。
46) 吾郷慶一，前掲書，146-147 ページ。
47) Internationale Kommission zum Schutz des Rheins（IKSR）（2004），*Rhein Lachs 2020*, Koblenz 参照。

第5章 大阪の都市再生と都市観光

　大阪の長年にわたる経済的地盤沈下により，大阪の都市間競争力の低下，都市の衰退は著しい。大阪の経済の底上げを図るには，大阪経済の成長を促進しなければならない。そのための方策の1つに都市再生が重要な役割を担っている。大阪の経済再生のためには，大阪の都市機能を十分に発揮することができる大都市制度が整備され，都市が活力を取り戻し，都市間競争に生き残っていけるような都市再生策が講じられなければならない。都市間競争力を向上させ，都市再生を図るには，市民にとっては「住みたいまち」，観光者にとっては「訪れたいまち」を実現していかなければならない。その意味では，都市再生策のなかで都市観光の振興が果たす役割は大きいと言える。

　本章は，京都や神戸に比べ，観光を主目的とする来訪者が多くはない大阪の都市観光の魅力を探り，都市観光の振興を通して都市再生に寄与し，魅力的な都市をいかに形成するかについて明らかにすることを目的としている。

1　大阪の経済的地盤沈下と経済再生

　大阪が経済的地盤沈下から立ち上がり，活力のある大阪を実現することは長年の課題であった。2011年11月27日に実施された大阪府知事と大阪市長のダブル選挙の結果は，地域政党「大阪維新の会」が推す前大阪府議の松井一郎氏が大阪府知事選で，前大阪府知事の橋下徹氏が大阪市長選でそれぞれ初当選した。

　大阪経済の再生を図り，強い大阪を実現するためには，大阪経済の成長が必要である。大阪府と大阪市が一本化した「大阪の成長戦略」[1)]によると，大阪経済の成長のための源泉として，①人材力強化・活躍の場づくり，②強みを生かす産業・技術の強化，③アジア活力の取り込み強化・物流人流インフラの活

用と並んで④都市の再生と⑤内外の集客力強化を挙げ，大阪経済の成長において都市再生と都市観光に重要な役割を与えている。そして，大阪・関西は，「高付加価値を創出する都市」（ハイエンド都市＜価値創造都市＞），「アジアと日本各地を結び，集積・交流・分配機能を発揮する都市」（アジアと日本各地の結節点となる中継都市）を目指すという方向性を示している。

2　経済再生と都市再生の経緯

　都市は経済活動が活発になり，人口が増加し，繁栄するときもあれば，産業構造の変化，都市間競争の激化などにより衰退するときもある。都市の経済活動が停滞し，都市システムが機能不全に陥って都市から活気が失われるとき，都市を蘇生させる都市再生の諸施策が講じられなければならない。

　わが国で都市再生に関心が向けられるようになったのは，1990年代末からであり，小渕恵三内閣において首相直属の機関である経済戦略会議が1999年2月26日に提出した「日本経済再生への戦略」と題する最終答申では，不良債権の処理，日本経済再生の切り札として都市再生[2]が位置づけられていた。その後，「構造改革なくして景気回復なし」を標榜して発足した小泉純一郎内閣は，都市の再生に関する施策を総合的かつ強力に推進するため，都市再生本部[3]を2001年5月8日に設置した。そして，都市再生本部が同年5月18日に公表した「都市再生に取り組む基本的考え方」では，民間に存在する資金やノウハウなどの民間の力を引き出し，構造改革の一環として都市再生が実現できれば，不良債権化した土地の流動化とともに日本経済再生にもつながる[4]との見通しを示した。続いて，同年6月14日に公表された「都市再生プロジェクトに関する基本的考え方」では，「20世紀の負の遺産の解消」を目指す緊急課題対応プロジェクトと「21世紀の新しい都市創造」を目指すプロジェクト[5]を選定した。さらに，都市再生の推進体制・支援措置等に関する法的枠組みとして「都市再生特別措置法」が2002年4月5日に公布，同年6月1日から施行され，同法に基づいて「都市再生基本方針」が同年7月19日に閣議決定された。この基本方針において都市再生は，土地の流動化を通じて不良債権問題

の解消に寄与し，経済再生の実現につながる[6]，とされた。

3　大阪の都市再生の現状と課題

「大阪都構想」

「大阪府と大阪市を一緒にして，指揮官が1人の大阪をつくったほうがいい」[7]，との橋下徹大阪府知事（当時）の2010年1月の発言をきっかけに，2011年11月27日の大阪府知事，大阪市長のダブル選挙を経て，選挙の争点とされた「大阪都構想」（表5-1参照）が実現へ向けて動き出した。

「大阪都構想」は，大阪府と大阪市の二重行政を解消し，経済発展につながる戦略の一本化を図り，大阪市の既存の区を再編成して各区に公選の区長と区議会をおき，住民の声を行政に反映しやすくすること[8]を狙いとしている。

大都市はわが国の経済を牽引する役割を果たすことが求められているが，大都市制度が整備されていない現状では，大都市の活力を十分に発揮できない一因となっている。「大阪都構想」は，二重行政を解消し，行政の効率化を図るという大都市制度の改革により，①大阪経済の成長促進，②地域の自治権強化，③財源の強化[9]という効果を期待して推進されている。

大阪府市統合本部＊は，都市戦略においても府市戦略の一本化を図り，世界の都市間競争に打ち勝つ大阪を構築するための都市戦略として「世界的な創造都市に向けて～グレート・リセット～」を2012年6月19日に発表した。大阪府と大阪市は，都市戦略の実施にあたり，都市魅力の創造に関わる観光，国際交流，文化，スポーツの各戦略を一本化し，民が主役となって，①「強い大阪」の実現，②経済の活性化，③シビックプライド＊＊の醸成[10]を目指している。

大阪の都市魅力創造に関わる「3つの重点取り組み」

大阪府市統合本部は，大阪の都市魅力創造に関わる「大阪都市魅力創造戦略」の策定方針のなかで，「3つの重点取り組み」[11]を挙げている。すなわち，

第1は，水と光のまちづくり推進体制の構築である。この取り組みは，大阪

表 5-1 「大阪都構想」関連年表

年　月　日	摘　　　要
2010 年　1 月	橋下徹大阪府知事（当時）が「大阪都構想」を提唱。
4 月	地域政党「大阪維新の会」発足。
2011 年 11 月 27 日	大阪府知事・大阪市長選挙で，前府議の松井一郎氏が知事選で，前知事の橋下徹氏が市長選でそれぞれ当選。
2012 年　3 月 28 日	大阪市議会で，大都市制度推進協議会設置条例可決。
8 月 29 日	参院本会議で，大都市地域特別区設置法案，可決，成立。
11 月 14 日	大阪市の公募区長プロジェクトチーム（PT）が大阪市内 24 区を 5 つか 7 つの特別区に再編する 4 パターンの区割り試案を公表。
12 月 27 日	大阪府議会は，大阪市を複数の特別区に再編する案を検討する法定協議会の設置議案を賛成多数で可決。
2013 年　2 月　1 日	大阪市議会は，大阪市を「大阪都」に移行させる際に必要な法定協議会の設置議案を賛成多数で可決。
2 月 27 日	「大阪都構想」実現に向けた法定協議会の初会合開催。
8 月　9 日	大阪府と大阪市は「大阪都構想」で節約できる効果額の試算を盛り込んだ事務局案を法定協議会に提示。
8 月 10 日	大阪維新の会は，9 月 29 日投開票の堺市長選で堺市議団幹事長の西林克敏氏の擁立を正式決定。
9 月 29 日	堺市長選で現職の竹山修身氏再選。
12 月　6 日	府市大都市局は，2015 年度に「都」へ移行した場合の特別区の財政試算を公表。
2014 年　2 月　3 日	橋下徹大阪市長が記者会見で辞職表明。
3 月 23 日	大阪市長選挙で現職の橋下徹氏再選。
2015 年　5 月 17 日	大阪市の住民投票で「大阪都構想」否決。
11 月 22 日	大阪府知事・大阪市長選挙で現職の松井一郎氏が知事再選，大阪市長に吉村洋文氏（大阪維新の会）が当選。
12 月 18 日	橋下徹大阪市長退任。
12 月 28 日	「副首都推進本部」（「府市統合本部」の後継組織）初会合。
2016 年　4 月　1 日	大阪府市共同組織「副首都推進局」設置。
8 月 23 日	「大阪維新の会」が「日本維新の会」に改名。
9 月 21 日	副首都推進本部の会議で「副首都・大阪」の実現に向けた中間整理案が示される。
2017 年　3 月　3 日	吉村洋文大阪市長が現行の 24 区を 8 総合区に再編する具体的な区割り案を公表。
5 月 26 日	大阪市議会の本会議で法定協議会の設置議案が可決，成立。
7 月 14 日	大阪市は市内 24 区を 4 区と 6 区に再編する区割りの 2 原案を公表。
9 月 29 日	大阪府・市は大阪市を廃止して特別区を導入する「大阪都構想」の素案を公表。
11 月　9 日	大阪府・市は市内 24 区を 4 または 6 の特別区に再編した場合，庁舎整備費などの初期費用が 302～768 億円に上るとする試算を公表。
2018 年秋	住民投票，予定。

（資料）『日本経済新聞』，『朝日新聞』記事より筆者作成。

の主要な集客拠点と大阪都心部を片仮名のロの字の形に流れる川を水の回廊（コリドール）でつなぐ「水と光のコリドール」，水と光のコリドールを10,000のバル（bar：スペイン語）と1,000の魅力と100の船が奏でる食の祭典「水と光のグラン・バル」，そして水と光のまちづくりを世界に発信する「水と光のプロモーション戦略」から構成されており，水と光の首都大阪の実現を目指している。

　第2は，文化施策の評価，企画，調達等を行う「大阪アーツカウンシル」[12]を設置することである。この取り組みは，大阪にふさわしい文化施策のあり方について，専門家の知見を活用した政策と事業を連動させ，アーティスト等の文化施策への参画機会を拡充するとともに，より大阪にふさわしい文化行政を展開するために専門性，透明性，公正性の確保を図ることを狙いとしている。大阪には現代文化だけでなく，ユネスコ（国連教育科学文化機関）により無形文化遺産に登録されている能楽（2001年），文楽（2003年），歌舞伎（2005年）などの伝統芸能がしっかりと息づいており，これらの伝統芸能振興において大阪アーツカウンシルの果たす役割への期待が大きい。

　第3は，大阪を代表して大阪の観光情報を発信し，世界からの観光誘客を先頭に立って実施する「大阪観光局」[13]を設立することである。大阪観光局の事業実施母体は，公益財団法人大阪観光コンベンション協会[14]であり，世界の観光客が憧れる世界クラスの「観光都市・大阪」を実現することを目標としている。

大阪の都市魅力創造に関わる4つの「重点エリアのマネージメント」

　大阪府市統合本部は，大阪の都市魅力創造に関わる4つの「重点エリアのマネージメント」[15]を挙げている（図5−1参照）。すなわち，第1は，大阪城・大手前・森之宮地区で，大阪を代表する歴史資源である大阪城を活用し，歴史観光の拠点にするとともに，周辺地域への回遊性，快適性，利便性を図り，訪日観光客がまず立ち寄る玄関口にすることを目指している。

　第2は，中之島地区で，大阪市立東洋陶磁美術館（1982年設立），国立国際美術館（1997年設立，2004年中之島に移転）などの文化施設，日本銀行大阪

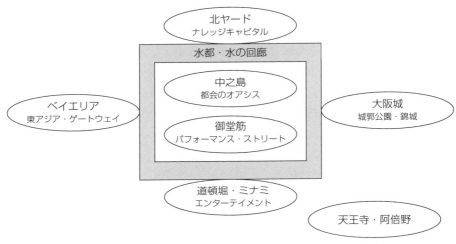

(資料)大阪商工会議所(2010)「大阪城周辺の魅力向上に関する提言」, 2ページ(筆者一部加筆)。

支店(1903年竣工),大阪府立中之島図書館(1904年開館),大阪市中央公会堂(1918年竣工)などの歴史的建築物が多数集積していることから中之島を「ミュージアムアイランド」と名付け,文化芸術の重点地域として位置づけている。

　第3は,天王寺・阿倍野地区で,天王寺動物園(1915年開園)を核に,周辺エリアへの回遊の利便性を図り,個性の異なる各エリアの魅力アップにより集客力の向上を図ることを目標としている。

　第4は,築港・ベイエリア地区・御堂筋フェスティバルモール化である。水上交通が中心であった時代には,大阪の都市軸は,大阪湾から市内の河川へと連なる東西軸(図5－2参照)が主流であり,築港・ベイエリア地区は大阪近代化の表玄関として重要な役割を果たしていた。水上交通から陸上交通にシフトし,御堂筋が整備されるに伴い,大阪の都市軸の中心は東西軸から南北軸にシフトすることになり,築港・ベイエリア地区は衰退したが,クルーズ客船の母港化を図り,集客観光拠点として再生を図ろうとしている。一方,御堂筋は

図5-2 大阪都市軸の概要

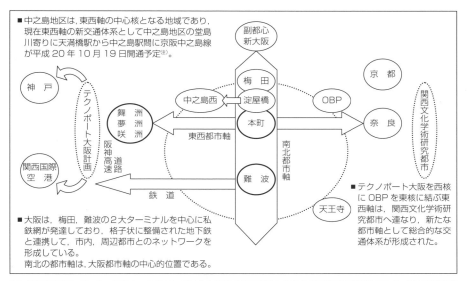

注) 現在は開通している。京阪ホールディングスは今後地下鉄中央線九条駅までの延伸を検討している（『日本経済新聞』2017年11月16日（朝刊））。
（資料）（社）関西経済同友会（2008）「大阪府・市が連携して『新・なにわの都市ビジョン』を！」、14ページ。

大阪を代表するメインストリートであり、御堂筋とその周辺エリアが一体となって、四季を通して、クオリティの高いにぎわい空間の形成を目指している。

魅力的な都市の構築

大阪の都市再生を図り、どのような大阪の都市像を描くかということは重要である。第1に、市民にとっても観光者にとっても魅力的な都市を構築することである。都市の魅力の1つは、「多様性」[16]である。個性的な街並みがしっかりと息づき、都市内に特徴的なイメージを持つエリアがいくつもあり、都市の表情が豊かで奥が深いことである。多様な人々を暖かく受け入れ、「寛容性のあるコミュニティ」[17]を形成するエリアには才能ある人々や進取の気性を持った人々が集まり、都市の活力源となっている場合がある。たとえば、パリ4区のマレ地区[18]は、アルシーヴ通りにできた1軒のゲイバーをきっかけにゲ

イの人々が集まるようになった。当初はゲイ以外の人々に対するアグレッシブな雰囲気があったが，今日では旧来の住民との融和の方向に進み，陽気でおしゃれなまちに変貌している。

都市の魅力の2つ目は，「文化の重層性」[19]である。すなわち，大阪では古くから町人，商人を問わず，嗜みや楽しみとして伝統芸能に親しむだけでなく，伝統芸能に携わる人たちを支援する「たにまち」とよばれる人たちもおり，新しい文化や芸能を生み，受け入れ，育てる風土が形成されている[20]。

魅力的な都市は，美しい，絵になるような都市である。魅力的な都市は，現にある良好な景観を保全するだけでなく，新たに良好な景観の創出にも努めている都市である。良好な景観が形成されているということは，景観を意識したまちづくりがなされ，市民が安全・安心・快適に人間らしい生活を送ることができるアメニティな空間[21]が形成されていることを意味する。アメニティな空間とは，①通過車両・生活車両から安全で，死角が少なく（防犯上，安心である），憩いの場所がある「安心できる空間」，②地域のシンボルとなる歴史的建築物が維持され，文化や伝統がしっかりと継承されているとともに，地域コミュニティの連帯・絆が強固である「文化的空間」，③市民が生活する視点場＊の街並みの統一感があって快適であり，視対象＊＊にあたる周辺環境と調和している「調和のとれた空間」であり，市民も観光者も共に求めるもので，良好な都市景観と同義である。

河川の水辺景観の整備

第2に，市内を流れる河川の水辺景観を整備するとともに，都市公園を増設し，建物の屋上・壁面緑化により緑を増やす努力をすることである。大阪は「水の都」と称されるように，大阪市内の河川の面積（20.5km^2）が市域面積（220km^2）に占める割合は，約10％であり，東京都区部・名古屋市の5％，横浜市・広島市の3％[22]と比較するといかに大きいかがわかる。河川は都市の顔であり，「その町の川を観れば，人々の暮らしやまちの方針が見える」[23]と言われるように，河川はそのまちのまちづくりのありようを映す鏡である。都市の河川は，水と緑の潤いのあるオープンスペースとして貴重な自然空間[24]を

形成しており，市民にとっては安らぎと憩いの場であるとともに，観光やイベントなどで観光者を惹きつけるにぎわいの場ともなっている。さらに，市内に水と緑のネットワークを張り巡らし，風の通り道をつくることは，夏の大阪都心部のヒートアイランド現象の緩和に寄与することにもなる。

飛行機の窓から大阪市内を見渡したとき，誰もが大阪は緑の少ない都市であることを実感する。全国の政令指定都市の都市公園面積（表5－2参照）を見

表5－2　政令指定都市別都市公園面積

2016年3月31日現在

政令指定都市名	箇所数	都市公園等面積（ha）	一人当たり公園面積（m²/人）
札幌市	2,729	2,467	12.6
仙台市	1,743	1,521	14.6
さいたま市	934	646	5.1
千葉市	1,073	901	9.3
東京特別区	4,219	2,758	3.0
横浜市	2,658	1,813	4.9
川崎市	1,119	571	3.9
相模原市	608	332	4.6
新潟市	1,383	812	10.2
静岡市	493	427	6.2
浜松市	562	653	8.3
名古屋市	1,461	1,589	6.9
京都市	911	640	4.4
大阪市	987	958	3.6
堺市	1,171	701	8.4
神戸市	1,632	2,636	17.2
岡山市	466	1,144	16.5
広島市	1,128	899	7.8
北九州市	1,707	1,175	12.3
福岡市	1,676	1,285	8.8
熊本市	985	686	9.4
政令市計	29,645	24,615	6.8
全国計	106,849	124,125	10.3

（資料）国土交通省都市局都市公園データベース（http://www.mlit.go.jp/crd/park/joho/database/t_kouen/　2017年6月1日閲覧）による。

ると，大阪市の1人当たり公園面積は3.6m^{2}で，政令指定都市平均の6.8m^{2}の52.9％（1/2強）にすぎない。ベルトラン・ドラノエは，2000年のパリ市長選に立候補したとき，市内に計30haほどの新たな土地をみつけて，公園や公共スペースにすることを選挙の公約とした[25]。パリのように市内の至る所に公園や庭園がある都市でも工場跡地や鉄道の操車場跡地などの空地があれば，公園に造り変える努力をしている。パリの例にならえば，緑の少ない大阪は緑を増やす地道な努力を継続していかなければならない。

歩いて楽しいまち

　第3に，歩いて楽しいまち，公共交通機関の利便性の高いまちにすることである。大阪は江戸時代には全国各地で生産された産物が集まり，取り引きされ，「天下の台所」とよばれた。大阪市内には商品ごとの問屋街が形成されており，「商都大阪」でなければできない品定めや買い物の場となっている。買い物で歩き回るとお腹が空いてくるが，食い倒れのまち，「食都大阪」には至る所に飲食店がある。しかも，手軽に，低料金で食べられる庶民的な飲食店から手の込んだおいしい料理を提供する高級料亭まであり，どんな食のニーズでも満たしてくれる。「水都大阪」とよばれるように，大阪市内には多数の河川が流れており，船に乗ってまちを見ると，陸上から見るのとは違う大阪の街並みを再発見することができる。大阪市内には鉄道，地下鉄，バスの公共交通機関の交通網が張り巡らされており，市内の移動に便利である。今後は地下鉄路線と私鉄の接続や延伸，河川の船着き場と地下鉄，バス停留所との接続などが計られなければならない。歩いて楽しいまちとは，車道と歩道が分離され，歩道がゆったりと歩きやすく，並木道や公園に緑があり，飲食施設・物販施設などの都市施設が充実しており，休憩しながら退屈することなく歩くことができるまちである。

　歩いて市内を回るには時間がかかり，疲れるという人は，自転車を利用すればよい。オランダ，デンマーク，フランスなどでは自転車専用レーンが設けられ，自動車の交通渋滞に煩わされずに移動することができる。たとえば，パリでは自転車専用レーンが整備され，2007年から無人のレンタル自転車システ

ム「ヴェリブ（vélib'）」のサービスが始まり，自転車に乗る人が70％も増加した[26]。坂が少なく，平坦な土地が多い大阪市内では，自転車専用レーンが整備されれば，自転車利用者は増加するであろう。大阪市内では自動車の増加に押される形で1969年3月31日に市電が廃止された。西欧諸国では，旧来型の路面電車に代わり，トラム（LRT，新型路面電車）を導入する事例が多い。たとえば，フランス北東部のストラスブールではトラムを「都市改造を含めた総合的な都市整備事業の中心ツール」[27]と位置づけて1994年11月に導入しており，パリでは環境にやさしいトラムを2006年に復活させている。市内の河川を運航する船（水上バス），自転車，トラムは，西欧諸国ではたんなる都市交通機関ではなく，環境配慮型交通機関[28]として都市再生プランのなかに位置づけている。大阪においても水上バス，自転車，トラムを都市再生プランのなかにどのように位置づけるかは今後の検討課題である。

4 大阪の都市観光の現状と課題

大阪の都市観光の現状

大阪府市統合本部は，大阪の都市魅力創造に関わる「大阪都市魅力創造戦略」（計画期間：2012〜2015年度）の策定方針の重点取り組みのなかで，世界の観光客が憧れる街，世界クラスの「観光都市・大阪」[29]を実現することを挙げた。表5－3の近畿地方の府県別の延べ宿泊者数の宿泊目的割合別で見ると，大阪府以外の府県はすべて「観光目的の宿泊者50％以上」の宿泊施設の延べ宿泊者数が「観光目的の宿泊者が50％未満」のそれを上回っているが，大阪府だけが「観光目的の宿泊者が50％未満」の宿泊施設の延べ宿泊者数が「観光目的の宿泊者が50％以上」のそれの1.4倍にも上っている。このことは，大阪府は観光目的での宿泊者に比べて「出張・業務」の宿泊者が多く，現状は「観光都市」ではないことを表している。次に，「大阪の都市魅力創造戦略2020」（計画期間：2016〜2020年度）では，来阪外国人旅行者数は2015年の716万人から2020年に1,300万人（1.8倍），来阪外国人旅行者消費額は5781億円から2020年に1兆1900億円（2.1倍）[30]を目標として掲げ，内外か

表5-3　近畿地方における宿泊目的割合別延べ宿泊者数（2016年）

府県別 \ 宿泊目的割合別	観光目的の宿泊者が50％以上	観光目的の宿泊者が50％未満	合　計[注)]
滋 賀 県	2,898,780	1,776,420	4,676,560
京 都 府	15,049,420	2,991,000	18,040,430
大 阪 府	13,338,380	18,080,290	31,418,630
兵 庫 県	7,259,980	6,539,910	13,804,510
奈 良 県	2,169,680	267,390	2,442,640
和歌山県	3,325,310	1,112,840	4,448,870
近畿地方	44,041,540	30,767,850	74,831,610
全　　国	250,611,430	243,112,930	494,184,440

注）宿泊目的割合不詳を含む。
（資料）観光庁（2017）『宿泊旅行統計調査報告（2016年1月～12月）』より筆者作成。

ら人，モノ，投資等をよび込む「強い大阪」の実現，世界に存在感を示す「大阪」の実現を戦略目標[31)]として挙げている。大阪府の現状を表5-4の近畿地方における国籍（出身地）別外国人延べ宿泊者数（2016年）で見ると，アジア各国・地域からの来訪者の占めるシェアが84.0％となっており，そのなかでも中国（28.2％），台湾（16.8％），韓国（16.6％）の上位3カ国・地域で61.6％を占めている。一方，アメリカ，カナダ，欧州諸国（イギリス，ドイツ，フランス，イタリア，スペイン）のシェアは6.8％にすぎず，アジア各国・地域からの来訪者依存型となっている。

　国内だけでなく，海外からも多数の観光者が訪れる都市は，魅力的な都市である。魅力的な都市は，市民にとっては暮らしやすく，観光者にとっては何度でも訪ねたくなる文化的磁力を持った都市であり，都市観光の魅力要素[32)]を備えた都市である。大阪の現状は，観光都市ではなく，インバウンド・ツーリズムの点ではアジア各国・地域からの来訪者依存型であるが，大阪に都市観光の魅力がないかというと決してそうではない。

表5-4　近畿地方における国籍(出身地)別外国人延べ宿泊者数(従業員数10人以上の施設)(2016年)

府県別＼国籍(出身地)別	韓国	中国	香港	台湾	アメリカ	カナダ	イギリス	ドイツ
滋賀県	47,670	120,370	31,940	134,370	15,700	3,010	3,370	6,980
京都府	190,050	981,980	196,500	653,470	534,280	68,980	145,030	99,610
大阪府	1,637,850	2,781,910	1,055,150	1,656,380	338,560	65,080	72,310	46,950
兵庫県	122,510	263,150	87,550	250,250	35,330	7,080	10,480	12,350
奈良県	9,670	152,460	11,880	29,910	11,060	1,860	3,540	3,310
和歌山県	19,880	163,760	72,510	59,520	10,790	2,570	3,490	2,460
近畿地方	2,027,570	4,463,670	1,455,490	2,783,890	945,710	148,560	238,260	171,660
全国	7,799,030	16,834,870	5,204,600	10,624,000	4,341,830	568,490	975,200	715,210

府県別＼国籍(出身地)別	フランス	ロシア	シンガポール	タイ	マレーシア	インド	オーストラリア	インドネシア
滋賀県	5,500	1,080	7,610	13,830	8,000	3,870	5,910	5,080
京都府	144,270	16,080	86,160	62,690	43,410	24,230	237,610	41,700
大阪府	79,370	9,750	207,440	363,410	137,300	34,280	176,330	153,130
兵庫県	16,150	1,720	12,790	29,200	10,670	4,200	12,820	8,470
奈良県	6,620	730	2,530	4,150	1,480	620	4,180	710
和歌山県	6,980	350	6,460	10,640	2,230	400	5,480	1,540
近畿地方	258,920	29,680	323,000	483,940	203,080	67,540	442,380	210,590
全国	839,140	202,360	1,518,750	2,404,300	944,390	337,810	1,619,220	783,650

府県別＼国籍(出身地)別	ベトナム	フィリピン	イタリア	スペイン	その他	合計
滋賀県	2,690	2,020	1,830	560	15,270	440,810
京都府	9,460	22,310	136,960	130,090	530,730	4,427,160
大阪府	70,230	195,730	36,530	34,710	635,740	9,871,080
兵庫県	4,990	6,150	6,000	3,960	72,980	984,980
奈良県	960	720	3,840	1,660	15,900	276,270
和歌山県	730	610	6,220	2,060	31,420	429,590
近畿地方	89,030	227,520	191,370	173,020	1,302,000	16,429,840
全国	354,560	639,990	533,470	478,290	5,382,140	64,067,520

注）国籍（出身地）不詳も含む。
(資料) 観光庁（2017）『宿泊旅行統計調査報告（2016年1～12月）』より筆者作成。

「見る」楽しみ

　都市観光の魅力要素の第1は，「見る」楽しみである。魅力的な都市は，都市の顔であるメインストリートとその周辺市街地からなる景観が美しい。大阪

の御堂筋（1926年10月着工，1937年5月完成）は，大阪の都心を梅田から難波にかけて南北に貫く，幅44m，長さ4kmのメインストリートである。御堂筋はこれまで大阪のビジネス拠点としての役割を果たしてきたが，御堂筋とその周辺エリアが一体となり，四季を通してクオリティの高いにぎわいを創造・発信するフェスティバルモール化[33]を目指している。ビジネス街で働く人たち，市民，企業，行政機関は連携し，秋の1日に御堂筋を歩行者専用空間として御堂筋パレードなどのにぎわい空間づくりをする「御堂筋オープンフェスタ」，街角コンサート，展覧会，ガーデニング展示，シンポジウムなどを開催する「御堂筋オータムギャラリー」などの「御堂筋STYLE創生」[34]と称する活動を展開している。また，ビジネス街である淀屋橋～本町のエリアは，御堂筋彫刻ストリート[35]ともよばれ，著名な作家による彫刻26作品が沿道企業の協力により点在して設置されている。このように，御堂筋は2017年に開通から80周年を迎え，文化の香りのする御堂筋への転身[36]が始まっている。

「買う」楽しみ

都市観光の魅力要素の第2は，「買う」楽しみである。大阪は江戸時代には全国諸藩の物資が集まり，取り引きされ「天下の台所」と称された歴史を現在も引き継ぎ，「商都大阪」の名の通り，市内各所には商品ごとの問屋街が形成されている。パイオニア精神と旺盛なバイタリティを持ち，向上心が高く，何事にも全力で取り組む大阪商人スピリッツ[37]は現代にも受け継がれており，旧来の商業集積地に加えて，1970年代の「アメリカ村」*，1990年代の「カナダ村」**，北堀江（大阪市西区）のような新しい商業集積地が形成されている。そのため，大阪市民だけでなく，観光者にとっても，豊富な品揃えの店，個性的な店，流行の最先端のものを扱う店で買い物をすることは楽しみである。

「食べる」楽しみ

都市観光の魅力要素の第3は，「食べる」楽しみである。大阪は江戸時代には陸海の要衝であり，全国諸藩の食材がもたらされた。そのなかでも，北前船による北海道産の昆布は，料理の基となる「だし」をとるのに使用された。そ

の後，大阪の料理人は，昆布と鰹を組み合わせた「合わせだし」も考案し，「旨み」を生み出す「だし」を大切にする伝統[38]が大阪の食と味を支えることになった。「食い倒れの街」，「食都大阪」とよばれるように，大阪には和食，洋食，エスニック料理まで世界中の多様な食事を味わうことができる飲食店があり，国内，海外を問わず大阪の来訪者は大阪の魅力として「食べ物」を挙げる人たちが多い。

　世界にはグルメシティ（「食都」）とよばれる都市がある。フランスのリヨン市の発案により 2007 年 9 月に設立されたグルメシティネットワーク「デリス（Délice）」[39]は，料理の優秀さと美食を推進する共通の運動を有する都市の国際的ネットワークである。デリスの 2011 年 1 月現在の加盟都市は 19 都市で，大阪市は 2008 年 9 月に加盟している。デリスは，5 つの主要なテーマ（都市マーケティング，教育と伝達，地方の産物，健康と栄養，シェフの優秀さ）を中心とする活動とイベントを展開している。大阪はデリスの国際的ネットワークを活用して，「食都大阪」の世界への情報発信の努力を続けていく必要がある。

「集う」楽しみ

　都市観光の魅力要素の第 4 は，「集う」楽しみである。祭りやイベントは，市民だけでなく，観光者にとっても見物し，参加するために集う楽しみがある。大阪には四天王寺の聖霊会（しょうりょうえ）（4 月 22 日），室町時代に創建された野里（のざと）住吉神社（西淀川区）の一夜官女祭（いちやかんにょさい）（2 月 20 日）のように古い祭りもあれば，1973 年に開始された中之島まつり（5 月）や 1983 年に始まった御堂筋パレードのような新しい祭りもある。さらに，大阪には古くからの朝鮮半島との交流を背景に創出された四天王寺ワッソ（11 月）のような祭りもある。大阪の夏は，市内各地で祭りがにぎやかに催される。そのなかでも，生國魂（いくくにたま）神社（天王寺区）の生玉夏祭*（7 月 11 〜 12 日），住吉大社（住吉区）の住吉祭（7 月海の日〜 8 月 1 日）とともに大阪の三大夏祭りの 1 つに挙げられるのが大阪天満宮（北区）の天神祭（本宮 7 月 25 日）である。太鼓や鉦（かね）のにぎやかな囃子（はやし）とともに多数の船が大川（旧淀川）を行く船渡御（ふなとぎょ），祭りのハイライトであり，水都大阪の夏の風物詩となっている[40]。

祭りと並んでイベントも「集う」楽しみの1つである。多数のジャンルにわたるイベントのなかでも集客力のあるイベントは，スポーツイベントである。長居陸上競技場（長居スタジアム）では毎年1月の最終日曜日に大阪国際女子マラソンが開催され，スタジアム，沿道は声援をおくる人々でにぎわう。3月には大阪府立体育館で大相撲春場所が開催され，着流し姿の力士を市内で見かけ，触れ太鼓の音が聞こえてくると，関西に水ぬるむ春の訪れが近いと実感させられる。イベントは開催期間が限定されているが，イベント参加者である市民も観光者も五感を刺激され，感動空間を共有することになる。

「憩う」楽しみ

　都市観光の魅力要素の第5は，「憩う」楽しみである。都市を流れる河川と水辺の表情は，昼と夜でも，季節の移ろいによってもがらりと変わる。それが陸上とは違う水辺の魅力である。都市の河川と水辺は，市民にとっては釣りやジョギング，散歩などで利用する安らぎと憩いの場であり，観光者にとっては居住地で得られない憩いの場，にぎわいの場，交流の場である。大阪では河川の水辺の緑化，遊歩道の整備，護岸修景などの水辺景観の整備が進められている。さらに，大阪は「浪華八百八橋」とよばれるように，市内に橋が多いだけでなく，架橋主体や設計者，土木技術者の思い入れが込められたユニークな橋が多く見られる都市でもある。人々が河川の水辺に親しみ，集まるようにするためには，水辺のにぎわい拠点[41]を創出する必要がある。大阪では大川左岸の天満橋近くの八軒家浜に川の駅「はちけんや」が2009年に建設され，観光船案内所，情報発信施設，レストランとして利用されている。土佐堀川左岸に位置する北浜では，水辺の魅力を再生し，北浜地域の活性化を意図して全国初の常設川床「北浜テラス」が2009年に設置された。中之島西部エリアでは，堂島川左岸にレストランや画廊などを核とした水辺空間のにぎわいを目指して「中之島バンクス」が2010年に整備された。

「光の都」大阪

　大阪は「水の都」であるだけでなく，戦前から道頓堀川に面する店舗では彩

りのある電球やネオンを灯し,「赤い灯,青い灯」がにぎやかな繁華街を演出していた「光の都」[42]でもあった。大阪府,大阪市や経済団体でつくる実行委員会は,2003年から堂島川と土佐堀川に囲まれた中之島で大阪市中央公会堂に色とりどりの光を照射するイベントや中之島界隈のライトアップを行う光と水をテーマにした冬のページェント「OSAKA光のルネサンス」や御堂筋のイチョウ並木のライトアップやLED電球で飾る「御堂筋イルミネーション」を実施してきた。そのほかに,民間主体の事業では梅田のグランフロント大阪周辺での「スノーマンフェスティバル」,大阪城公園西の丸庭園での「大阪城・城灯りの景」などを実施してきた。なお,2013年度からは市内各エリアで展開する光プログラムを一体化した「大阪・光の饗宴」として実施している[43]。「ライトアップは都市を訪問する人々へのホスピタリティを表現するものであ」[44]る。西欧諸国の都市では,市民も観光者も夜のまちの散策や娯楽・飲食などを楽しむナイトカルチャー[45]の蓄積があるように,大阪においても演劇やコンサートなどの開始時刻が遅いレイトショーを実施し,夜の文化的魅力の向上に努めれば,大阪に宿泊する観光者の増加につながると期待される。

大阪ブランドの確立

都市の観光魅力要素の点検を通して,大阪は都市観光の魅力が溢れていることがわかる。そのことが観光者に正しく伝わっていないことが問題である。商品にブランドがあるように,都市にもブランドがある。観光者の頭のなかにあるイメージが観光地ブランド・イメージであり,それは観光者の期待と観光者の満足度を充足させようと努力する観光地の都市や観光関連企業の長期的な相互作用のなかで形成される。「東京でステレオタイプ化された歪んだ大阪像が全国へ向けて発信され」[46]ているため,観光者に正確な大阪の観光地ブランド・イメージが伝わっていない現状に鑑みれば,大阪の産官学をあげて,観光体制を強化し,ありとあらゆる機会を利用して大阪の情報発信に努めなければならない。

本章で度々引用した大阪ブランドコミッティ[47]は,大阪府・大阪市・堺市・関西経済連合会・大阪商工会議所・関西経済同友会・関西大学・大阪21世紀協会の産官学で構成し,大阪ブランド戦略の展開において都市ブランド・マネ

ジメントの司令塔の役割を担う組織として 2004 年に発足した。都市に観光戦略があり，誘客戦術が講じられても，都市ブランドが確立していなければ，観光者から来訪先として選択されない。大阪ブランドコミッティが取り組んでいる大阪ブランド戦略[48]は，経済や社会，文化，景観など都市の品格（都市格）を構成する多くの分野での刷新や活性化を意図しており，官民の総力をあげての大阪のブランド・アイデンティティ*を再構築しようという試みである。

　大阪を国内だけでなく，海外へ情報発信するにあたっては，Place Branding[49]の手法がある。Place Branding とは，国，地域または都市の政治的，文化的およびビジネスイメージを含む全体的な仕方で場所をブランド化するプロセスである。フランスのリヨン市[50]では，2007 年 1 月に字なぞ遊びの"ONLYLYON" というロゴを考案し，2008 年 2 月には特命チームを組織してリヨン市の情報発信に努めており，この戦略を推進することを通じて観光地ブランド化と対内投資の相乗効果が期待されている。

5　大阪の都市再生と都市観光の課題と展望

　大阪府と大阪市は，2011 年 11 月 27 日の大阪府知事・大阪市長ダブル選挙の結果を受け，府市戦略の一本化を図っている。「大阪の成長戦略」では，大阪経済の成長において都市再生と都市観光に重要な役割を与えている。「大阪の都市戦略」では，「観光都市・大阪」の実現を目標として掲げている。「大阪の観光戦略」では，「関西のインバウンド拠点『大阪』」を戦略のねらいとして挙げている。このように，大阪の成長戦略，都市戦略，観光戦略は，相互に密接に関連しながら，観光の活性化が大阪の都市再生，経済再生に果たす役割を位置づけている。

　大阪の都市再生を図るには，どのような大阪の都市像を描くかが重要である。都市は市民が暮らす場であるだけでなく，観光者も訪れる場である。したがって，第 1 に市民にとっても観光者にとっても安全・安心・快適に過ごすことができる魅力的な都市を構築しなければならない。魅力的な都市は，美しい都市，絵になる都市であり，アメニティな空間＝良好な都市景観を形成してい

る都市である。第2に,「水都大阪」にふさわしい河川の水辺景観を整備するとともに,都市公園の増設,建物の屋上・壁面緑化を推進し,緑を増やす地道な努力を継続していく必要がある。第3に,歩いて楽しいまち,公共交通機関の利便性の高いまちにすることである。

　現在の政令市としての大阪市を廃止し,大阪市内24区を5ないし7の「特別区」に再編して「大阪都」への移行を目指した「大阪都構想」は,2015年5月17日に実施された住民投票の結果,否決された。その後は,大阪府と大阪市の共同組織である「大阪府市統合本部」の後継組織である「副首都推進本部」が具体的な取り組みを検討することになり,2017年3月3日に大阪市の吉村洋文市長は市議会公明党の要望を踏まえ,政令市としての大阪市を維持し,現行の24区を8つの「総合区」に再編する区割り案を公表した。今後の見通しについて,市長は2018年春に総合区を導入する条例案を可決させ,任期中の同年秋までに大阪都構想の住民投票を実施し,大阪市を特別区に分割するか,総合区を導入するかの決着をつける予定である[51]。住民投票の結果,「総合区」,「特別区」のいずれになるにせよ,新たに誕生する区相互間の財源格差がどのようになるのか,財源が強化され,行政の効率化が図られ,行政サービスの向上や区独自のまちづくりが実現するのかどうか,われわれは今後の推移を注視していかなければならない。

　大阪都へ移行したとき,大阪都全体としてのブランド化をどのように図るか,大阪都のイメージが現在の大阪の都市イメージよりも明確に打ち出せるかどうかが問われることになる。さらに,新たに設置される区は,既存の区のたんなる再編成に終わることなく,それぞれの個性を明確に主張できるようにならなければならない。パリはパリ全体として強力な都市ブランドを形成しているが,パリを構成する20区はそれぞれ区独自の明確な個性を発揮している。パリは1つの顔であるが,その顔の表情は20通りあるのが実態である。大阪都や新たな区がこのようになるには相当な年月と努力を要するであろう。

注

1) 大阪府・大阪市（2013）「大阪の成長戦略［平成25年1月版］」，17-19ページ。
2) 経済戦略会議（1999）「日本経済再生への戦略」，21-22ページ。
3) 閣議決定（2001）「都市再生本部の設置について」，1ページ。
4) 都市再生本部（2001）「都市再生に取り組む基本的考え方」，1ページ。
5) 都市再生本部（2001）「都市再生プロジェクトに関する基本的考え方」，1ページ。
6) 閣議決定（2002）「都市再生基本方針」，1ページ。
7) 『朝日新聞』2011年2月19日（夕刊）。
8) 社説「なぜ『大阪都構想』なのか」『日本経済新聞』2011年10月23日（朝刊）。
9) 佐々木信夫（2012）「講座　実践行政学　第36回　大都市制度（上）『"都"構想」』『地方財務』第693号，227ページ。
10) 大阪府市統合本部会議（2012）「世界的な創造都市に向けて～グレート・リセット～」（大阪府市都市魅力戦略会議報告書），2ページ。
    *　2015年5月17日の住民投票で「大阪都構想」が否決された後，同年12月に後継組織として「副首都推進本部」が設けられた。
    **　「シビックプライド」とは，市民が都市に対して持つ誇り・愛着心をいう（水都大阪推進委員会（2011）「水都大阪　水と光のまちづくり構想～世界に誇る水都大阪ブランドの確立に向けて～」，6ページ）。
11) 同上報告書，4-6ページ。
12) 2013年度に導入された。
13) 大阪観光局は，2013年4月1日に発足した。
14) 公益財団法人大阪観光コンベンション協会は，財団法人大阪観光コンベンション・ビューロー，社団法人大阪府観光連盟，社団法人大阪観光協会を統合し，2003年4月に発足した。
15) 前掲注10），8-11ページ。
16) 都市観光を創る会監修，都市観光でまちづくり編集委員会（2003）『都市観光でまちづくり』学芸出版社，212ページ。
17) リチャード・フロリダ著，井口典夫訳（2009）『クリエイティブ都市論』ダイヤモンド社，6ページ。
18) ドラ・トーザン著，市川佳奈訳（2013）『パリジェンヌのパリ20区散歩』（河出文庫）河出書房新社，62-64ページ。
19) 前掲注16），213ページ。
20) 大阪ブランドコミッティ　伝統芸能パネル「大阪が愛し育てた伝統芸能」（大阪ブランド情報局「大阪ブランド資源報告書」所収）1-9ページ（http://www.

osaka-brand.jp/panel 2017 年 5 月 12 日閲覧）。
21) 小杉雅之（2004）「景観からまちづくりを考える」『地域政策調査』（日本政策投資銀行地域政策研究センター）Vol.17, 46 ページ。
 　* 視点場は，視点（対象を見る眼の位置）の場の状況を指す。
 　** 視対象は，見る物を指す。
22) 大阪ブランドコミッティ　水都パネル「世界に誇る水都・大阪〜水が育て，水とともに生きる街・大阪〜」（大阪ブランド情報局，前掲報告書，所収）8 ページ（http://www.osaka-brand.jp/panel 2017 年 5 月 12 日閲覧）。
23) 広瀬川創生プラン素案づくり実行委員会（2003）「広瀬川創生プラン素案　河水千年の夢―広瀬川・悠久の流れとまちづくり―」（仙台市（2005）「広瀬川創生プラン」参考資料 2, 所収），53 ページ。
24) 国土交通省都市水路検討会（2005）「懐かしい未来へ〜都市をうるおす水のみち〜」，7 ページ。
25) ジェニファー・アッカーマン（2006）「緑がつくる安全な都市」『NATIONAL GEOGRAPHIC（日本版）』第 12 巻第 10 号，146 ページ。
26) ドラ・トーザン著，市川佳奈訳，前掲書，96 ページ。無人のレンタル自転車システム「ヴェリブ（vélib'）」とは，自転車の vélo（ヴェロ）と自由の liberté（リベルテ）を合わせた造語である。
27) ヴァンソン藤井由実（2011）『ストラスブールのまちづくり』学芸出版社, 30 ページ。
28) （財）自治体国際化協会パリ事務所（2009）「フランスの環境配慮型交通政策」『CLAIR REPORT』第 335 号, 5-29 ページ, 53-57 ページ。
29) 前掲注 10), 3 ページ。
30) 大阪府・大阪市（2016）「大阪都市魅力創造戦略 2020」3 ページ。
31) 同上資料, 1 ページ。
32) 前掲注 16), 40-54 ページ。
33) 前掲注 10), 11 ページ。
34) 大阪ブランドコミッティ　御堂筋・先端スポットパネル「大阪を代表する情報発信地　御堂筋・先端スポット」（大阪ブランド情報局，前掲報告書，所収）3 ページ（http://www.osaka-brand.jp/panel 2017 年 5 月 12 日閲覧）。
35) 面出薫＋光のまちづくり企画推進委員会編（2006）『光の景観まちづくり』学芸出版社, 162-163 ページ。
36) 大阪ブランドコミッティ　御堂筋・先端スポットパネル, 前掲資料, 3 ページ。
37) 大阪ブランドコミッティ　商業パネル「商業の歴史に大阪あり」（大阪ブランド情報局，前掲報告書，所収）19-20 ページ（http://www.osaka-brand.jp/panel

  2017 年 5 月 12 日閲覧）。
  ＊ 大阪市中央区西心斎橋付近の通称。
  ＊＊ アメリカ村の北側の大阪市中央区南船場 4 丁目付近の通称。
38）大阪ブランドコミッティ　食パネル「伝統と革新が融合した大阪の食」（大阪ブランド情報局，前掲報告書，所収）1-2 ページ（http://www.osaka-brand.jp/panel 2017 年 5 月 12 日閲覧）。
39）http://delice-network.org/a-propos/，http://delice-network.org/ville/osaka/ 2017 年 5 月 12 日閲覧，大阪市（2011）「大阪市観光振興戦略」，5 ページ，小林哲（2015）「グルメシティネットワーク『デリス（Délice）』」『日本マーケティング学会ワーキングペーパー』Vol.1, No.5, 1-33 ページ。
40）大阪ブランドコミッティ　祭礼パネル「大阪の四季を彩る祭礼」（大阪ブランド情報局，前掲報告書，所収）1 ページ（http://www.osaka-brand.jp/panel 2017 年 5 月 12 日閲覧）。
  ＊ 愛染堂 勝鬘院（天王寺区）の「愛染まつり」を挙げる場合もある。
41）大阪市・大阪商工会議所（2012）「水都大阪の新たな観光拠点調査検討報告書」，3 ページ。
42）パリはラテン語で lutetia，フランス語で la ville lumière と表され，いずれも「光の都」を意味する。
43）「『大阪・光の饗宴』について」第 4 回大阪府市都市魅力戦略推進会議資料（資料 2），2013 年 9 月 6 日。
44）面出薫＋光のまちづくり企画推進委員会編，前掲書，235 ページ。
45）大阪商工会議所（2007）「『大阪賑わい創出プラン』第 2 次アクションプランの事業概要リスト」，2 ページ。
46）陶山計介・妹尾俊之著，大阪ブランドコミッティ企画・協力（2006）『大阪ブランド・ルネッサンス』ミネルヴァ書房，113 ページ。
47）同上書，はしがき ii ページ。
48）同上書，69 ページ。
  ＊「ブランド・アイデンティティ」は，そのブランドのほかのブランドとの差異性，あるいはそのブランドとしての統一性がそのブランドの価値の源泉であるという意味で，「ブランド価値」と呼ばれる（石井淳蔵（1999）『ブランド』（岩波新書）岩波書店，84 ページ）。
49）World Tourism Organization and European Travel Commission (2009), *Handbook on Tourism Destination Branding*, Madrid, p.161.
50）Ibid., pp.136-137.
51）『日本経済新聞』2016 年 9 月 22 日（朝刊），2017 年 3 月 4 日（朝刊）。

第6章 観光カリスマと観光振興

　観光の原点は，国や地域の優れた風景，施設，文化を「観る」ことと同時に国や地域の優れたもの，魅力を内外に「示す」ことである。観光立国を宣言（2003年4月24日）し，国を挙げて観光振興に取り組んでいるわが国においては，観光の原点に立ち返り，国や地域の魅力に磨きをかけ直すという観光の革新（観光ルネサンス）が求められている。

　国土交通省は2002年12月24日に公表した「グローバル観光戦略」のなかで，同戦略がスタートする2003年を「訪日ツーリズム元年」と定め，外国人旅行者の訪日促進（インバウンド・ツーリズム振興）のため，ビジット・ジャパン・キャンペーンを実施することになり，その成果は訪日外国人旅行者数の増加となって表れている。一方，近年の国内観光地を取り巻く環境の変化は激しく，国内観光は低迷状態にあるが，このようななかでも個性豊かで，魅力溢れる観光地づくりに成功している事例がみられる。

　国土交通省では観光地の魅力を高めるためには，観光振興を成功に導いた人々のたぐいまれな努力に学ぶことが効果的であると考え，2002年12月26日（第1回）から2005年2月23日（第8回）まで「観光カリスマ百選」選定委員会を開催し，全国から100人の観光カリスマを選定した。本章では観光カリスマとはいかなる人物で，どのような活動をしているか，そしてわれわれは観光カリスマから何を学ぶべきかについて明らかにする。

1　観光カリスマとは何か

　カリスマ（charisma）[1]とは，神から賦与された恵みの賜物を意味するギリシア語が語源であり，人々がそれを受けると奇跡を起こしたり，預言や病気治癒力など異常な力のある働きとなって現れる「霊の賜物」が原義である。そこ

から転じて，後にはカリスマは多数の人々を魅了し，引きつける強い個性，非凡な統率力，特殊な能力，教祖的指導力を持つ人という意味で使用されるようになった。

2002年6月25日に閣議決定された「経済財政運営と構造改革に関する基本方針2002」では，わが国経済の自律的かつ安定的な成長を回復するためには，経済活性化による産業競争力の再生と新たな市場の創造を図ることが不可欠であるとして，経済活性化のための6つの戦略（人間力，技術力，経営力，産業発掘，地域力，グローバルの各戦略）と30の行動計画が策定された。政府はこの経済活性化戦略のなかで，「食料産業」のほかに「医療・健康産業」と並んで産業としての裾野が広く，経済への直接的，間接的な波及効果も大きい「観光産業」の活性化に取り組むこととした。これらの産業は「生活者たる国民の役に立つ新産業」[2]（生活産業）であり，新たな雇用を創出する産業として今後の成長が期待される産業であると位置づけられた。

内閣府の経済財政諮問会議の下で前述の生活産業について今後取り組むべき政策課題について検討することになった生活産業創出研究会は，2002年12月26日に公表した『生活産業創出研究会報告書』のなかで観光カリスマについて下記の通り提案した。

「各地でがんばる人を育てていくためには，これら各地において観光振興を成功に導いた人々のたぐいまれな努力に学ぶことが極めて効果が高い。このため，各地において観光振興を成功に導いた人々の実績等を詳しくデータベース化し（『カリスマ百選』の制作），これを全国からアクセスできるようネットワーク化する（ネット・アカデミーの構築）ことが必要である。

また，そのようなカリスマから直接話を聞いたり，各地で努力する人々が交流し，学習したりする場（カリスマ塾の開催等）などを設けていくことも重要である」[3]。

2002年12月26日に開催された国土交通省の2002年度第1回「観光カリスマ百選」選定委員会は，「従来型の個性のない観光地が低迷するなか，各観光地の魅力を高めるためには，観光振興を成功に導いた人々の類まれな努力に学ぶことが極めて効果が高く，各地で観光振興にがんばる人を育てていくため，

その先達となる人々」[4] 11 人を観光カリスマの第一陣として選定した。その後，同委員会は第 8 回（2005 年 2 月 23 日開催）まで継続し，累計 100 人の観光カリスマを選定した。

2 観光カリスマの類型

年齢別・男女別

観光カリスマは年齢別（表 6 - 1 参照）にみると，50 歳代が 46 人で最も多く，次いで 60 歳代が 30 人で，50 歳代と 60 歳代で全体のほぼ 4 分の 3 を占めている。70 歳代の観光カリスマは 12 人いるが，高齢化に伴い，活動に支障が生じるようであれば観光カリスマの若返り（更新）を図らなければならない。40 歳代の観光カリスマは，9 人で最も少ない。さらに，観光カリスマを男女別（参考資料 6 - 1 参照）にみると，男性が 92 人で圧倒的に多く，女性は 8 人に過ぎない。

表 6-1　年齢別観光カリスマ一覧表

年齢別	40〜49歳	50〜59歳	60〜69歳	70〜79歳	不　明	合　計
人　数	9人	46人	30人	12人	3人	100人

注）1. 年齢は 2005 年 12 月末現在である。
　　2.「不明」は，生年が未記入のためである。
（資料）観光庁ホームページ「観光カリスマ」(http://www.mlit.go.jp/kankocho/shisaku/jinzai/charisma_list.html 2017 年 5 月 31 日閲覧）より筆者作成。

地方ブロック・都道府県別

観光カリスマは表 6 - 2 をみると，北海道地区から中部地区までの東日本は 55 人，近畿地区から沖縄地区までの西日本は 44 人で，「東高西低」である。地方ブロック別では，観光カリスマは北陸信越地区が 15 人で最も多く，近畿地区が 13 人，東北地区，関東地区，中部地区が各々 11 人で，最も少ないのは北海道地区と四国地区の各々 7 人である。都道府県別にみると，観光カリスマがいないのは，埼玉県，福岡県，佐賀県の 3 県のみである。観光カリスマが最

表6-2 地方ブロック・都道府県別観光カリスマ一覧表

(単位：人)

地方ブロック別	都道府県別	人	地方ブロック別	都道府県別	人
北海道地区（7）	北 海 道	7	近畿地区（13）	滋 賀 県	1
東北地区（11）	青 森 県	1		京 都 府	2
	岩 手 県	1		大 阪 府	1
	宮 城 県	1		兵 庫 県	6
	秋 田 県	2		奈 良 県	1
	山 形 県	2		和 歌 山 県	2
	福 島 県	4	中国地区（8）	鳥 取 県	2
関東地区（11）	茨 城 県	1		島 根 県	2
	栃 木 県	1		岡 山 県	2
	群 馬 県	3		広 島 県	2
	千 葉 県	1		山 口 県	
	東 京 都	2	四国地区（7）	徳 島 県	1
	神 奈 川 県	1		香 川 県	1
	山 梨 県	2		愛 媛 県	4
北陸信越地区（15）	新 潟 県	4		高 知 県	1
	富 山 県	3	九州地区（10）	長 崎 県	1
	石 川 県	2		熊 本 県	3
	長 野 県	6		大 分 県	4
中部地区（11）	福 井 県	1		宮 崎 県	1
	岐 阜 県	4		鹿 児 島 県	1
	静 岡 県	2	沖縄地区（6）	沖 縄 県	6
	愛 知 県	2	海外（1）	ス イ ス	1
	三 重 県	2	合　計		100

(資料) 観光庁前掲ホームページより筆者作成。

も多いのは北海道の7人で，次は長野県，兵庫県，沖縄県の各々6人，福島県，新潟県，岐阜県，愛媛県，大分県の各々4人となっている。また，1つの市・町に複数の観光カリスマがいるケース（表6-3参照）が，福島県会津若松市（第2回と第7回選定の2人），岐阜県高山市（第5回選定の2人），沖縄県那覇市（第7回選定の2人），長野県小布施町（第1回選定の2人），秋田県田沢湖町＜現・仙北市＞（第2回選定の2人）の3市2町でみられる。

表6-3 複数の観光カリスマがいる市町

市町	氏　名
長野県小布施町	①市村良三，唐沢彦三
秋田県田沢湖町	②佐藤和志，田口久義
福島県会津若松市	②唐橋宏，⑦渋川恵男
岐阜県高山市	⑤中田金太，蓑谷穆
沖縄県那覇市	⑦上地長栄・健次

注）○の中の数字は，観光カリスマの選定回数次を示す。
（資料）観光庁前掲ホームページより筆者作成。

活動分野

　観光カリスマの活動分野を類型化（表6-4参照）すると，次の3分野に大別することができる。①「活動手法」に関しては，累計177人の観光カリスマが関わっている。そのうち，「組織化」（29人），「村交流」（28人），「広域連携」（20人）などの活動分野は多くの観光カリスマがいるが，「交通改善」，「広域活動」，「提言」は各々6人，「IT」は1人の観光カリスマしかいない。②「施設活用」に関しては，累計162人の観光カリスマが関わっている。そのうち，「施設整備」（53人），「まちづくり」（27人），「建物保存」（26人）などの活動分野は多くの観光カリスマがいるが，「商店街」（10人）や「リゾート」（6人）の活動分野の観光カリスマは少数である。③「観光ポイント」に関しては，累計197人の観光カリスマが関わっている。そのうち，「イベント」（63人），「伝統文化」（27人），「農業」（26人）などの活動分野は多くの観光カリスマがいるが，「漁業」（3人）や「畜産」（1人）の活動分野の観光カリスマは少数である。このように観光カリスマの活動分野を詳細にみると，多数の観光カリスマが活動している分野と少数の観光カリスマしか活動していない分野が存在する。

表6-4 類型別観光カリスマ一覧表

(単位：人)

類型別		都道府県別
活動手法 (177)	新 制 度 (12)	北海道 (2)，山形県 (1)，福島県 (1)，長野県 (2)，三重県 (1)，兵庫県 (1)，愛媛県 (1)，熊本県 (2)，宮崎県 (1)
	交通改善 (6)	岐阜県 (1)，京都府 (1)，兵庫県 (1)，島根県 (1)，徳島県 (1)，沖縄県 (1)
	広域連携 (20)	北海道 (2)，青森県 (1)，秋田県 (2)，群馬県 (1)，千葉県 (1)，石川県 (2)，福井県 (1)，兵庫県 (1)，和歌山県 (1)，愛媛県 (1)，大分県 (1)，熊本県 (1)，沖縄県 (3)，スイス (1)
	広域活動 (6)	北海道 (2)，福島県 (1)，岡山県 (1)，長崎県 (1)，スイス (1)
	提 言 (6)	岐阜県 (2)，兵庫県 (1)，島根県 (1)，沖縄県 (1)，スイス (1)
	組 織 化 (29)	福島県 (3)，群馬県 (2)，神奈川県 (1)，新潟県 (2)，福井県 (1)，長野県 (1)，岐阜県 (1)，滋賀県 (1)，大阪府 (1)，兵庫県 (3)，奈良県 (1)，和歌山県 (2)，鳥取県 (1)，島根県 (1)，岡山県 (1)，広島県 (1)，長崎県 (1)，熊本県 (1)，大分県 (2)，鹿児島県 (1)，スイス (1)
	教育育成 (15)	北海道 (1)，秋田県 (1)，福島県 (1)，東京都 (1)，福井県 (1)，長野県 (1)，岐阜県 (1)，滋賀県 (1)，兵庫県 (1)，和歌山県 (1)，広島県 (2)，熊本県 (1)，大分県 (1)，スイス (1)
	雇用促進 (12)	北海道 (2)，福島県 (1)，千葉県 (1)，長野県 (1)，静岡県 (2)，愛知県 (1)，高知県 (1)，沖縄県 (3)
	Ｉ Ｔ (1)	北海道 (1)
	村 交 流 (28)	秋田県 (1)，福島県 (1)，栃木県 (1)，群馬県 (1)，東京都 (1)，新潟県 (2)，富山県 (2)，長野県 (2)，岐阜県 (1)，静岡県 (1)，三重県 (1)，京都府 (1)，兵庫県 (1)，和歌山県 (1)，鳥取県 (1)，岡山県 (1)，広島県 (2)，山口県 (1)，愛媛県 (1)，高知県 (1)，熊本県 (1)，大分県 (1)，宮崎県 (1)，沖縄県 (1)
	国際交流 (15)	福島県 (1)，群馬県 (1)，東京都 (1)，山梨県 (1)，富山県 (1)，岐阜県 (3)，兵庫県 (2)，広島県 (1)，長崎県 (1)，大分県 (1)，スイス (1)
	外客受入 (8)	群馬県 (1)，東京都 (1)，山梨県 (1)，石川県 (1)，岐阜県 (1)，兵庫県 (1)，鳥取県 (1)，スイス (1)
	通 年 化 (19)	北海道 (3)，青森県 (1)，茨城県 (1)，千葉県 (1)，富山県 (1)，山梨県 (1)，長野県 (1)，愛知県 (1)，岐阜県 (1)，静岡県 (1)，大阪府 (1)，広島県 (1)，熊本県 (1)，鹿児島県 (1)，沖縄県 (3)
施設活用 (162)	温 泉 (19)	北海道 (1)，宮城県 (1)，秋田県 (1)，山形県 (1)，福島県 (1)，群馬県 (2)，山梨県 (1)，石川県 (2)，長野県 (1)，兵庫県 (2)，香川県 (1)，熊本県 (1)，大分県 (3)，鹿児島県 (1)
	宿泊施設 (21)	北海道 (1)，宮城県 (1)，秋田県 (1)，山形県 (1)，茨城県 (1)，群馬県 (2)，東京都 (1)，新潟県 (1)，石川県 (2)，長野県 (1)，愛知県 (1)，兵庫県 (1)，愛媛県 (1)，熊本県 (1)，大分県 (3)，沖縄県 (2)
	リゾート (6)	北海道 (1)，福島県 (1)，長野県 (1)，山口県 (1)，沖縄県 (1)，スイス (1)

観光カリスマと観光振興 第6章

類型別		都道府県別
施設活用 (162)	施設設備 (53)	北海道 (4)，秋田県 (1)，山形県 (1)，福島県 (2)，群馬県 (2)，千葉県 (1)，神奈川県 (1)，山梨県 (2)，新潟県 (2)，富山県 (2)，石川県 (2)，福井県 (1)，長野県 (3)，静岡県 (2)，愛知県 (1)，岐阜県 (1)，三重県 (1)，滋賀県 (1)，京都府 (2)，兵庫県 (4)，鳥取県 (1)，島根県 (1)，広島県 (1)，山口県 (1)，徳島県 (1)，愛媛県 (1)，高知県 (1)，熊本県 (3)，大分県 (1)，宮崎県 (1)，沖縄県 (5)
	建物保存 (26)	北海道 (1)，岩手県 (1)，秋田県 (1)，福島県 (1)，新潟県 (2)，福井県 (1)，愛知県 (1)，岐阜県 (2)，滋賀県 (1)，京都府 (2)，兵庫県 (1)，鳥取県 (1)，島根県 (1)，岡山県 (1)，徳島県 (1)，愛媛県 (1)，熊本県 (2)，沖縄県 (3)
	商店街 (10)	岩手県 (1)，福島県 (1)，新潟県 (1)，石川県 (1)，岐阜県 (1)，三重県 (1)，滋賀県 (1)，大阪府 (1)，鳥取県 (1)，長崎県 (1)
	まちづくり (27)	北海道 (1)，岩手県 (1)，福島県 (1)，群馬県 (1)，山梨県 (1)，新潟県 (1)，石川県 (1)，長野県 (3)，岐阜県 (1)，静岡県 (1)，三重県 (1)，滋賀県 (1)，兵庫県 (2)，奈良県 (1)，鳥取県 (2)，徳島県 (1)，香川県 (1)，長崎県 (1)，大分県 (1)，鹿児島県 (1)，沖縄県 (3)
観光ポイント (197)	伝統文化 (27)	福島県 (1)，群馬県 (1)，神奈川県 (1)，新潟県 (1)，富山県 (2)，愛知県 (1)，岐阜県 (4)，三重県 (1)，兵庫県 (3)，奈良県 (1)，和歌山県 (1)，鳥取県 (1)，岡山県 (1)，広島県 (1)，徳島県 (1)，香川県 (1)，長崎県 (1)，沖縄県 (3)
	イベント (63)	北海道 (1)，青森県 (1)，宮城県 (1)，山形県 (1)，福島県 (2)，茨城県 (1)，栃木県 (1)，群馬県 (3)，神奈川県 (1)，山梨県 (2)，新潟県 (3)，富山県 (3)，石川県 (1)，長野県 (5)，愛知県 (1)，岐阜県 (3)，静岡県 (1)，三重県 (1)，大阪府 (1)，兵庫県 (5)，奈良県 (1)，和歌山県 (1)，鳥取県 (1)，島根県 (2)，岡山県 (1)，広島県 (2)，山口県 (1)，徳島県 (1)，愛媛県 (1)，長崎県 (1)，熊本県 (1)，大分県 (4)，沖縄県 (5)
	ワーキング (3)	福島県 (1)，長野県 (1)，宮崎県 (1)
	農業 (26)	北海道 (1)，宮城県 (1)，秋田県 (1)，山形県 (1)，福島県 (1)，栃木県 (1)，群馬県 (1)，千葉県 (1)，新潟県 (2)，長野県 (2)，静岡県 (1)，三重県 (1)，兵庫県 (2)，鳥取県 (1)，広島県 (1)，山口県 (1)，徳島県 (1)，愛媛県 (1)，高知県 (1)，熊本県 (2)，大分県 (1)，宮崎県 (1)
	漁業 (3)	東京都 (1)，富山県 (1)，愛知県 (1)
	畜産 (1)	三重県 (1)
	食 (21)	北海道 (1)，宮城県 (1)，山形県 (1)，福島県 (1)，群馬県 (1)，東京都 (1)，新潟県 (1)，富山県 (1)，福井県 (1)，長野県 (1)，静岡県 (1)，愛知県 (1)，三重県 (1)，兵庫県 (2)，鳥取県 (1)，広島県 (2)，愛媛県 (1)，熊本県 (1)，大分県 (1)
	物販 (19)	北海道 (2)，宮城県 (1)，千葉県 (1)，福井県 (1)，愛知県 (1)，岐阜県 (1)，静岡県 (1)，三重県 (1)，滋賀県 (1)，兵庫県 (1)，鳥取県 (1)，島根県 (1)，広島県 (1)，愛媛県 (1)，高知県 (1)，熊本県 (1)，大分県 (1)
	スポーツ (6)	北海道 (1)，秋田県 (1)，東京都 (1)，新潟県 (1)，沖縄県 (1)，スイス (1)
	エコ (13)	秋田県 (1)，福島県 (1)，福井県 (1)，長野県 (3)，兵庫県 (1)，岡山県 (1)，熊本県 (1)，大分県 (1)，沖縄県 (2)，スイス (1)
	新資源 (15)	北海道 (1)，青森県 (1)，岩手県 (1)，千葉県 (1)，山梨県 (1)，新潟県 (1)，滋賀県 (1)，兵庫県 (1)，鳥取県 (2)，島根県 (1)，香川県 (1)，愛媛県 (2)，鹿児島県 (1)

(資料) 観光庁前掲ホームページより筆者作成。

3 観光カリスマの特徴

100人の観光カリスマ（参考資料6-1参照）は，全国各地で多様な活動を展開している。観光カリスマは凡人とは異なるいかなる能力を持ち，どのような活動を通して事業を成功に導いたかを考察することは重要である。この作業を通じてわれわれは観光カリスマから何を学ぶべきかが明確になる。

明快な経営哲学・理念

第1に，観光カリスマは事業遂行にあたって明快な経営哲学や理念を持っている人が多い。第1回観光カリスマの笹原司朗氏[5]（滋賀県長浜市）は，ガラス工芸と黒壁の街並みを中心とした独創的なアイデアで長浜市を観光客でにぎわう地域として活性化させた。同氏が社長を勤める（株）黒壁を成功に導いたのは，宗教家で一燈園創立者の西田天香（1872～1968）の「無一物・無所有・無尽蔵」という言葉，つまり「一銭もない人間が無欲で取り組めば際限なく知恵も出る」という教えである。

第2回観光カリスマの佐藤和志氏（秋田県田沢湖町＜現・仙北市＞）は，①環境を生かした施設づくり，②歴史と文化を大切にする，③地元の物へのこだわり，④お客目線での対応という一貫した経営哲学を持って，乳頭温泉郷の自然環境の保全，昔懐かしい風景の保全に取り組み，現代人に潤いとやすらぎを与える温泉づくりに注力している。

第4回観光カリスマの吉田修氏（三重県阿山町＜現・伊賀市＞）は，農事組合法人「伊賀の里モクモク手づくりファーム」を運営するにあたって，①農業振興を通じての地域活性化，②地の自然と農村文化を守り育てる担い手，③自然環境を守るための環境問題に取り組む，④おいしさと安心の両立をテーマにしたモノづくり，⑤「知る」，「考える」ことを消費者とともに学び，感動を共感する事業，⑥心の豊かさを大切にし，笑顔が絶えない活気ある職場づくり，⑦協同的精神を最優先し，民主的ルールに基づいた事業運営，という7つのテーゼ（基本理念）に従って事業化を推進し，地元の農産物にこだわった，おい

しく安心できるモノづくり，消費者に好まれる商品づくりに取り組んでいる。

逆転の発想

　第2に，観光カリスマは常識的にはマイナスと見なされるものをプラスに転換させてしまう能力を持っている。第2回観光カリスマの矢野学氏（新潟県安塚町＜現・上越市＞）は，豪雪地帯の重荷，厄介者である雪を資源として活用するまちづくりに取り組み，雪の商品化（雪を発泡スチロールの箱に詰めて販売する「雪の宅配便」）やスキー客の誘致（スキー場「キューピットバレイ」を1990年12月にオープン）に成功した。

　第4回観光カリスマの角田　周（かくたしゅう）氏が暮らす青森県金木町（現・五所川原市）は，津軽半島のほぼ中央に位置し，冬季は強烈な西風とともに地面から吹き上げてくる地吹雪で知られる町である。同氏はこの厄介者である風雪と寒さを逆手に取った「地吹雪体験ツアー」を1988年1月29日にはじめて実施して以来，その人気を定着させることに成功した。この成功体験をバネにして，同氏は夏の津軽の火祭りなどの新しいイベントを手がけるとともに，広域観光ネットワークづくりにも取り組んでいる。

　岐阜県白川村は，「荻町合掌造り集落」が1995年にユネスコの世界遺産（文化遺産）に登録されて以来，多数の観光客でにぎわっているが，冬季はオフシーズンで，訪れる観光客は少ない。この荻町集落に隣接して合掌建築本来の原点を保存・公開し，後世に伝える施設として1972年に開園した村営の「白川郷合掌村」（現・「野外博物館合掌造り民家園」）の事務局長として2000年4月に全国公募で選ばれて赴任した，第5回観光カリスマの中川満氏（岐阜県白川村）は，冬の白川郷の魅力を認識し，「冬の白川郷」を活性化のターゲットに絞り，民家園内ガイドツアーの商品化を手始めに，修学旅行・体験学習の受け入れや園内各所で栽培した雑穀類を使用した「食の祭典」や白川郷の風景写真展などのイベントに取り組み，観光客誘致に成果を上げている。

　「逆転の発想」は，世間の常識とは乖離しているため，最初は反対者ばかりで同調者はいない。このようななかで逆転の発想を貫徹しようとする観光カリスマは，反対者を粘り強く説得し，同調者に変えていく努力を惜しまない人であ

ると言える。未来に対して悲観主義の立場をとる人は，現状に安住して何もしないでいることがある。逆に，未来に対して楽観主義の立場をとる人は，失敗を恐れていると何もできないと考え，現状の改革に熱心で，チャレンジ精神が旺盛である。まさに「悲観主義は安住に，楽観主義は挑戦に通じる」[6]と言える。

リーダーシップの発揮

第3に，観光カリスマに共通するのは，事業の遂行にあたってリーダーシップを発揮していることである。観光カリスマのなかには表6－5にみられるように，市町村長が14人（内訳は，市長3人，町長9人，村長2人）いる。地方自治体の首長が観光カリスマである場合，トップダウンで観光事業が遂行される傾向がある。第2回観光カリスマの中澤 敬氏（群馬県草津町）は，草津温泉を抱える草津町の町長であり，「歩み入る者にやすらぎを，去り行く人にしあわせを」という町民憲章の基本理念に則って，個人客が草津の街並みを1人歩きしやすくするように，「歩きたくなる観光地づくり推進事業」を実施し，「全町民参加で，日本一元気な観光地づくり」を目指して先頭に立って活動している。

観光カリスマは，急激な構造変化の時代にあって現状に決して安住せず，変化を新たな事業展開の可能性のある機会としてとらえ，自らの手で未来を切り開こうとするチェンジ・リーダーである場合が多い。変化の激しい時代には，今日は昨日の続き，明日は今日の続きといった考えは，通用しない。ドラッカ

表6－5 市町村長の観光カリスマ一覧

市町村長	氏　名
市　長	③堂故茂（富山県氷見市），⑥大濱長照（沖縄県石垣市），⑦天谷光治（福井県大野市）
町　長	①唐沢彦三（長野県小布施町），①宮崎暢俊（熊本県小国町），②中澤敬（群馬県草津町），②矢野学（新潟県安塚町），①小佐野常夫（山梨県河口湖町），③佐野淨（徳島県脇町），④西村肇（兵庫県城崎町），⑧櫻井泰次（静岡県河津町），⑧寺谷誠一郎（鳥取県智頭町）
村　長	④黒木定藏（宮崎県西米良村），⑦福島信行（長野県白馬村）

注）1. ○の中の数字は，観光カリスマの選定回数次を示す。
　　2. 市町村名は，観光カリスマ選定時のものである。
（資料）観光庁前掲ホームページより筆者作成。

ー（Drucker, P. F.〈1909～2005〉）が指摘しているように，「自ら未来をつくることにはリスクが伴う。しかしながら，自ら未来をつくろうとしないほうが，リスクは大きい」[7]。優れたリーダーがいる観光地は，観光ニーズの多様化，質の高度化に対応したコンセプトの明確な観光地づくりに成功しており，訪れた人が住んでみたくなる観光地である。

地域の活性化

　第4に，観光カリスマは地域資源を生かし，さまざまなネットワーク（地縁，血縁など）を駆使して，情熱を持って事業に取り組み，地域の活性化に貢献しているケースがみられる。第4回観光カリスマの宮田静一氏（大分県安心院町＜現・宇佐市＞）は，「足をひっぱらずに手をひっぱろう」を合言葉に1996年3月に「安心院町グリーンツーリズム研究会」を設立した。その際，同氏はグリーンツーリズムは農村にあるものを生かすことにこそ価値があるとして，宿泊客を常時受け入れることのできる14軒の農家が会員（2003年現在，380名）を泊め，農家の女性や高齢者が宿泊客の接遇にあたり，農村の生活文化を体感してもらう会員制農村民泊「安心院方式」を定着させた。「安心院方式」のグリーンツーリズムは，箱モノを新設したり，人を新たに雇用するわけでもなく，農村の既存の資源を生かし，農家の女性や高齢者が「普段着のホスピタリティ」で宿泊客に接していることが，都市住民に郷愁や癒しを感じさせると好感をもって受け入れられている。

　第8回観光カリスマの徳永巧氏（岡山県久世町＜現・真庭市＞）は，1999年5月に「真庭遺産研究会」を設立し，県北部の真庭地域の自然や景観，歴史的遺産，古民家などの保全と活用について検討するとともに，これらの「ローカル農村遺産」を生かした農村観光やグリーンツーリズムを推進し，同地域の景観保全や観光振興に貢献している。同氏は同地域での活動実践を基盤に，今後，「美しい日本の自然と風景の保全再生」による地域資源を生かした観光交流の推進を企図している。

　観光カリスマのなかには，地域の特産物（農作物や果樹など）を核にしてさまざまな事業を展開している事例がいくつもみられる。「そば」では，第2回

観光カリスマの唐橋宏氏（福島県会津若松市）は，そばによる地域おこし（そばの栽培，製粉，そば打ち，そば店経営，商品開発，地域づくり）からそばを核とした観光事業や地域間交流事業へと事業範囲を拡大している。また，第4回観光カリスマの中谷信一氏（富山県利賀村＜現・南砺市＞）は，そばによる村おこしとネパール王国・ツクチェ村との国際交流を通して村の活性化と観光振興に取り組んでいる。

「ゆず」では，第7回観光カリスマの石河智舒氏（栃木県茂木町）は，住民1人ひとりがやる気を起こせば何でもできるとして，年会費1万円で地域特産物のゆずのオーナーを募集し，1993年に「ゆずの里かおり村」を開設するとともに「ゆず祭り」などのイベントを開催し，同町山内の16戸の元古沢地区に年間2万人を集客し，都市農村交流に貢献している。第8回観光カリスマの東谷望史氏（高知県馬路村）は，村の特産品であるゆず加工品（ゆず佃煮，ゆずジュースなど）の販売を契機に，徹底した田舎にこだわった田舎づくりを目指して，馬路村をまるごと売り込むという販売戦略で，馬路村ブランドを確立した。

農業は農作物や果樹などを栽培し，販売して現金収入を得るビジネスの部分（「業」）だけで成り立っているのではなく，経済評価の対象にはならないが，地域の風土や景観を構成し，維持している「農」の部分と相俟って成立している。農業の成果は，農産物販売収入の多寡だけで計られるものではない。「農のある風景」がしっかりと保全されてはじめて農業が成立するのであり，「農のある風景」が失われるときは農業が衰退してしまうときである。その意味では，「『農』が果たしている役割はとてつもなく大きい」[8]と言える。農作物や果樹などの地域の特産物を核にしてさまざまな事業を展開している観光カリスマは，「農」の果たしている役割の重要性をしっかり認識したうえで活動している人たちである。

まちづくり，人づくり

第5に，観光カリスマはまちづくり，人づくりに精力的に取り組んでいる。観光カリスマが全国各地で取り組んでいるまちづくりをみると，既存のものを生かしたまちづくりが多くみられる。第3回観光カリスマの佐藤淨氏（徳島

県脇町＜現・美馬市＞）は，江戸時代から明治期にかけて阿波藍，繭の集散地として栄えた脇町の商人の富と勢いを示す象徴としての「うだつ」のまちをテーマにまちづくりを行っている。第5回観光カリスマの綾野輝也氏（岩手県江刺市＜現・奥州市＞）は，江戸時代に北上川の水運集散地として栄えた江刺市（現・奥州市江刺区）の市街地に約130棟残されている「蔵」を生かしたまちづくりに取り組んでいる。

　第6回観光カリスマの吉川真嗣氏（新潟県村上市）は，中心市街地に数多く残されていた町屋の外観再生に取り組むとともに「町屋の人形さま巡り」，「町屋の屏風まつり」などを企画し，町屋の歴史的価値と魅力の普及に努めている。また，同氏が「まちを良くしようと思えば，まずは市民こそが行動すべきである」と述べているように，まちづくりにあたっては住民主導型・住民総参加のまちづくりに取り組んでいるケースが多くみられる。第1回観光カリスマの唐沢彦三氏（長野県小布施町）は，住民の自由な発想を支援し，サポートすることが行政の役割であると考え，行政主導から住民主導型まちづくりへの転換を図り，住民が主役のまちづくりを推進している。第3回観光カリスマの若松進一氏（愛媛県双海町＜現・伊予市＞）は，まちづくりの基本コンセプトとして①人づくり，②拠点づくりと並んで③住民総参加のまちづくりを設定し，夕日の美しさを生かすとともに自然と人間が共生するアメニティのまちづくりを目指している。

　まちづくりは人づくりでもあり，まちづくりのなかで人材が育成されていく。観光カリスマは人材育成を組織的に実施し，まちづくりに有能な人材を供給している。第1回観光カリスマの溝口薫平氏（大分県湯布院町＜現・由布市＞）は，「人材育成ゆふいん財団」（理事は民間からの代表者8人で構成）を1991年に設立し，まちづくりの原動力となる若者の育成に努めている。第7回観光カリスマの天谷光治氏（福井県大野市）は，まちづくりは人づくりからとの考えの下に「越前大野平成塾」を1995年に開設し，まちづくりリーダーを育成している。第8回観光カリスマの坂本和昭氏（北海道帯広市）は，各種法令の壁を乗り越えて帯広駅北側で屋台村「北の屋台」[9]を開設（2001年7月29日）した経験をもとに「起業塾」という制度を創設し，屋台を始めようと

志す人たちの育成に取り組んでいる。

　まちづくりには,「切れ者とよそ者とバカ者」[10]がいるのが望ましい。「切れ者」は大所高所から広い視野で,全体を見て調整することができる能力を持っている。「よそ者」は外来者であり,固定観念にとらわれることなく,土着の地域住民が思いもつかない視点でものを見たり,ユニークな発想で,新鮮な風を地域に送り込んでくれる。「バカ者」は一度始めたら,幾多の苦難や障壁をも乗り越えて初志貫徹する意気込みでまちづくりに取り組む地域住民である。観光カリスマは,これら三者のそれぞれ異なる能力を最大限引き出し,調整することができる「総合プロデューサー的役割を果たす能力を備えた人である」[11]ケースが多い。

4　観光カリスマの課題と展望

観光カリスマの特徴

　観光カリスマは明快な経営哲学や理念を持ち,常識的にはマイナスと見なされるものをプラスに転換させてしまう能力の持ち主である。さらに,観光カリスマはリーダーシップを発揮して,地域資源を生かした事業に情熱を傾けて取り組み,まちづくりの総合プロデューサーとしての役割を果たして地域の活性化に貢献している。観光カリスマは,非凡な統率力,特殊な能力,優れた指導力を持つ人であり,凡人はこれらの能力を身に着けようとしても容易に身に着けられるものではない。

観光カリスマから学ぶべき点

　われわれが観光カリスマから何を学ぶべきか（参考資料6－3参照）と言えば,それは第1に観光カリスマの経営哲学や理念である。観光カリスマは,経営哲学や理念を導きの糸として事業を遂行し,成果を挙げている。われわれは観光カリスマの経営哲学や理念と事業の遂行過程や成果との関連を分析することによって,事業やまちづくりの参考になる点を引き出すことができる。とりわけ,市町村長はしっかりした理念や哲学を持って,まちづくりの意義や重要

性を地域住民に理解してもらうとともに、まちづくりの実現に向けた気運を醸成し、まちづくりに向けた取り組みを推進していかなければならない。

第2は、観光カリスマの「逆転の発想」である。逆転の発想は世間の常識とは乖離しているため、反対者を粘り強く説得し、同調者に変えていく努力が必要である。われわれは、観光カリスマのこの情熱を持って取り組む、ひたむきな努力に学ぶべきである。逆転の発想に基づく事業の取り組みは前例がないから失敗するかもしれないが、失敗を恐れていては何もできない。地域の個性に気付いた人が、小さなことからでも口火を切って第一歩を踏み出すことが重要である[12]。

第3は、観光カリスマは地域資源の有用性に気付き、知恵を絞り、工夫をして、それに磨きをかけて地域の活性化に結びつけていることである。過疎地域では資源もない、人材もないなど、ないないづくしの嘆き節がよく聞かれる。しかし、それは何もないのではなく、潜在的可能性のあるものが目の前にあることに気付いていないだけなのである。観光カリスマは、身近にある地域資源を巧みに活用し、特産物に育て上げ、ブランド化を図ったり、それを核にして農家の女性や高齢者の人材を生かして都市農村交流や国際交流を展開している。われわれは、このような観光カリスマの着眼点や事業展開の過程から学ぶべき点が多い。

観光カリスマの課題と展望

観光カリスマの現状を分析するなかで、次の課題が明らかになってきた。第1は、観光カリスマを年齢別にみると、50歳代と60歳代が全体のほぼ4分の3を占めているが、70歳代の高齢者も12人いることから、今後観光カリスマの若返り（更新）を図ることも考えておく必要がある。さらに、観光カリスマを男女別にみると、女性は8人に過ぎないことから、今後観光カリスマの更新や追加の際には女性の観光カリスマの増員を図ることが望まれる。

第2は、観光カリスマを都道府県別にみると、観光カリスマ不在の県が3県（埼玉県、福岡県、佐賀県）ある。観光カリスマの更新や追加が行われる際に、これら3県には優先的に観光カリスマが選定されることが望まれる。

第3は，観光カリスマを活動分野別にみると，多数の観光カリスマが活動している分野がある反面，少数の観光カリスマしか活動していない分野がみられる。観光カリスマの更新や追加が行われる際には，観光カリスマの活動分野別の偏在を是正する努力が払われなければならない。

注

1) 小学館ロベール仏和大辞典編集委員会編（1988）『小学館ロベール仏和大辞典』小学館，428ページ，小学館ランダムハウス英和大辞典第二版編集委員会編（1994）『小学館ランダムハウス英和大辞典　第2版』小学館，463ページによる。
2) 生活産業創出研究会（2002）「生活産業創出研究会報告書」1ページ。
3) 同上報告書，9ページ。
4) 「観光カリスマ百選」選定委員会（2003）「『観光カリスマ百選』選定結果について（平成14年度第1回委員会の結果）」1ページ（国土交通省総合政策局観光部企画課ホームページ http://www.mlit.go.jp/kisha/kisha03/01/010127-html 2017年5月31日閲覧）。
5) 観光庁ホームページ「観光カリスマ」（http://www.mlit.go.jp/kankocho/shisaku/jinzai/charisma_list.html 2017年5月31日閲覧）による。以下，観光カリスマの記述の引用は，すべてこのホームページによるため，注記を省略する。
6) 中村秀一郎（1985）『挑戦する中小企業』（岩波新書）岩波書店，204ページ。
7) P. F. ドラッカー著，上田惇生訳（1999）『明日を支配するもの』ダイヤモンド社，107ページ。
8) 「『山下惣一の佐賀・唐津の田んぼから』その6『農の風景』」『朝日新聞』2005年10月3日（朝刊）。
9) 本間健彦（2005）「＜北の屋台＞創出にみる帯広のまちづくり力」『月刊レジャー産業資料』第461号，174-177ページ。
10) 二村宏志（2004）「地域ブランドの時代－ブランドをいかに確立するか」『日経地域情報』第430号，41ページ。
11) (社)日本観光協会編（2005）『観光カリスマ』学芸出版社，7ページ。
　(社)日本観光協会は2011年4月に(社)日本ツーリズム産業団体連合会と合体し，公益社団法人日本観光振興協会となる。
12) 清成忠男（1987）『地域再生のビジョン』東洋経済新報社，149-150ページ。

参考資料6－1　観光カリスマ百選

回	認定年月日	氏　名	住　所	カリスマ名称
第1回	2002.12.26 （11人）	市村　良三	長野県小布施町	賑わい町おこしカリスマ
		小澤　庄一	愛知県足助町	生活文化体験型観光（山里版）のカリスマ
		唐沢　彦三	長野県小布施町	人と花の輝くまちづくりカリスマ
		工藤　順一	山形県寒河江市	観光農業のカリスマ
		後藤　哲也	熊本県南小国町	癒し空間演出のカリスマ
		笹原　司朗	滋賀県長浜市	無一物からの再興のカリスマ
		白石　武治	沖縄県名護市	リゾートのカリスマ
		濱田　益嗣	三重県伊勢市	日本の暮らしと街並みをテーマにしたミニタウンのカリスマ
		細尾　勝博	兵庫県八千代町	都市農村交流を中心とした観光農業による地域づくりのカリスマ
		溝口　薫平	大分県湯布院町	「心の活性化」のカリスマ
		宮崎　暢俊	熊本県小国町	新しい旅のかたちをリードするカリスマ
第2回	2003.2.21 （16人）	井上　弘司	長野県飯田市	ワーキングホリデー等多様なアイデアを取り入れた「都市農村交流」のカリスマ
		大西　雅之	北海道阿寒町	無私厚情による人材再生のカリスマ
		春日　俊雄	新潟県高柳町	「農村滞在型交流観光」による地域づくりのカリスマ
		唐橋　宏	福島県会津若松市	そばによる地域おこしのカリスマ
		小馬　勝美	京都府美山町	むらおこし・交流・新産業おこしのカリスマ
		小山　邦武	長野県飯山市	ありのままの自然を舞台としたグリーン・ツーリズムによる地域づくりのカリスマ
		坂本　多旦	山口県阿東町	農業経営を基礎とした観光交流空間の創出のカリスマ
		佐藤　和志	秋田県田沢湖町	秘湯の温泉カリスマ
		田口　久義	秋田県田沢湖町	農村滞在型修学旅行ビジネス創出のカリスマ
		鶴田浩一郎	大分県別府市	大型温泉地再生のカリスマ
		中澤　敬	群馬県草津町	自立と共生のカリスマ
		舩木　上次	山梨県高根町	開拓魂のカリスマ
		星野　佳路	長野県軽井沢町	エコリゾート経営のカリスマ
		○松場　登美	島根県大田市	わらしべカリスマ
		森賀　盾雄	愛媛県新居浜市	地域資源を活かしたオープン博物館都市づくりのカリスマ
		矢野　学	新潟県安塚町	マイナスをプラスに，逆転の発想カリスマ
第3回	2003.5.28 （13人）	上坂　卓雄	兵庫県出石町	町民主体の町づくり仲間を集めたカリスマ
		小佐野常夫	山梨県河口湖町	「五感に訴える町おこし」カリスマ
		小田　禎彦	石川県七尾市	外客誘致と広域観光のカリスマ
		斎藤　一彦	福島県いわき市	観光による地域再生のカリスマ
		佐藤　淨	徳島県脇町	歴史的町並みを活かすカリスマ
		佐藤　雄二	山形県米沢市	「観光知」のカリスマ

回	認定年月日	氏　名	住　所	カリスマ名称
第3回	2003.5.28 (13人)	澤　功	東京都台東区	下町の外国人もてなしカリスマ
		○塚越　裕子	群馬県伊香保町	「旅館・ホテルに活気を取り戻す女将」カリスマ
		堂故　茂	富山県氷見市	「伝統漁業の定置網を今に生かすまちづくり」のカリスマ
		中山勝比古	愛知県南知多町	漁業を活用した離島観光のカリスマ
		村坂　有造	岐阜県古川町	「そうば（相場）」を守る伝統が息づくまちづくりのカリスマ
		山口　昭	北海道栗山町	「住んで良しの観光地づくり」のカリスマ
		若松　進一	愛媛県双海町	真似しない，真似できないアイデアで地域力を作り上げるカリスマ
第4回	2003.8.21 (11人)	伊藤　孝司	北海道上富良野町	大規模農業と観光を連動させたカリスマ
		岡田　春喜	愛媛県松野町	地域ブランド化と広域連携を実現したUターン実務家カリスマ
		角田　周	青森県金木町	「もつけ」と「じょっぱり」の津軽カリスマ
		黒木　定蔵	宮崎県西米良村	「新しいワーキングホリデー制度」のカリスマ
		○渋谷　文枝	宮城県加美町	伝統食によるアメニティ創出のカリスマ
		中谷　信一	富山県利賀村	そばによる国際交流とむらおこしのカリスマ
		西村　肇	兵庫県城崎町	伝統ある温泉街を常に活性化させるカリスマ
		福島　順二	富山県八尾町	伝統芸能をまちづくりに生かして一大観光資源に転化させたカリスマ
		宮田　静一	大分県安心院町	農村民泊さきがけのカリスマ
		吉崎　博章	島根県西郷町	観光による離島振興を進めるカリスマ
		吉田　修	三重県阿山町	企業的農業経営による地域ブランド，農村交流ネットワーク構築のカリスマ
第5回	2003.12.15 (12人)	綾野　輝也	岩手県江刺市	「蔵」を守り活かしたまちづくりのカリスマ
		加森　公人	北海道札幌市	雇用継続を前提とした大型リゾートの再生・運営カリスマ
		坂本　勲生	和歌山県本宮町	「熊野古道」の人気を支える語り部のカリスマ
		首藤　勝次	大分県直入町	ドイツ文化を取り入れた温泉再生カリスマ
		竹盛　洋一	沖縄県竹富町	地域主体で自然の保護と活用の両立を実践するカリスマ
		○田中　まこ	兵庫県神戸市	映像による地域振興・観光隆盛のカリスマ
		中川　満	岐阜県白川村	伝承文化と生活体験を観光資源にするカリスマ
		中田　金太	岐阜県高山市	伝統文化の新たな創造と保存伝承のカリスマ
		○野田　文子	愛媛県内子町	農産物直売の実践による都市住民との「食」と「農」の交流カリスマ
		平田　克明	広島県三次市	四季を通じて多角的な観光農園を展開する農村交流のカリスマ
		蓑谷　穆	岐阜県高山市	観光都市を継続的に発展させるカリスマ
		ロス・フィンドレー	北海道倶知安町	通年型アウトドア体験観光のカリスマ
第6回	2004.5.19 (10人)	井上　重義	兵庫県香寺町	郷土玩具の伝承文化を地域・観光振興に結びつけたカリスマ
		今井　輝光	東京都新宿区	漁村の持つ癒し力を活用した都市と漁村との交流カリスマ
		大濱　長照	沖縄県石垣市	「住んでよし，訪ねてよし」の地域づくりを実践するカリスマ
		小川原　格	北海道小樽市	イベントとITを活用した地域リーダーカリスマ

観光カリスマと観光振興　第6章

回	認定年月日	氏　名	住　所	カリスマ名称
第6回	2004.5.19 (10人)	小野塚喜明	新潟県塩沢町	農林漁業体験民宿の活用及び人材育成によるグリーン・ツーリズム推進のカリスマ
		金井　啓修	兵庫県神戸市	温泉観光を核にしたコミュニティビジネスでまちのブランド力向上と活性化を進めるカリスマ
		河合　進	群馬県新治村	村民と観光客が共に喜ぶ観光地づくりのカリスマ
		吉川　真嗣	新潟県村上市	光かがやく町屋再興カリスマ
		長谷川一彦	京都府京都市	明治時代の鉄道線路を観光に再生したカリスマ
		松浦　宣秀	広島県蒲刈町	瀬戸内海の古代の塩づくりを解明した「藻塩のカリスマ」
第7回	2004.10.19 (16人)	○朝廣　佳子	奈良県奈良市	「奈良らしさ」を追求し「なら燈火会」を成功に導いたカリスマ
		天谷　光治	福井県大野市	「環境保全と人づくり」歴史に学んだまちづくりのカリスマ
		石河　智舒	栃木県茂木町	地域特産物（ゆず）を核にした都市農村交流による地域再生のカリスマ
		上地長栄・健次 敏夫	沖縄県那覇市 沖縄県恩納村	伝統琉球民家を観光施設として蘇生させたカリスマ三兄弟
		小椋　唯一	福島県猪苗代町	修学旅行、校外学習等の教育旅行誘致のカリスマ
		加藤　文男	千葉県富浦町	道の駅と広域連携のカリスマ
		黒目　友則	鳥取県境港市	鬼太郎、目玉おやじに会える妖怪をテーマとしたまちづくりのカリスマ
		斎藤　文夫	神奈川県川崎市	東海道川崎宿復興に情熱を注ぎ、川崎のイメージアップに挑むカリスマ
		渋川　恵男	福島県会津若松市	町並み整備によるまちなか観光のカリスマ
		刀根　浩志	和歌山県海南市	本物志向の田舎体験型観光創出のカリスマ
		○西下はつ代	静岡県小笠町	ブルーベリーを活かしてゼロから農業を始め、「観光農園」を創設したカリスマ
		福島　信行	長野県白馬村	活力とにぎわいの村づくりカリスマ
		福田　興次	熊本県水俣市	観光農園による地域づくり・観光振興のカリスマ
		萬谷　正幸	石川県加賀市	伝統・文化を重視した温泉街づくりのカリスマ
第8回	2005.2.23 (11人)	○有村　佳子	鹿児島県指宿市	「温泉・食」などオンリー・ワンの地域資源を生かした観光カリスマ
		坂本　和昭	北海道帯広市	屋台村を核とした観光・地域づくりのカリスマ
		櫻井　泰次	静岡県河津町	地域活性化に懸ける「花を活かしたまちづくり」のカリスマ
		近兼　孝休	香川県琴平町	伝統ある門前町に新たな息吹を吹込み、躍動感ある"まちづくり"のカリスマ
		寺谷誠一郎	鳥取県智頭町	日本の原風景に磨きをかけ、過疎地を観光地に変えたカリスマ
		土居　年樹	大阪府大阪市	「ほんまもんの街商人（まちあきんど）」街活かしのカリスマ
		東谷　望史	高知県馬路村	特産品（ゆず加工品）と共に村をまるごとブランド化に導いたカリスマ
		徳永　巧	岡山県久世町	美しい自然や文化遺産等をグリーン・ツーリズムに結び付けるカリスマ

回	認定年月日	氏　名	住　所	カリスマ名称
第8回	2005.2.23 （11人）	塙　吉七	茨城県日立市	従業員の高いサービスで国民宿舎利用率全国第1位を15年間継続するカリスマ
		林　敏幸	長崎県長崎市	「長崎ランタンフェスティバル」を仕掛け，今日の成功に導いたイベントのカリスマ
		山田桂一郎	スイス ツェルマット	世界のトップレベルの観光ノウハウを各地に広めるカリスマ

注）1. ○印は，女性である。
　　2. 市町村名は，観光カリスマ選定時のものである。
　　3. 国土交通省は，業務上横領などの容疑で鳥取県警境港署が2008年6月3日に鳥取地検米子支部に書類送検した黒目友則（第7回観光カリスマ）について，2004年10月19日に認定した「観光カリスマ」を2008年9月1日付で取り消した（『朝日新聞』2008年6月7日（夕刊），同年9月3日（朝刊））。
　　4. 中田金太氏（第5回観光カリスマ）は，故人である（市原実（2009）『地域再生の仕掛人　観光カリスマ100選』日本文芸社，174-175ページ）。
（資料）観光庁前掲ホームページより筆者作成。

観光カリスマと観光振興　第6章

参考資料6－2　市町村合併による観光カリスマの住所変更一覧

回	氏　名	観光カリスマ認定時の町村名	合併・編入後の市町名	合併・編入年月日
第1回	小澤　庄一	愛知県足助町	愛知県豊田市	2005年4月1日
	細尾　勝博	兵庫県八千代町	兵庫県多可町	2005年11月1日
	溝口　薫平	大分県湯布院町	大分県由布市	2005年10月1日
第2回	大西　雅之	北海道阿寒町	北海道釧路市	2005年10月11日
	春日　俊雄	新潟県高柳町	新潟県柏崎市	2005年5月1日
	小馬　勝美	京都府美山町	京都府南丹市	2006年1月1日
	佐藤　和志	秋田県田沢湖町	秋田県仙北市	2005年9月20日
	舩木　上次	山梨県高根町	山梨県北杜市	2004年11月1日
	矢野　　学	新潟県安塚町	新潟県上越市	2005年1月1日
第3回	上坂　卓雄	兵庫県出石町	兵庫県豊岡市	2005年4月1日
	小佐野常夫	山梨県河口湖町	山梨県富士河口湖町	2003年11月15日
	佐藤　　淨	徳島県脇町	徳島県美馬市	2005年3月1日
	塚越　裕子	群馬県伊香保町	群馬県渋川市	2006年2月20日
	村坂　有造	岐阜県古川町	岐阜県飛騨市	2004年2月1日
	若松　進一	愛媛県双海町	愛媛県伊予市	2005年4月1日
第4回	角田　　周	青森県金木町	青森県五所川原市	2005年3月28日
	中谷　信一	富山県利賀村	富山県南砺市	2004年11月1日
	西村　　肇	兵庫県城崎町	兵庫県豊岡市	2005年4月1日
	福島　順二	富山県八尾町	富山県富山市	2005年4月1日
	宮田　静一	大分県安心院町	大分県宇佐市	2005年3月31日
	吉崎　博章	島根県西郷町	島根県隠岐の島町	2004年10月1日
	吉田　　修	三重県阿山町	三重県伊賀市	2004年11月1日
第5回	綾野　輝也	岩手県江刺市	岩手県奥州市	2006年2月20日
	坂本　勲生	和歌山県本宮町	和歌山県田辺市	2005年5月1日
	首藤　勝次	大分県直入町	大分県竹田市	2005年4月1日
第6回	井上　重義	兵庫県香寺町	兵庫県姫路市	2006年3月27日
	小野塚喜明	新潟県塩沢町	新潟県南魚沼市	2005年10月1日
	河合　　進	群馬県新治村	群馬県みなかみ町	2005年10月1日
	松浦　宣秀	広島県蒲刈町	広島県呉市	2005年3月20日
第7回	加藤　文男	千葉県富浦町	千葉県南房総市	2006年3月20日
	西下はつ代	静岡県小笠町	静岡県菊川市	2005年1月17日
第8回	徳永　　巧	岡山県久世町	岡山県真庭市	2005年3月31日

（資料）日本郵便「市町村合併情報（都道府県別）」(http://www.post.japanpost.jp/zipcode/merge/prefecture.html　2017年5月31日閲覧）より筆者作成。

参考資料6-3 観光カリスマのココに学べ！

①自信と信念	観光カリスマは自分の能力や価値を信じ，信念を持って取り組んでいる。
②気づき	観光カリスマは先入観を捨て，素直な態度で対応している。
③説得	観光カリスマは反対者を粘り強く説得し，同調者に変えていく努力を惜しまない。
④体制づくり	観光カリスマは地域全体が一丸となっての観光客受け入れ体制づくりのコーディネーターである。
⑤脇役	観光客に直接接する主役は住民であり，地域のまとめ役としての観光カリスマは脇役である。
⑥助っ人	地域にとって新しい試みを提案する観光カリスマには良きアドバイザーとしての助っ人が欠かせない。
⑦ルール	住んでよい町を目標とする観光振興であれば，観光振興と地域づくりのルール作りが不可欠である。
⑧崖っぷち	観光カリスマは危険予知能力があり，崖っぷちに立つ前に回避行動を取る。
⑨公的経営者	観光カリスマは民間を理解する公共的性質と公共的視点を持って経営を行う民間的性質を兼備した公的経営者である。
⑩対等交流	観光カリスマは相手を常に自分と対等の立場に置くから，人と接するのが上手である。
⑪異文化融合	地域の新たな魅力は，異文化交流から異文化融合に発展することにより形成される。
⑫最前線	観光カリスマは相手の考えや感情をじかに肌で知るため，いつも最前線にいる。
⑬欲望	観光カリスマは見たい，知りたい，食べたいという人々の欲望に敏感に反応し，欲望を充足させようと努力する。
⑭枠外	自分の枠を超えられたときが，観光カリスマへの第一歩である。
⑮リアル	観光カリスマは地域のリアリティを観光客に伝える術を心得ている。
⑯流通革命	観光カリスマによる観光振興の目的の1つは，生活環境の改善のための地域内流通革命にある。
⑰文化創造	観光カリスマは住民の理解と協力を取り付け，地域に新たな文化を根づかせる。
⑱原風景	観光カリスマは地域の原風景を想い描くことができる人であるから，地域のグランドデザインを描くことができる。
⑲総合力	観光行政は総合力がものを言い，観光振興における首長の役割は大きい。
⑳組織づくり	行政支援・住民主導型の観光振興における事業の実現性の可否は，組織の人選によって決まる。
㉑ハード	観光カリスマの首長は箱モノ（ハード）づくりにおいて地域のソフト（地域の素材，地域の文化が培ってきたデザインなど）との融合に配慮する。
㉒適正規模	観光カリスマは地域の質を保つために，適正規模の観光振興が望ましいと考える。
㉓地場産業	観光カリスマは地域性豊かな産業を根づかせ，それを大きな集客産業に育てる。
㉔地域密着型観光客	観光カリスマが求める観光客像は，地域の人々の生活の知恵や技術を学ぶために地域の生活に溶け込もうとする観光客（地域密着型観光客）である。

（資料）（社）日本観光協会編（2005）『観光カリスマ』学芸出版社，20，70，96，122，148，174，200，226 各ページより筆者作成。

第7章 和食・日本酒と観光

　世界各国，地域には「食」と「食文化」が重要な観光資源となっているケースがある。観光客にとっては，訪問先の国や地域に固有の「食」と「食文化」は，観光動機づけとなる。「食」と「食文化」は観光や観光産業だけでなく，農林漁業，食産業（外食産業，食品製造業，食品流通業から構成される），調理師の人材育成業，店舗建築の建設業，厨房機器の機器製造業などとも関連する。

　わが国において食に関わる文化を総合的に把握する研究が始まったのは，1980年代になってからである。そして，この頃に日本食レストランのアメリカ進出が相次ぎ，健康志向や食への安全が注目されるなか，日本食はヘルシーで，安全であるとして日本食ブームとなった。これをきっかけに，日本の農林水産物・食品，日本酒の輸出は年々増加傾向にある。和食は2013年12月4日に「和食　日本人の伝統的な食文化」としてユネスコの無形文化遺産に登録され，世界の人々の関心が高まっている。

　本章は，和食形成の歴史と今後の方向性，日本食レストランの海外進出，日本の農林水産物・食品，日本酒の輸出の現状と課題について論述した後，インバウンド観光における和食，日本酒の現状と課題について明らかにすることを目的としている。

1　和食の歴史と日本の食文化

和食の歴史

　各国の料理は，人々の往来と文物の交流によって他国の食文化（食材，調理法，調理器具，食器，食事作法など）を受容し，時代とともに変化し続けている。日本料理（和食）も然りである。日本の料理様式（表7－1参照）には，

表 7-1　日本の料理様式の変遷

料理名 項目別	大饗料理	精進料理	本膳料理	懐石料理
時　代	平安時代	鎌倉時代～南北朝時代	室町時代	室町時代
料理の種類	儀式料理			茶会で供される料理
特　徴	・中国の宮廷料理の影響を受ける。 ・当初は箸，匙を使用する。 ・皿数は，偶数である。	・中国の南宋の禅の思想が喫茶と結びついた。 ・調理技術の進展がみられた。	・武家の饗応料理。 ・大饗料理の儀式的要素と精進料理の技術的要素の融合。 ・日本料理の原型の完成。 ・皿数は奇数，箸のみを使用。	・茶の湯の発達に伴って一般化した料理様式。 ・季節感，料理の色彩感，食器の配置，もてなし，料理を味わう空間のしつらえに配慮する。
食事をした人	高級貴族	寺院の僧侶	武士	茶会に出席した人

（資料）原田信男「日本食の歴史」（熊倉功夫編（2012）『和食―日本人の伝統的な食文化―』農林水産省，所収）13-28 ページより筆者作成。

　平安時代に中国の宮廷料理の影響を受けた「大饗料理」がある。この料理で食事をした人は，高級貴族であり，箸，匙（スプーン）を使用し，皿数は偶数であった。鎌倉時代から南北朝時代には，中国の南宋（1127-1279 年）の禅の思想が喫茶と結びついた「精進料理」がもたらされた。禅宗寺院の僧侶たちが，多種多様な食材を使用し，調理技術を駆使したのがこの料理の特徴である。室町時代に入ると，武家の饗応料理として，大饗料理の儀式的要素と精進料理の技術的要素が融合した「本膳料理」が成立した。この料理の皿数は奇数で，箸のみを使用して食事をしたことからもわかるように，中国の宮廷料理の影響を脱し，日本料理の原型を完成させたといえる。「大饗料理」，「精進料理」，「本膳料理」は，特定の階層の人たちだけが食事をした儀式料理であった。室町時代には，茶の湯の発達に伴って，茶会で供される料理として「懐石料理」が一般化した。この料理様式は，季節感，料理の色彩感，食器の配置，もてなし，料理を味わう空間のしつらえに配慮しており，特定の階層ではなく，茶会に出席した人たちのために供された料理である点に特徴がある[1]。

　江戸時代は 1639-1853 年まで 214 年間の鎖国の時代が続いたが，江戸前期には長崎経由でポルトガル系の南蛮料理である「天ぷら」が伝わり，調理技術・知識を集成した料理書も発行された。江戸後期には長崎経由で中国系の卓袱料

理が伝わり，古くは東南アジアに起源がある調理法から変容した「握り寿司」も登場した。長い鎖国の時代が終わり，国交開始とともに外国人居留地が設けられた港まちには西洋の食文化が流入した。

　明治時代に入ると，675-1871年まで長年にわたり禁止されていた肉食が解禁され，「すき焼き」が登場した。1870年代には大都市に西洋料理屋が，日清戦争（1894-1895年）・日露戦争（1904-1905年）後には中国料理屋が登場した。大正時代に入ると，カレー，コロッケ，トンカツなどが流行し，1920年代には和食とともに洋食が取り入れられ，食卓がにぎやかになった。戦中および終戦直後の食料窮乏期の後，1960年頃の高度経済成長期には食生活の洋風化が急速に進んだ[2]。1980年には日本の伝統的な食生活が栄養面でPFCバランス（タンパク質・脂肪・炭水化物）の摂取エネルギー比率が，それぞれ13.0％，25.5％，61.5％と理想的であることがわかり，「日本型食生活」[3]と称されることになった。1980年代には，日本食（和食）は「ヘルシー，美味しい，安全である」として，アメリカで日本食ブームが起こった。さらに，和食は栄養のバランスのほか，自然の恵みを生かした多様で新鮮な食材とその持ち味を尊重し，食事の場において自然の美しさや季節の移ろいが表現されており，「自然の尊重」という精神に則っているユニークな料理であることがユネスコに認められ，「和食　日本人の伝統的な食文化」[4]が2013年12月4日に日本で22件目の無形文化遺産として登録された。

和食の変化・変容

　和食の歴史を見ると，人々の往来と文物の交流によって他国の食文化を受容し，時代とともに変化し続けていることがわかる。そのため，和食とは何かを定義づけるのは難しいが，和食の基本型は，ご飯と味噌汁と漬物に主菜（焼き魚，天ぷら，刺身など）一品と副菜（煮物，酢の物，豆腐，納豆など）二品から成る「一汁三菜」[5]である。和食は外国にも進出しているが，その過程でさまざまに変化しているケースが見られる。辻芳樹は，世界に進出した和食の変化・変容[6]を次のように整理している。

　第1は，「ギミック*和食」で，「和食っぽい素材」を活用し，「和食っぽい

見た目」の料理である。

　第2は,「ハイブリッド**和食」で,和食には見えないものの,和食の本質的な技術を活用した料理である。

　第3は,「プログレッシブ***和食」で,和食の素材,和食の本質的な魅力を活かしつつ,果敢に新しい素材や手法も取り入れて,異文化のなかでも堂々と勝負できる料理である。

　このように,世界に進出した和食には多様な和食が存在する。「ギミック和食」は,和食に似てはいるが,和食の基本型から逸脱しているとすれば,まやかしの和食,似非(えせ)和食になるであろう。「ハイブリッド和食」は,「日本の料理文化・技術の影響を受けてそれを外国料理の文脈のなかで表現することによって生まれた料理」[7]であり,和食と現地の料理が融合(fusion)した「フュージョン料理」である。しかし,和食の基本型から逸脱すると,「無国籍料理」になってしまう。「プログレッシブ和食」は,「異文化の中で,その民族が好む味や食感にあうような和食を作り出そうとする」[8]まさにプログレッシブ(進歩的)な試みである。たとえば,フランス料理では1960年代から1970年代にかけて,従来の濃いソースから軽めのものに,そしてこれまでにない新しい食材を使用し,新しい料理法で作った「ヌーヴェル・キュイジーヌ」[9](nouvelle cuisine)がまさにフランス料理界に新旋風を巻き起こした。この例に見られるように和食が海外に進出して日本食とよばれるときに,日本食が現地に定着するかどうかは,和食の基本型を守りつつ,異文化に受け入れられる味覚や食感を追求し,ハイブリッドな,プログレッシブな料理へ変換する力(「変換力」)[10]があるかどうかにかかっている。

和食の特質

　世界にはおいしい料理がたくさんある。和食もその1つに挙げることができる。和食がおいしいとされる根拠,つまり和食の特質は何かと言うと,それは「うまみやだしの文化,調味料と調理法,一汁三菜の構造,三大栄養素の適正な摂取バランス」[11]にある。おいしい料理というのは,ほかの国や地域にはない食材や独特な調理法があって,その国や地域ならではの「地方性」と同時に

その国や地域の料理が世界の人々に広く受け入れられるという「普遍性」がなければならない。世界の文明史を見ると，料理技術，料理文化の中心は都市文明のセンターの移動と軌を一にしていることからもわかるように，おいしい料理が普遍性を持つためには，都市文明とのかかわり[12]を見逃すことができない。

2 海外進出した日本食レストランの現状と課題

人間はなぜ食事を摂るか

人間はなぜ食事を摂るかといえば，「生きるために食べる」というのが，1つの答である。わが国の人口は2008年以降減少傾向にあるが，世界には人口が増加傾向にあり，食の市場規模の増大が予想される国々がある。そのような国々では食料増産に努めなければならないし，それでも不足する場合には食料を輸入する必要に迫られる。世界の食の市場規模は，2009年の340兆円から2020年には680兆円へ2倍になると予想されているが，中国・インドを含むアジアの食の市場規模は，2009年の82兆円から2020年には229兆円へ2.8倍になると予想されている[13]。それとは逆に，食料は十分にあり，通常の食事は充足されているが，おいしい料理や栄養バランスのとれたヘルシーな料理を食べ，食の快楽を追求する人たちにとっては「食べるために生きる」[14]というのがもう1つの答である。

健康食としての日本食

日本食はタンパク質，脂肪，炭水化物の三大栄養素のバランスのとれた健康食であり，高級なイメージがあり，世界の人々に広く受け入れられている。海外の日本食レストランの店舗数は，2006年の約24,000店，2010年の約30,000店から2017年には約117,500店に増加している。日本食レストランの世界の地域別分布（表7－2参照）を見ると，アジア69,300店（59.0％），北米25,300店（21.5％），欧州12,200店（10.4％）で，これら3地域で全体の90.9％を占めている。

表7-2　海外の日本食レストラン店舗数（2017年）

（　）内：％

地域別	店舗数
アジア	69,300（59.0）
北　米	25,300（21.5）
欧　州	12,200（10.4）
中南米	4,600（3.9）
ロシア	2,400（2.0）
オセアニア	2,400（2.0）
中　東	950（0.8）
アフリカ	350（0.3）
合　計	117,500（100.0）

注）外務省調べにより，農林水産省において推計。
（資料）農林水産省（2017）「海外日本食レストラン数の調査結果」添付資料より筆者作成。

アメリカの日本食ブーム

　アメリカでは1970年代に日本企業の進出が本格化し，寿司ブームが起こり，日本食レストランがロサンゼルスやニューヨークに進出した。米連邦議会上院の栄養問題調査委員会は，アメリカ人の食生活は脂肪摂取量が多く，炭水化物が少なく，10大死因のうち6つまでが食生活に関係しているとする報告書（委員長の名をとって「マクガバン・レポート」[15]とよばれる）を1977年に発表し，アメリカ人の不健康な食生活に警鐘を鳴らした。これをきっかけに，アメリカでは三大栄養素のバランスのとれた健康食である日本食への関心が高まり，1980年代には日本食ブームが起こった。1990年代中頃からは，中国系・韓国系などのアジア系の「ノン・ジャパニーズ」（在留邦人・日系アメリカ人以外の者）の日本食レストラン開業が相次いだ。そして，2003年には全米すべての州に日本食レストランが開店することになった[16]。

アメリカの日本食レストラン

　アメリカの日本食レストランの店舗数の増加は著しく，1992年3,051店，

2000年5,988店，2005年9,182店，2010年14,129店であり，1992年と比べて2010年には4.6倍になっている。次に，州別に日本食レストラン店舗数（2010年）を見ると，カリフォルニア州3,963店（28.0％），ニューヨーク州1,439店（10.2％），フロリダ州941店（6.7％）で，これら3州で全米の日本食レストランの半数近く（44.9％）を占めている。カリフォルニア州に日本食レストランが多い理由は，①日本人移民が最初に移住した米国本土の土地であること，②日本人以外のアジア人人口が多い土地であること，③アメリカ西海岸に位置し，他地域と比べて日本との距離が近いこと，④アメリカの他地域に先駆けて健康ブームが起こった土地柄であることが挙げられる。さらに，カリフォルニア州の日本食レストランの地域別分布（2010年）を見ると，北カリフォルニア1,357店（34.2％），中部カリフォルニア178店（4.5％），南部カリフォルニア2,428店（61.3％）で，ロサンゼルスのある南部カリフォルニアへの集中度が高い。一方，ニューヨーク州の日本食レストランは，ニューヨーク市とその近郊に集中している。ニューヨーク市にある日本食レストランの地区別分布（2010年）を見ると，マンハッタン624店（43.4％），ブルックリン112店（7.8％）で，都市中心部であるマンハッタン地区に半数近くが集中している[17]。

　アメリカでは1980年代に日本食ブームが起こってから30年余りが経過している。日本食レストランで提供される料理は，進出初期は寿司，天ぷら，すき焼きが定番であったが，その後は品揃えが豊富になっている。日本食レストランが対象とする客は，進出初期は主に在留邦人，日系アメリカ人であったが，その後は現地のアメリカ人ほか在留外国人へと拡大している。日本食レストランの経営者も進出初期の，日本人・日系人から「ノン・ジャパニーズ」のアジア系の人たち（全体の8割程度を占める）やアメリカ人へと広がりをみせている。

日本食レストランの生存競争

　日本食が物珍しく受け入れられた時代が終わった現在，日本食レストランの生存競争は激化している。大都市の高級寿司店や高級日本食店においても高所得層の固定客をしっかり持っているかどうかが経営の存続に大きな影響を与え

る。アメリカの日本食レストランでは，幅広い顧客層のニーズを反映して，最上級の料理と質の高いサービスを備えた「こだわりの店」と比較的低価格で満足度の高い，ラーメン，そば，焼鳥，炉端焼きなどの「専門化した大衆店」への二極化が進んでいる。異なる食文化のなかで日本食レストランが生き残っていくためには，時代の求める新しい料理の創造，現地の顧客のニーズを反映した料理を提供し続ける努力が必要である[18]。

3 日本の農林水産物・食品の輸出の現状と課題

日本の農林水産物・食品の輸出の現状

2016年現在で日本の農林水産物・食品の輸出額（7,502億円）が総輸出額（70兆358億円）に占める割合は，わずか1.1％にすぎない。しかし，農林水産物・食品の輸出額合計は，2006年に比べて2016年は67.1％増加しており，同期間に農産物は94.7％，林産物は197.8％，水産物は29.4％増加している（表7－3参照）。次に，農林水産物・食品の輸出実績を品目別に見ると，農産物が4,593億円で，全体の61.2％を占めており，そのなかでも加工食品が2,355億円で，農産物全体のほぼ半分（51.3％）を占めている。林産物は268億円で，全体の3.6％を占めるにすぎない。水産物は2,640億円で，全体の35.2％を占めており，そのなかでも調製品を除く水産物が1,954億円で，水産物全体の74.0％を占めている（表7－4参照）。さらに，農林水産物・食品の輸出額の国・地域別内訳を見ると，アジアが5,539億円で全体の73.8％を占め，最も

表7－3 農林水産物・食品の輸出額の推移

単位：億円

年次別 項目別	2006年	2007年	2008年	2009年	2010年	2011年	2012年	2013年	2014年	2015年	2016年
農産物	2,359	2,678	2,883	2,637	2,865	2,652	2,680	3,136	3,569	4,431	4,593
林産物	90	104	118	93	106	123	118	152	211	263	268
水産物	2,040	2,378	2,077	1,724	1,950	1,736	1,698	2,216	2,337	2,757	2,640
合　計	4,490	5,160	5,078	4,454	4,920	4,511	4,497	5,505	6,117	7,451	7,502

（資料）財務省「貿易統計」をもとに農林水産省作成。

和食・日本酒と観光　第7章

表7-4　農林水産物・食品の輸出実績品目別内訳（2016年）

単位：億円，（　）内：％

農産物	加工食品	2,355（31.4）
	畜産品	510（6.8）
	穀物等	378（5.0）
	野菜・果実等	377（5.0）
	その他農産物	973（13.0）
	農産物計	4,593（61.2）
林産物		268（3.6）
水産物	水産物（調整品除く）	1,954（26.0）
	水産調整品	686（9.1）
	水産物計	2,640（35.2）
農林水産物		7,502（100.0）
総輸出額		700,358

（資料）農林水産省（2017）「平成28年農林水産物・食品の輸出実績（品目別）」より筆者作成。

多い。北米は1,149億円で15.3％，ヨーロッパは486億円で6.5％，その他は328億円で4.4％である（表7-5参照）。

　前述したように，世界の食の市場規模は2009年の340兆円から2020年には680兆円に拡大すると予想されている。政府が2013年6月14日に発表した「日本再興戦略」[19]は，農林水産物・食品の輸出額を2009年の4,500億円から2020年に1兆円にするとの目標を掲げている。政府はこの目標実現のため，①世界の料理界で日本食材の活用推進（Made FROM Japan），②日本の「食文化・食産業」の海外展開（Made BY Japan），③日本の農林水産物・食品の輸出（Made IN Japan；表7-6参照）を図るFBI戦略による食文化・食産業のグローバル展開に取り組むとしている。

日本産酒類販売（消費）数量，輸出金額

　日本食レストランの海外進出，日本食の認知度の向上に伴って，日本酒を嗜む人たちが増加している。国内の酒類販売（消費）数量は，平成のピークを記録した1996年度の965.7万klと比べると2015年度には847.6万klとなり，

表7-5 農林水産物・食品の輸出額の国・地域別内訳（2016年）

単位：億円，（　）内：％

アジア	香　　港	1,853	(24.7)
	台　　湾	931	(12.4)
	中　　国	899	(12.0)
	韓　　国	511	(6.8)
	タ　　イ	329	(4.4)
	ベトナム	323	(4.3)
	シンガポール	234	(3.1)
	その他	459	(6.1)
	アジア計	5,539	(73.8)
北　米	アメリカ	1,045	(13.9)
	その他	104	(1.4)
	北米計	1,149	(15.3)
ヨーロッパ	Ｅ　Ｕ	423	(5.6)
	その他	63	(0.8)
	ヨーロッパ計	486	(6.5)
その他		328	(4.4)
合　　計		7,502	(100.0)

（資料）農林水産省（2017）「平成28年農林水産物・食品の輸出実績（国・地域別）」より筆者作成。

12.2％減少している[20]。酒類の販売（消費）数量に占める日本酒の構成比率を見ると，1989年度には15.7％を占めていたが，その後は年を追うごとにシェアが低下し，2015年度は6.6％にすぎない[21]。一方，酒類の輸出は活発に展開されており，輸出金額は2005年の約118億円から2015年には約390億円へ3.3倍の増加となっている。また，日本酒の輸出金額は，2005年の約53億円（酒類全体に占める割合は，45.4％）から2015年の約140億円（同35.9％）へ2.6倍の増加となっている（表7－7参照）。

　日本産の酒類の輸出金額（2016年）を品目別に見ると，日本酒が36.2％で最大のシェアを占めており，その後にウイスキー（25.2％），ビール（22.1％），リキュール（9.8％），焼酎等（4.5％）が続いている。酒類の輸出金額の国・地

表7-6 農林水産物・食品の国別・品目別輸出戦略

品　目	2012年（億円）A	2020年（億円）B	倍率（B/A）	国別・品目別輸出戦略
加工食品	1,300	5,000	3.8	「食文化・食産業」の海外展開に伴う日本からの原料調達の増加など（EU, ロシア, 東南アジア, 中国, 中東, ブラジル, インドなど）
コメ・コメ加工品	130	600	4.6	現地での精米や外食への販売，コメ加工品（日本酒等）の重点化など（台湾，豪州，EU, ロシアなど）
花き	80	150	1.9	産地間連携による供給体制整備，ジャパン・ブランドの育成など（EU, ロシア, シンガポール, カナダなど）
青果物	80	250	3.1	新規市場の戦略的な開拓，年間を通じた供給の確立など（EU, ロシア, 東南アジア, 中東など）
牛肉	50	250	5.0	欧米での重点プロモーション，多様な部位の販売促進など（EU, 米国, 香港, シンガポール, タイ, カナダ, UAEなど）
茶	50	150	3.0	日本食・食文化の発信と合わせた売り込み，健康性のPRなど（EU, ロシア, 米国など）
林産物	120	250	2.1	日本式構法住宅普及を通じた日本産木材の輸出など（中国, 韓国など）
水産物	1,700	3,500	2.1	ブランディング，迅速な衛生証明書の発給体制の整備など（EU, ロシア, 東南アジア, アフリカなど）
その他	990			
合計	4,500	10,150	2.3	

（資料）農林水産省食料産業局輸出促進グループ（2014）「農林水産物・食品の輸出促進対策の概要」12ページ．

域別の順位は，表7-8を見ると，品目別に異なっているのが明らかである。次に，日本酒の国・地域別輸出金額（2016年）で見ると，第1位アメリカ33.3％，第2位香港16.9％，第3位韓国10.0％で，これら3カ国・地域で60.2％を占めている。金額の全体に占めるシェアが数量のそれを上回っているアメリカと香港へは，高価格の吟醸酒や純米酒といった「特定名称酒」（参考資料7-1参照）が輸出されている（表7-9参照）。

表7-7 日本産酒類販売（消費）数量，輸出金額の推移

項目別		年度別	2005	2006	2007	2008	2009	2010	2011	2012	2013	2014	2015
酒類販売（消費）数量（千kl）	日本酒（％）		719 (8.0)	688 (7.8)	664 (7.6)	632 (7.4)	612 (7.2)	589 (6.9)	601 (7.1)	593 (6.9)	581 (6.8)	557 (6.7)	556 (6.6)
	酒類		9,012	8,856	8,761	8,519	8,537	8,515	8,501	8,538	8,591	8,331	8,476
酒類輸出金額（百万円）	日本酒（％）		5,339 (45.4)	6,105 (43.6)	7,048 (44.8)	7,676 (45.8)	7,184 (46.7)	8,500 (47.6)	8,776 (46.1)	8,946 (43.3)	10,524 (41.9)	11,507 (39.2)	14,011 (35.9)
	酒類		11,754	14,014	15,720	16,771	15,399	17,857	19,033	20,660	25,097	29,351	39,029

注）（ ）内は，酒類全体に占める日本酒の割合（％）を示す。
（資料）国税庁課税部酒税課（2017）「酒のしおり」45ページ，内閣府知的財産戦略推進事務局（2017）「最近の日本産酒類輸出動向について」1ページより筆者作成。

表7-8 日本産酒類品目別輸出金額（2016年）

金額：百万円，（ ）内：％

品目	金額	第1位	第2位	第3位
日本酒	15,581 (36.2)	アメリカ 5,196 (33.3)	香港 2,630 (16.9)	韓国 1,562 (10.0)
ビール	9,489 (22.1)	韓国 5,351 (56.4)	台湾 1,286 (13.6)	アメリカ 832 (8.8)
ウイスキー	10,844 (25.2)	アメリカ 2,865 (26.4)	フランス 2,306 (21.3)	オランダ 1,346 (12.4)
リキュール	4,211 (9.8)	台湾 1,078 (25.6)	香港 727 (17.3)	アメリカ 708 (16.8)
焼酎等	1,954 (4.5)	中国 435 (22.3)	アメリカ 412 (21.1)	ベトナム 171 (8.8)
その他	917 (2.1)	アメリカ 195 (21.3)	台湾 146 (15.9)	韓国 126 (13.7)
合計	42,997 (100.0)	アメリカ 10,209 (23.7)	韓国 7,555 (17.6)	台湾 4,634 (10.8)

（資料）日本産酒類の輸出促進連絡会議（2017）「日本産酒類の輸出促進に向けた課題及び対応方針について」16ページ。

和食・日本酒と観光　第7章

表7-9　日本酒の国・地域別輸出金額・数量（2016年）

（　）内：％

項目別 順位別	国・地域	金額（百万円）	国・地域	数量（kl）
第1位	アメリカ	5,196（33.3）	アメリカ	5,107（25.9）
第2位	香　港	2,630（16.9）	韓　国	3,695（18.7）
第3位	韓　国	1,562（10.0）	台　湾	2,096（10.6）
第4位	中　国	1,449（9.3）	中　国	1,910（9.7）
第5位	台　湾	931（6.0）	香　港	1,877（9.5）
第6位	シンガポール	601（3.9）	カナダ	576（2.9）
第7位	カナダ	381（2.4）	シンガポール	509（2.6）
第8位	オーストラリア	362（2.3）	タ　イ	461（2.3）
第9位	イギリス	323（2.1）	オーストラリア	409（2.1）
第10位	ベトナム	287（1.8）	ベトナム	390（2.0）
	その他	1,859（11.9）	その他	2,707（13.7）
	合　計	15,581（100.0）	合　計	19,737（100.0）

（資料）日本産酒類の輸出促進連絡会議（2017）「日本産酒類の輸出促進に向けた課題及び対応方針について」17ページ，内閣府知的財産戦略推進事務局（2017）「最近の日本産酒類輸出動向について」2ページより筆者作成。

日本の農林水産物・食品の輸出拡大策

　日本食レストランの海外進出，日本食ブームにより海外での日本の農林水産物・食品の認知度は向上しつつある。この好機をとらえて，日本の農林水産物・食品の輸出拡大[22]を図るには，第1に，モノを輸出して外貨を稼ぐだけでなく，日本の食文化を包摂する日本文化も合わせて輸出するという意識を持つことが重要である。日本の食文化を包摂する日本文化を海外の人たちに知ってもらうためには，インバウンド観光振興を意図する観光庁の「ビジット・ジャパン事業」やクリエイティブ産業に食，観光も含めて海外への浸透を図ろうとする経済産業省の「クール・ジャパン戦略」との連携を図る必要がある。第2に，日本食に関心のある人は，日本酒にも関心を示す可能性が高いと考えられるので，日本酒の知識の普及・試飲や日本食との相性（マリアージュ＜mariage＞）のよい日本酒の提案（図7-1参照）などを積極的に推進する必要がある。「地球に食料を，生命にエネルギーを」をテーマにした「2015年ミ

ラノ国際博覧会」[23]（ミラノ万博）は，イタリアのミラノで2015年5月1日から10月31日まで開催された。7つのサブテーマの1つに「食と文化」があり，日本は「Harmonious Diversity —共存する多様性—」をテーマに参加した。ミラノ万博は日本食・日本食文化を世界に情報発信する好機であった。第3に，和食の基礎的知識，調理技術，日本文化の基礎的知識を体系的に習得した料理人を「食の伝道師」[24]として育成し，国内で日本人の指導にあたるとともに海外から外国人の料理人を招いて指導するほか，海外の日本食レストランの料理人の指導を行い，日本食・食文化の普及に努める必要がある。NPO法人日本料理アカデミー[25]（京都市，2004年発足）は，日本食・食文化の普及・啓発活動の一環として，世界の誰でも読んでわかる日本料理を体系的に解説した「日本料理大全」のプロローグ巻の英語版を2015年6月，日本語版を同年12月に刊行し，その後本編（技術編）を順次，刊行中である。

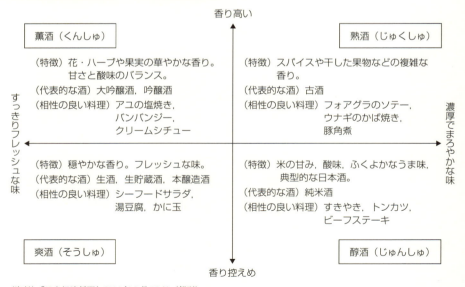

図7-1 日本酒の味と香りによる分類

（資料）『日本経済新聞』2014年2月15日（朝刊）。

4　インバウンド観光と日本食，酒蔵ツーリズム

インバウンド観光と日本食

　旅行者にとって旅先でのおいしい食事は，観光の魅力の１つである。とりわけ，外国人旅行者の場合は，これまでに味わったことのないおいしい料理に出合ったときには，その国（地域）の魅力に惹き付けられることになる。日本貿易振興機構（ジェトロ）が７カ国・地域（中国・香港・台湾・韓国・アメリカ・フランス・イタリア）の消費者に好きな外国料理のアンケート調査を実施したところ，「日本料理」はアメリカ（第３位）を除く６カ国・地域で第１位であった（表７－10参照）。海外で日本食（日本料理）の人気が高いことは喜ばしいことである。

表7-10　7カ国・地域別「好きな外国料理」

(n＝)は，回答個数

国・地域別 \ 順位別		第1位	第2位	第3位	第4位	第5位
全　国 (n=11,139)		日本料理 21.1	イタリア料理 12.8	タイ料理 10.5	中国料理 9.3	韓国料理 8.5
国・地域名	中　国 (1,547)	日本料理 25.2	韓国料理 19.8	フランス料理 13.6	イタリア料理 13.1	タイ料理 10.7
	香　港 (1,535)	日本料理 25.0	韓国料理 17.4	タイ料理 16.5	イタリア料理 12.4	アメリカ料理 6.8
	台　湾 (2,044)	日本料理 19.2	イタリア料理 13.3	タイ料理 13.3	アメリカ料理 11.8	フランス料理 10.6
	韓　国 (1,411)	日本料理 25.7	中国料理 22.5	イタリア料理 15.2	アメリカ料理 12.0	インド料理 7.4
	アメリカ (1,710)	イタリア料理 15.5	中国料理 15.0	日本料理 14.7	メキシコ料理 13.5	タイ料理 9.7
	フランス (1,895)	日本料理 17.4	イタリア料理 15.1	中国料理 14.6	タイ料理 10.0	メキシコ料理 9.7
	イタリア (997)	日本料理 23.8	中国料理 19.1	メキシコ料理 11.7	スペイン料理 11.4	インド料理 7.2

注）複数回答としており，総回答数（11,139）に対する回答個数の割合（％）を示した。
（資料）日本貿易振興機構（ジェトロ）農林水産・食品調査課（2013）「日本食品に対する海外消費者意識アンケート調査（中国，香港，台湾，韓国，米国，フランス，イタリア）7カ国・地域比較」14ページより筆者作成。

ベジタリアン

　2013年の訪日外国人旅行者数は1,036万人となり，はじめて1,000万人の大台を超えた。政府はわが国で2回目の東京オリンピック・パラリンピック競技大会が開催される2020年には訪日外国人旅行者数4,000万人の目標を掲げている。訪日外国人すべてに日本食を満足して受け入れてもらうためには，各国・地域により食文化・食習慣が異なること，宗教上の食事の制約や個人的な嗜好があることへの配慮が必要である。訪日外国人のなかには，料理や食材に関して，①健康上の理由で，「食べることができないもの」，②宗教上の教義や信念に関する理由で「食べてはいけないもの」，③個人の主義や嗜好に関する理由で「食べたくないもの」[26]があると考えられる。よく知られているベジタリアン[27]（vegetarian）は，「命を奪う，もしくは傷つけて得られる食品を食べない人」という意味であり，インドでは国民の半数以上，イギリスでは2割弱，台湾では約1割を占めている。ベジタリアンは，①乳製品〔・蜂蜜〕は食べるが，肉類・魚介類・卵は食べない「ラクト・ベジタリアン」，②乳製品と卵は食べるが，肉類・魚介類〔・蜂蜜〕は食べない「オボ・ベジタリアン」，③魚介類は食べるが，肉類〔・卵〕は食べない「ペスコ・ベジタリアン」，④鶏肉は食べるが，鶏肉以外の肉類は食べない「ポーヨー・ベジタリアン」，⑤地下茎野菜や果物だけを食べる「フルータリアン」，⑥最も厳格なベジタリアンで，一切の動物性食品（肉類・魚介類・乳製品・卵など）のほか，蜂蜜も食べず，革製品などの動物から得られる製品も使用しない「ヴィーガン」（vegan）に分類されている。国際ベジタリアン連合（The International Vegetarian Union，略称IVU，1889年設立，本部・イギリス）では，植物性食品に加えて乳製品と卵の両方を食べてよい「ラクト・オボ・ベジタリアン」を基本的なベジタリアンと認めている。

イスラム教徒とハラル食品

　ベジタリアンのほかに宗教上の教義や信念によって食に対する禁止事項（表7-11参照）が定められている場合がある。たとえば，イスラム教徒は，「ハラルミール」[28]（イスラム法＜シャリーア＞に従って適切な処理を施した食材）

表7-11 ベジタリアンと宗教別の食に対する禁止事項

宗教別＼事項別	食に対する禁止事項	問い合わせ先
ベジタリアン	肉全般，魚介類全般，一部ではあるが乳製品，一部ではあるが，根菜・球根類などの地中の野菜類，一部ではあるが五葷（ごくん：ニンニク，ニラ，ラッキョウ，タマネギ，アサツキ）	特定非営利活動法人日本ベジタリアン協会
イスラム教	豚，アルコール，血液，宗教上の適切な処理が施されていない肉，ウナギ，イカ，タコ，貝類，漬物などの発酵食品	イスラミックセンター・ジャパン，宗教法人日本ムスリム協会
仏　教	一部ではあるが肉全般，一部ではあるが牛肉，一部ではあるが五葷（ごくん：ニンニク，ニラ，ラッキョウ，タマネギ，アサツキ）	
キリスト教	一部ではあるが肉全般，一部ではあるがアルコール類，コーヒー，紅茶，お茶，タバコ	
ユダヤ教	豚，血液，イカ，タコ，エビ，カニ，ウナギ，貝類，ウサギ，馬，宗教上の適切な処理が施されていない肉，乳製品と肉料理の組み合わせなど	日本ユダヤ教団
ヒンドゥー教	肉全般，牛，豚，魚介類全般，卵，生もの，五葷（ごくん：ニンニク，ニラ，ラッキョウ，タマネギ，アサツキ）	
ジャイナ教	肉全般，魚介類全般，卵，根菜・球根類などの地中の野菜類，蜂蜜	

（資料）国土交通省総合政策局観光事業課（2008）「多様な食文化・食習慣を有する外国人客への対応マニュアル」67-93ページより筆者作成。

しか食べることができず，ハラルミールを扱う店の調理場，調理器具は，ハラルミール以外は一切扱うことができない。世界のイスラム教徒の人口[29]は2013年現在約16億人で，その内訳はアジア10.8億人，アフリカ4.6億人，ヨーロッパ0.4億人，その他0.1億人であり，アジアのイスラム教徒の人口は世界全体の67.6％を占めている。2013年に日本を訪れたイスラム教徒は約30万人[30]で，訪日外国人旅行者数（1,036万人）に占める割合（2.9％）はまだ小さい。しかし，世界のイスラム教徒の人口は増加傾向にあり，2030年には22億人になると推計されている。わが国が適切な受け入れ体制を整備すれば，イスラム教徒の訪日旅行者数の増加とイスラム教徒向けのハラル食品の市場拡大（2012年のイスラム教徒向け食品の国内市場は，約1,177億円である）を期待することができる。訪日イスラム教徒に食事を提供する場合，イスラム教徒の

戒律に沿った「ハラル食品」の認証を得る必要があるが，ハラル認証[31]には国際的な統一基準がなく，トラブルの原因となっている。そのため，政府は内閣官房に経済産業省，外務省，農林水産省，観光庁などで構成する「ハラル対応チーム」[32]を設置し，国内の飲食店が提供する食品が，イスラム教徒が飲食できる基準に合格しているかを厳格に調査することになった。旅先でのおいしい食事は観光の魅力の1つであるが，逆にまずい食事は観光の魅力を削ぐことになる。わが国の飲食提供者は訪日外国人旅行者の多様な食文化・食習慣をよく理解し，日本の食事を楽しんでもらう環境づくり[33]をする必要がある。

日本食の認知度向上と日本酒の需要増加

1970年代の寿司ブーム，1980年代の日本食ブームがあり，2003年に全米のすべての州で日本食レストランが開店したアメリカでは，日本食の認知度の向上とともに日本酒の需要が増加している。しかしながら，アメリカでは全体的に日本酒の認知度はまだ低く，パーティーなどで日本食レストランへ行ったときなどの「特別な時に飲む酒」[34]と位置づけられており，「銘柄を『指名買い』する」[35]知識は普及していない。さらに，日本酒ソムリエ（sommelier）は，ワインのソムリエほどには認知されていないため，「日本酒の味わいや，料理の相性，楽しみ方が十分浸透していない」[36]のが現状である。

酒蔵ツーリズム

日本酒の輸出金額，輸出量とも第1位のアメリカですら，日本酒の普及は「発展途上の段階」[37]である。外国で日本酒の認知度向上，普及浸透を図るためには，第1に海外見本市や商談会へ積極的に参加し，日本酒の特徴・種類，製造工程，歴史，日本の酒文化などの日本酒に関する知識の啓蒙活動を実施する必要がある。一例を挙げれば，毎年ロンドンで開催される世界最大のワインコンテストであるインターナショナル・ワイン・チャレンジ（International Wine Challenge，略称IWC）に2007年から日本酒（Sake）部門[38]が創設され，日本酒は世界の人々に広く知られるようになってきている。第2に，日本食と日本酒の相性を提案できる日本酒ソムリエの人材育成が急務である。さら

に，外国人の味覚や食感に受け入れられるような日本酒を使用した日本酒カクテル[39]，スパークリング日本酒（表7－12参照），日本酒スイーツ（表7－13参照）などを開発し，提案することも必要である。第3に，日本酒に関心を持つ訪日外国人に日本食（郷土料理）と日本酒（地酒）の飲食を通して日本の酒文化への理解を深めてもらうことである。わが国では酒蔵と関連した観光資源の情報収集，訪日外国人向けの酒蔵をテーマにした旅行商品の開発・普及などの酒蔵ツーリズムの振興を図り，地域の魅力の発信と地域活性化につなげ

表7－12　スパークリング日本酒一覧

商品名	酒造会社名	本社所在地	アルコール度数	特徴
FLOWER SNOW	西田酒造店	青森市	16度	青森県産の酒造りに適した米「華吹雪」に八甲田山系の地下水と自社の酵母を加えて熟成させた。にごり部分を酒の重量比で2～3割にとどめているため，のど越しも良い。
梵　プレミアムスパークリング	加藤吉平商店	鯖江市（福井県）	16度	生きた酵母ごと瓶詰めして瓶内で発酵させ，さらに10か月以上マイナス8度の氷温熟成庫で寝かせてから出荷する。酸味と甘味のバランスが良く，チーズなどとも相性が良い。
獺祭スパークリング	旭酒造	岩国市（山口県）	15度	純米大吟醸酒を瓶内二次発酵させた濁り酒。保管や飲むのに適した温度は摂氏2～5度。フルーツやグラタンなどとも相性が良い。
発泡純米酒ねね	酒井酒造	岩国市（山口県）	5度	山口県産の米「日本晴」を70%に磨いてつくった純米酒を瓶内で二次発酵させる。洋梨のような風味がある。
MIZUBASHO PURE	永井酒造	川場村（群馬県）	13度	兵庫県産の米「山田錦」と武尊山の地下水を使い，瓶内二次発酵させる。刺身など生もののほか，チーズや味噌など発酵系食品にも合う。
八海山発泡にごり酒	八海醸造	南魚沼市（新潟県）	14.5度	酒造りに適した米「五百万石」と，八海山のこだわりの水を使用している。炭酸ガスを加え，飲み口のすっきり感をより強く打ち出している。キリッとした味わいがある。
月の桂吃驚仰天	増田徳兵衛商店	京都市	8度	日本酒らしさを保ちつつ，アルコール度数は低めで，ヤギの乳で作るシェーブルチーズやモッツァレラチーズに合う。
発泡清酒ラシャンテ	鈴木酒造店	大仙市（秋田県）	8度	もち米の系統をひく米「あきたこまち」を使っているため独特の甘味がある。酵母の働きを止めて瓶詰めし，炭酸ガスを充填しており，すっきり感がある。
奥の松純米大吟醸スパークリング	奥の松酒造	二本松市（福島県）	11度	50%まで精米した食米の「めんこいな」に，さわやかな酸味を生む特徴のある酵母を使った。米の味を感じられるキレが良い。
本生にごり酒スパークリング大自然	宮島酒店	伊那市（長野県）	17.5度	米は信州伊那谷で農薬使用を抑えて栽培したものを使い，純米吟醸生原酒を瓶内二次発酵させている。白く沈んだ澱は多めで，濁り酒の中では発泡性も強い。

（資料）「スパークリング日本酒で乾杯！！」（NIKKEIプラス1）『日本経済新聞』2014年3月8日（朝刊）。

表7-13 兵庫県西宮市内洋菓子店の日本酒スイーツ

日本酒スイーツ名称	日本酒スイーツのレシピ	洋菓子店名
酒かす焼ドーナツ	生地に酒かすを加え，カットしたオレンジを入れる	西北菓子工房シェ・イノウエ
大吟醸フロマージュ	大吟醸の酒かすとクリームチーズを合わせて焼き上げたチーズケーキ	ラ・バニーユ
灘マロンケーキ	アーモンド風味のケーキ生地に日本酒に漬け込んだマロングラッセを混ぜて焼き上げる	パティシエ　エイジ・ニッタ
吟醸大納言アイス	酒かすと吟醸酒を使ったアイスに大納言小豆を加えたジェラート	
冷やし　甘酒プリン	プリンに酒かすとおろしショウガを合わせ，甘酒のような味に仕上げる	シバエモン
純米大吟醸ケーキ	大吟醸シロップをたっぷり染み込ませたバターケーキ	ケーキハウス　ツマガリ

（資料）『朝日新聞』2012年10月29日（夕刊）．

る[40]ことを目的として，酒造業界，観光業界，地方自治体などが「酒蔵ツーリズム推進協議会」を2013年3月26日に発足させた。同協議会では，日本酒造組合中央会および各空港会社[41]が実施主体となって2013年10月から2014年3月まで成田・羽田・中部・関西の4つの国際空港の免税エリア内にキャンペーンブースを設置し，訪日外国人を対象に日本酒・焼酎の試飲によるPRを実施した。観光庁は，酒蔵ツーリズム推進の観点からASEAN（東南アジア諸国連合）を対象とした旅行会社向け視察招請事業[42]の一環として，インドネシア，マレーシアの旅行会社（計9名）を2013年5月11日〜16日まで招いた際に郡上エリア（岐阜県）の酒蔵見学を旅行日程に取り入れた。このように，官民一体となった海外からの酒蔵ツーリズム客の誘致促進事業が実施されている。

5　和食・日本酒と観光の課題と展望

　和食は人々の往来と文物の交流によって他国の食文化を受容し，時代とともに変化してきた。和食の基本型は，ご飯と味噌汁と漬物に主菜一品と副菜二品から成るいわゆる一汁三菜である。和食の特質は，うまみやだしの文化，調味料と調理法，一汁三菜の構造，三大栄養素の適正な摂取バランスにある。現在，世界中に多数の日本食レストランが進出しているが，日本食が現地に定着するには，和食の基本型を守りつつ，異文化に受け入れられる味覚や食感を追求し，

ハイブリッドな，プログレッシブな料理に変換する力がなければならない。

　わが国の人口は2008年以降減少傾向にあり，食の市場規模も減少傾向にある。一方，世界の食の市場規模は2009年に比べて2020年には2倍に拡大すると予想されており，日本の農林水産物・食品の輸出は年々拡大傾向にある。日本の農林水産物・食品の輸出拡大を図るには，農林水産物・食品というモノの輸出を通して日本の食文化を包摂する日本文化も合わせて輸出するという意識を持つことが重要である。さらに，食品や酒類に関する国際博覧会や見本市があれば積極的に参加すること，日本食・食文化の普及・啓発活動のため和食の料理人の人材育成に努めることが必要である。

　旅行者にとって旅先でのおいしい食事は，観光の魅力の1つである。訪日外国人旅行者のなかには，健康上の理由，宗教上の教義や信念に関する理由，個人の主義や嗜好に関する理由で食事に制約を抱えている人たちがいる。そのため，飲食提供者は訪日外国人の多様な食文化・食習慣をよく理解し，日本の食事を楽しんでもらう環境づくりをする必要がある。海外への日本食レストランの進出に伴う日本食の認知度の向上とともに日本酒の需要は増加しているが，日本酒の輸出金額，輸出量とも第1位のアメリカですら日本酒の普及は発展途上の段階である。外国で日本酒の認知度向上，普及浸透を図るためには，日本酒に関する知識の啓蒙活動を実施するとともに，日本食と日本酒の相性を提案できる日本酒ソムリエの人材育成が急務である。また，日本酒に関心を持つ訪日外国人向けの酒蔵をテーマにした旅行商品の開発・普及を図り，日本の酒文化への理解を深めてもらうことも必要である。

注

1）熊倉功夫（2007）『日本料理の歴史』吉川弘文館，7-127ページ。
2）原田信男「日本食の歴史」（熊倉功夫編（2012）『和食〜日本人の伝統的な食文化〜』農林水産省，所収）13-28ページ。
3）熊倉功夫「日本の伝統的食文化としての和食」（熊倉功夫編，前掲報告書，所収）10ページ。
4）日本食文化の世界無形遺産登録に向けた検討会（2012）「日本食文化の無形文化遺産記載提案書の概要」1ページ。

5) 原田信男（2005）『和食と日本文化』小学館，232ページ，永山久夫（2012）『なぜ和食は世界一なのか』（朝日新書）朝日新聞出版，140-141ページ，熊倉功夫編，前掲報告書，6ページ。
6) 辻芳樹（2013）『和食の知られざる世界』（新潮新書）新潮社，51-52ページ。
    * ギミック（gimmick）とは，「いかさま」，「でたらめ」という意味である。
    ** ハイブリッド（hybrid）とは，「雑種の」，「混成の」という意味である。
    *** プログレッシブ（progressive）とは，「進歩的」という意味である。
7) 同上書，48ページ。
8) 同上書，50ページ。
9) 「食の都・大阪」推進会議大阪食彩ブランドプロジェクトチーム（2008）「大阪食彩ブランドプロジェクトチーム報告書～食の都の復権をめざして～」16ページ。
10) 辻芳樹，前掲書，55ページ。
11) 熊倉功夫「おわりに」（熊倉功夫編，前掲報告書，所収）120ページ。
12) 木村尚三郎「食の思想史」（石毛直道編（1980）『食の文化シンポジウム'80 人間・たべもの・文化』平凡社，所収）157-158ページ。
13) 農林水産省（2013）「日本食・食文化の普及について」1ページ。
14) ジャン・ヴィトー著，佐原秋生訳（2008）『ガストロノミ』（文庫クセジュ）白水社，13ページ。
15) 日本貿易振興機構（ジェトロ）産業技術・農林水産部（2007）「日本産食品の対米輸出拡大策に関する調査」4-5ページ。
16) 同上報告書，12ページ。
17) 日本貿易振興機構（ジェトロ）農林水産部（2010）「平成21年度 米国における日本食レストラン動向」1-5ページ。
18) 同上報告書，19ページ。
19) 閣議決定（2013）「日本再興戦略」82ページ。
20) 国税庁課税部酒税課（2017）「酒のしおり」45ページ。
21) 同上資料，3ページ。
22) 農林水産物・食品輸出戦略検討会（2011）「農林水産物・食品輸出の拡大に向けて」13-15ページ。
23) 経済産業省・農林水産省（2013）「2015年ミラノ国際博覧会について」7-13ページ。
24) 内閣官房 第4回クールジャパン推進会議（2013）「クールジャパン発信力強化のためのアクションプラン」14ページ。

25) 村田吉弘「和食文化の伝道師⑤」『日本経済新聞』2014年6月20日（夕刊）。
26) 国土交通省総合政策局観光事業課（2008）「多様な食文化・食習慣を有する外国人客への対応マニュアル」18ページ。
27) 同上資料，67ページ。〔 〕内，筆者加筆。
28) 同上資料，74ページ。「ハラル」（または「ハラール」）とは，コーランを最も重要な法源とするイスラム法（シャリーア）において，「合法である」，「許可された」という意味の言葉である（財団法人自治体国際化協会シンガポール事務所（2014）「イスラム圏からの観光客誘致～東南アジアのムスリム観光客を日本へ～」『CLAIR REPORT』No.393, 9ページ）。
29) 店田廣文（2015）「イスラーム教徒人口の推計2013年」『IMEMGS Research Papers：Muslims in Japan』（早稲田大学）No.14, 5-10ページ。
30) 『日本経済新聞』2014年4月29日（朝刊）。
31) 『日本経済新聞』2014年6月22日（朝刊）。
32) 『日本経済新聞』2014年8月5日（朝刊）。
33) 国土交通省，前掲資料，3-4ページ。
34) 日本貿易振興機構（ジェトロ）農林水産部（2009）「平成20年度食品規制実態調査　米国における日本酒市場の動向と諸規制」9ページ。
35) 日本貿易振興機構（ジェトロ）農林水産・食品部サンフランシスコ事務所（2012）「平成23年度　米国ベイエリアにおける日本酒の消費実態調査」21ページ。
36) 同上報告書，26ページ。
37) 日本貿易振興機構（ジェトロ）農林水産部（2009），前掲報告書，9ページ。
38) 内閣官房　第2回日本産酒類の輸出促進連絡会議（2013）資料4－4「外務省提出資料」2ページ。
39) たとえば，酒ピナコラーダ（ココナッツジュースベース），酒ダイキリ（レモンサワーベース），酒トロピカーナ（フルーツカクテルジュースベース）などがある（日本貿易振興機構（ジェトロ）農林水産・食品部サンフランシスコ事務所，前掲報告書，25ページ）。
40) 観光庁　第1回酒蔵ツーリズム推進協議会（2013）資料1「『酒蔵ツーリズム推進協議会』の役割について」3ページ。
41) 内閣官房　第2回日本産酒類の輸出促進連絡会議（2013）資料4－7「観光庁説明資料」1ページ。
42) 同上資料，3ページ。

参考資料7-1 特定名称酒の分類

	特定名称	使用原料	精米歩合	麹米使用割合	香味などの要件
純米系	純米大吟醸酒	米，米麹	50％以下	15％以上	吟醸造り 固有の香味，色沢が特に良好
	純米吟醸酒		60％以下		吟醸造り 固有の香味，色沢が良好
	純米酒		―		香味，色沢が良好
	特別純米酒		60％以下または特別な製造方法（要説明表示）		香味，色沢が特に良好
醸造アルコール使用系	大吟醸酒	米，米麹醸造アルコール（白米の10％以下）	50％以下	15％以上	吟醸造り 固有の香味，色沢が特に良好
	吟醸酒		60％以下		吟醸造り 固有の香味，色沢が良好
	本醸造酒		70％以下		香味，色沢が良好
	特別本醸造酒		60％以下または特別な製造方法（要説明表示）		香味，色沢が特に良好

注）1.「吟醸造り」とは，よりよく精米した白米を低温でゆっくり発酵させ，かすの割合を高くして，特有の芳香（吟香）を有するように醸造することをいう。
　　2.「特別」とは，「長期低温発酵」など，蔵元が製造上で特別な工夫をしている酒をいう。
（資料）国税庁課税部酒税課（2017）「酒のしおり」60-61ページ，『日本経済新聞』2014年2月15日（朝刊）。

第8章 統計制度改革と観光統計

　統計は経済，社会の構造を把握するために不可欠である。統計は社会の発展を支える基礎であり，特定の立場や利益に偏らないという「中立性」，継続的に調査され，公表されるという「継続性」，時代の求めるニーズに即応して統計の改廃を実施するという「機動性」が求められる。わが国の統計は，農林水産業統計の充実ぶりに比べてサービス業統計の整備は不十分である。とりわけ，観光統計は，標本数が少なく，包括的な統計が存在しないため，精密な分析ができないのが現状である。

　個々の統計を支える基盤である統計制度には，中央統計局で集中的に統計を作成する「集中型」と各府省で統計を作成する「分散型」がある。わが国が採用している分散型統計機構は，各府省の政策ニーズに直結して機動的に対処しやすいというメリットがある一方で，各府省間で統計の重複や欠落が生じやすく，体系的な統計整備が実施しにくいというデメリットがある。そのため，分散型統計機構の下で統計体系の整備を進めるためには，同機構の中核となる統計組織である司令塔機能の強化が必要とされる。さらに，統計に関する基本法としての統計法も産業構造の変化，統計調査環境の変化，統計利用者のニーズの変化などに適切に対応しなければならない。

　本章は，統計制度改革の経緯と統計法改正の背景・意義について論述した後，観光統計整備の現状と今後の方向性を明らかにすることを目的としている。

1　統計制度改革の経緯

統計の機能

　統計は国や社会の姿を映し出す「鏡」，進むべき方向を示す「羅針盤」であ

り，経済や社会のメカニズムを解明する「内視鏡」の機能[1]を果たしている。統計は行政にとっても，個人にとっても意思決定に不可欠の基礎情報であり，その意味ですべての国民にとっての共有財産[2]である。統計の基本的な特質である中立性，継続性，機動性が確保され，信頼性の高い統計がなければ，われわれは経済，社会の現状を正しく把握することはできない。わが国の統計は産業間でも整備の進んでいるものと，不備が目立つもののばらつきが見られる。さらに，作成された統計の利活用が進んでいないことや統計の作成を支える基盤である統計制度とわが国の統計に関する基本法である旧「統計法」（昭和22年法律第18号）が時代の変化や新たなニーズに対応できない「制度疲労」[3]が見られる。

統計制度改革

統計制度改革は，現行統計のこのような実態の反省を踏まえて，喫緊の課題となっていた。小泉純一郎内閣の下で改革第2段階におけるいわば「基本方針第2弾」として発表された「経済財政運営と構造改革に関する基本方針2002」（2002年6月25日閣議決定）では，2003年度からニーズの乏しい統計を廃止し，雇用や環境，新サービス産業や観光などの新成長分野等ニーズのある統計を抜本的に整備する[4]との方針を掲げている。

各府省統計主管部局長等会議が2003年6月27日に公表した「統計行政の新たな展開方向」でも，ニーズに即した新たな統計の整備を図る一方，既存の統計調査を見直し，ニーズの乏しい統計調査を廃止する等統計調査の整理合理化を進める[5]，と述べている。「経済財政運営と構造改革に関する基本方針2004」（2004年6月4日閣議決定）では，府省等別統計職員数で見た場合，農林水産省の統計職員が全体の74.5％[6]（2004年4月1日現在）を占めているという偏った要員配置等を含めて，既存の統計を抜本的に見直す一方，真に必要な分野を重点的に整備し，統計制度を充実させる[7]，との統計制度改革の方向性を示している。

上述の「基本方針2004」を受けて2004年11月に内閣府に設置された経済社会統計整備推進委員会は，「政府統計の構造改革に向けて」と題する報告書

を 2005 年 6 月 10 日に公表した。同報告書では，統計の改善は基礎事業中の基礎事業であることから，統計改革にあたっては，①「公共財」としての統計，②加工統計を含む統計体系の整備，③政府部内の「司令塔」機能の強化，④統計法制度の見直しを含む取り組みという基本的視点の下で，①産業構造の変化，②統計調査環境の変化，③統計情報の多様で高度な利用，④統計作成に係る各種リソース（人材，情報，技術等）の制約[8]に適切に対応する必要がある，と述べている。

「経済財政運営と構造改革に関する基本方針 2005」（2005 年 6 月 21 日閣議決定）では，「基本方針 2004」に基づいて，経済社会の実態を的確にとらえる統計を整備するとともに，統計制度の改革を推進し，次の取り組みを進める[9]，としている。すなわち，

①統計整備に関する「司令塔」機能の強化等のために，統計法制度を抜本的に見直す。

②産業構造の変化等に対応した統計（経済活動を同一時点で網羅的に把握する経済センサス（仮称），サービス統計，観光統計等）を整備する。

③サービス統計等を整備するため，既存統計に係る要因の活用も視野に入れた組織体制の整備を検討する[10]。

①の「司令塔」機能とは，分散型統計機構において，（ⅰ）企画立案・調整機能，（ⅱ）基本的な統計の整備機能，（ⅲ）統計の基盤整備機能を合わせ持つ中核となる統計組織[11]のことである。

②の「経済センサス」（仮称）は，「同一時点における我が国全体の産業を対象とした包括的な産業構造統計」[12]である。経済センサス（仮称）が 2009 年に創設されるのに伴い，「事業所・企業統計調査」，「サービス業基本調査」，「商業統計調査」の大規模統計調査は廃止される。なお，「工業統計調査」は経済センサス（仮称）で調査する 2010 年を除き，毎年実施する[13]ことになっている。

わが国の統計の問題点

内閣府に 2005 年 9 月に設置された統計制度改革検討委員会は，「統計制度改

革検討委員会報告」を 2006 年 6 月 5 日に公表した。同報告では，現在のわが国の統計の問題点[14]として，

①社会が広く必要としているにもかかわらず未整備な統計が見られること
②行政記録の統計への活用が進んでいないこと
③現在の社会環境や統計に対するニーズ，情報通信技術の進展等を踏まえた統計の利活用が進んでいないこと
④統計行政の調整機能が能動的な役割を十分に果たしえていないこと

を指摘している。そして，同報告は現行統計が抱える諸問題を解決するために，統計制度改革[15]が喫緊の課題であるとして，

①公的統計の法制度の整備
②公的統計の基本原則の明確化
③公的統計の整備に関する基本的な計画の制度化
④「基幹統計」（仮称）とそれ以外の「一般統計」（仮称）に関する規律の整備
⑤行政記録を統計に活用するための規律の整備
⑥ビジネスフレーム（事業所・企業に関する共通の母集団情報）の整備
⑦統計データの二次的利用の促進，統計調査の民間委託に対応した規律の整備
⑧分散型統計機構の弊害を克服しうる「司令塔」の確立

を掲げ，「行政のための統計」から「社会の情報基盤としての統計」への転換を目指すとしている。

統計法制度の課題

総務省政策統括官（統計基準担当）の下に 2004 年 11 月に設置された統計法制度に関する研究会は，15 回の審議を経て「統計法制度に関する研究会報告書」を 2006 年 6 月 5 日に公表した。同研究会は，「統計調査の民間委託の推進」と「統計データの二次的利用の促進」という 2 つの課題について検討した。

「統計調査の民間委託の推進」[16]にあたっては，統計調査に対する国民の信

頼の確保が必要であることから，統計調査により収集された情報の保護と統計調査の適切な実施の観点から調査実施者に対して課している義務や罰則を統計調査の受託者に対しても適用する規定を整備することとした。

もう1つの検討課題である「統計データの二次的利用の促進」[17]にあたっては，秘密の保護・調査対象者の信頼確保等に十分配慮したうえで，統計データの利用の際の手続きの簡素化やオーダーメード集計の実施，匿名標本データの作成・提供等の新たな統計データの使用形態を制度化し，統計データの利用拡大を図るために必要な規定を整備することとした。

内閣府の統計制度改革検討委員会と総務省の統計法制度に関する研究会の各報告書が提出された後，「経済財政運営と構造改革に関する基本方針2006」（2006年7月7日閣議決定）では，①統計整備の「司令塔」機能の中核を成す組織を内閣府におき，基本計画の調査審議や内閣総理大臣等への建議等を行う統計委員会（仮称）として設置する方向で検討する，②統計法制度を抜本的に改革するための法律案を次期通常国会に提出する，③統計の構造改革の推進や市場化テストの導入・民間開放等により，既存の統計部門のスリム化を推進する[18]ことを決定した。

上述の「基本方針2006」に記されているように，現行の統計法に代わる統計法案（閣法第34号）は，2007年2月13日に閣議決定され，同日第166回国会に提出された。統計法案は，現行の統計法を全部改正するとともに，「統計報告調整法」[19]（昭和27年法律第148号）を廃止する内容であり，新「統計法」（平成19年法律第53号）は2007年5月23日に公布され，第1章（総則）および第5章（統計委員会）に関する規定が同年10月1日に施行され，それ以外の規定に関しては2009年4月1日に施行された。

旧「統計法」全面改正の意義

旧「統計法」が全部改正された意義[20]は，次の通りである。

第1に，旧「統計法」には統計体系の整理再編に関する規定はないが，新「統計法」では公的統計の整備に関する基本的な計画を原則5年ごとに策定することになり，新たな統計ニーズに遅滞なく対応する態勢がとられることにな

った。

　第2に，旧「統計法」は統計の作成面を規律しているものの，統計の社会における利用を目的に含んでいないが，新「統計法」ではオーダーメード集計の実施や匿名標本データの作成・提供への道が開かれた。

　第3に，旧「統計法」は調査統計に関する規定を中心としているため，業務統計・加工統計は指定統計となっていないが，新「統計法」では業務統計・加工統計であっても国民経済・国民生活，国の政策決定に重要な役割を担うと判断されれば，新設の「基幹統計」に指定されることもある。

新旧「統計法」の比較

　旧「統計法」と新「統計法」を表8－1により比較すると，次の相違が見られる。

　第1に，新「統計法」では新たに「基本理念」が明示された。

　第2に，旧「統計法」での指定統計，届出統計調査，承認統計調査の区分を廃止し，新「統計法」では基幹統計，一般統計調査，地方公共団体・独立行政法人等の行う統計調査に改めた。

　第3に，新「統計法」では調査票情報の二次利用，オーダーメード集計，匿名標本データの作成・提供ができるようにするとともに，調査情報等の提供を受けた者による情報等の適正な管理・守秘義務を定めた。

　第4に，分散型統計機構において「司令塔」機能の中核をなす組織として，旧「統計法」の下では総務省に「統計審議会」をおいたが，新「統計法」では内閣府に「統計委員会」を置いた。

統計制度改革と観光統計　第8章

表8-1　旧「統計法」と新「統計法」の比較

旧「統計法」		統計報告調整法	新「統計法」		
【目的】真実性確保，重複調査排除，体系整備，制度改善発達 1		報告負担軽減，事務能率化（1）	【目的】公的統計の体系的・効率的な整備及び有用性の確保，国民経済の健全な発展及び国民生活の向上 1		
			基本理念 3…体系的整備，中立性・信頼性確保，国民利用への提供，秘密保護 基本計画の策定…統計委員会意見聴取，閣議決定要求 4		
指定統計… 総務大臣指定 2，国勢調査 4 指定統計調査 3 規則制定の事前協議 3 申告命令と個人・法人の申告義務 5（拒否等に罰則 19） 要綱の事前承認 7 監査，改善勧告 9 統計官，統計主事 10 総務大臣が行う統計調査 11 統計調査員 12 立入検査，資料要求等の権限 13（妨害等に罰則 19） 実施者の行政機関等に対する協力要求 17 地方公共団体の指定統計調査事務処理 18 総務大臣の指定，承認権限の委任 18の3	届出統計調査… 政令指定，総務大臣に事前届 8	承認統計調査（統計報告の徴集）…国による10以上の個人・法人の調査（3） 総務大臣の事前承認（4） 承認の基準（5）…統計技術的合理性と他の承認統計調査との非重複 承認・不承認通知（6） 承認番号の明示（7） 違反統計報告徴集の中止・変更（10） 報告調整官（13） 権限の委任（14）	基幹統計… 国勢統計，国民経済計算，総務大臣の指定 5-7 基幹統計調査 2 事前承認 9 承認基準 20 調査の変更・中止 11 不適合の措置要求 12 報告要求と個人・団体の報告義務 13（拒否等に罰則 60・61） 統計調査員 14 立入検査，質問，資料要求権限 15（拒否，妨害，忌避等に罰則 61） 地方公共団体の基幹統計調査事務処理 16 誤認表示等による情報取得の禁止 17（罰則 57） 調査以外の方法による基幹統計作成の事前通知 26	一般統計調査… 行政機関が行う基幹統計調査以外の統計調査 19 総務大臣の事前承認 19 承認基準 20 調査の変更・中止 21 不適合改善要求 22	地方公共団体・独立行政法人等の行う統計調査…地方公共団体の事前届出 24 独立行政法人等の事前届出 25
結果の速やかな公表 16（公表前漏えい等罰則 19の2）			結果の速やかな公表，公表日等の公表，長期・体系的情報保存 8（公表前漏えいに罰則 58）	結果の速やかな公表，長期・体系的情報保存 23	
			総務大臣の事業所母集団データベース整備と利用 27 総務大臣の統計基準設定義務 28 行政記録情報の提供等協力要求 29，30		
			総務大臣による基幹統計作成機関への協力要求 31		
			調査票情報の統計作成・調査名簿作成等への二次利用 32 行政機関等による統計作成への調査票情報の提供 33 一般からの委託による統計作成（オーダーメード集計）34 匿名データの作成及び一般への提供 35，36 全部委託の場合の政令指定独立行政法人等への委託義務 37，検討 附17 手数料納付 38		
調査実施者の調査票等の適正管理義務 15の3 地方公共団体の調査票等の適正管理責務 15の4			調査票情報等の適正管理義務 39 調査票情報，匿名データの提供を受けた者，受託者・再受託者等の適正管理義務 42		
総務大臣承認以外の調査票の目的外使用禁止 15		調査票等の目的外使用禁止。ただし，匿名化による使用を妨げない。15の2	調査票情報，事業所母集団データベース情報，提供を受けた行政記録情報の目的以外の利用，提供の禁止 40		
統計調査の結果知られた人・法人等の秘密の保護 14			業務に関し知り得た個人・団体等の秘密の漏えいの禁止 41 調査票情報，匿名データの提供を受けた者，受託者・受託従事者の秘密の漏えいの禁止 43（いずれの漏えいにも罰則 57）		
従事者等の秘密漏えい等に罰則 19の2					
（総務省組織令により，統計審議会が設置されている。）			統計委員会を内閣府に設置 44-51		
総務大臣の行政機関等に対する資料・説明要求権 16の2 行政機関・独立行政法人等保有個人情報保護法の適用除外 18の2，(12の3)			総務大臣の行政機関等に対する資料・説明要求権 56 行政機関，独立行政法人等保有個人情報保護法の適用除外 52 国及び地方公共団体の調査研究，研修等の措置義務 53 総務大臣の公的統計の所在情報提供義務 54 総務大臣の法施行状況公表・報告義務と統計委員会の意見陳述権 55		
上記以外に，指定統計調査従事者による統計結果の改ざんに対する罰則を規定 19，19の2			上記以外に，基幹統計作成従事者による統計結果の改ざん，調査票情報，匿名データの従事者，提供を受けた者，受託者等の不正目的による提供，盗用の罰則，国外犯を規定 57-62		

注）表中文末の数字は，条文を示し，（）付の数字は，統計報告調整法の条文を示す。
（資料）平田佳嗣（2007）「国民の財産であり，社会の情報基盤としての統計〜統計法案〜」『立法と調査』No.267，12ページに筆者一部加筆。

2 観光統計整備の経緯

観光統計の課題

統計は産業構造の変化，時代の求めるニーズ，統計利用者のニーズの変化に対応しなければならない。統計の体系的整備は，国や地方自治体の政策決定，国民生活にとって欠くことのできないものである。わが国では1970年代後半からサービス経済化が進展していたにもかかわらず，サービス業統計の整備は遅れていた。そのなかでも，とりわけ観光統計の不備が目立っており，観光統計の体系的整備は喫緊の課題であった。

観光統計の現状

わが国の観光統計の現状[21]（表8－2参照）を見ると，①経済産業省所管の「工業統計表」のような包括的な統計が無く，断片的な情報にとどまっている。②統計調査にあたって統一的な基準が無く，地域間の比較が困難である。これまでは都道府県ごとにバラバラの統計調査基準の下で観光入込客統計が集計されてきたが，2009年12月に観光庁が「観光入込客統計に関する共通基準」を公表したので，現在はこの共通基準に従って都道府県の観光入込客統計が作成されている。③統計調査における標本数が少ない。たとえば，国土交通省が2003年度から実施している「旅行・観光消費動向調査」は15,000人を対象とした調査であり，観光消費額の全国値を推計することはできるが，都道府県別の消費額の推計は困難である。国土交通省航空局の「国際航空旅客動態調査」は，定期便が就航する空港の航空利用者だけを，そして独立行政法人国際観光振興機構（JNTO）の「訪日外国人旅行者調査」は，7カ所程度の空港・港湾の利用者だけをそれぞれ対象とした調査に過ぎない。④統計の公表の頻度や調査時期が一定でない。たとえば，国土交通省の「全国旅行動態調査」の調査頻度はほぼ5年ごと，調査時期は3月と9月，「全国幹線旅客純流動調査」の調査頻度は5年ごと，調査時期は秋季の1日であり，「国際航空旅客動態調査」の調査頻度は2年ごと，調査時期は8月，11月の各1週間である。

表 8-2 わが国の観光調査・統計

定性データ	定量データ			
旅行に関する意向調査・統計	旅行者流動実態（入込宿泊）調査・統計	訪日外国人旅行者流動実態（入込宿泊）調査・統計	旅行者消費額調査・統計	訪日外国人旅行者消費額調査・統計
レジャー白書「余暇活動に関する調査」（財）社会経済生産性本部	「国際航空旅客動態調査」国土交通省		「旅行・観光消費動向調査」,「観光地域経済調査」観光庁	「国際収支統計」財務省・日本銀行「訪日外国人消費動向調査」観光庁
「全国旅行動態調査」国土交通省		「訪日外国人旅行者調査」（独）国際観光振興機構（以下，JNTOと略す）		
「観光の実態と志向」（社）日本観光振興協会				
「JTBF旅行者動向調査」（財）日本交通公社				
JTB REPORT「海外旅行志向調査」JTB				
	「全国観光動向」（社）日本観光振興協会「観光地動向調査」（財）日本交通公社「幹線鉄道旅客流動実態調査」,「航空旅客動態調査」,「全国幹線旅客純流動調査」国土交通省「宿泊白書」JTB「宿泊旅行統計調査」,「都道府県観光入込客統計」観光庁			

注）日本人の日本国外における行動を対象とする統計は除く。
（資料）国土交通省（2005）「我が国の観光統計の整備に関する調査報告書」9 ページに筆者加筆。

観光統計の体系的整備

観光統計の体系的整備は，現行の観光統計の実態の反省を踏まえて，喫緊の課題となっていた。観光立国関係閣僚会議が 2003 年 7 月 31 日に公表した「観光立国行動計画」は，観光立国実現のため，5 項目から成る行動計画を示したが，その第 1 番目の「21 世紀の進路『観光立国』の浸透」のなかで，観光の重要性等を明らかにする観光統計の充実を挙げ，総務省の承認を得て，2003 年度より「旅行・観光消費動向調査」を承認統計として実施する[22]と述べている。同会議の下に観光に関する有識者で構成する観光立国推進戦略会議（2004 年 5 月 17 日設置）は，同年 11 月 30 日に国際競争力のある観光立国の推進方策として 4 つの課題と 55 の提言をとりまとめた「観光立国推進戦略会

議報告書」の提言22において「国・地域，民間団体は，各産業，地域の効果的な観光戦略を策定することができるようにするため，観光統計の体系的な整備を促進する」[23]と述べている。国土交通省では観光統計の体系的整備の取り組みにあたっての上述した考え方に沿って，観光統計の整備に関する検討懇談会（2005年5月設置）で定義，調査対象，調査方法，公表頻度，官民の役割分担等について観光統計のあるべき姿を策定したうえで，2006年度を目途に必要な統計調査を行う[24]，と述べている。

　国土交通省が2005年8月に公表した「我が国の観光統計の整備に関する調査報告書」では，①緊急的に整備が必要な事項として「宿泊統計」と「外国人旅行者に関する消費額調査」，②観光統計の体系化に必要な事項として「観光入込客統計」，「外国人旅行者に関する統計」，「旅行・観光消費動向調査」が挙げられていた。「宿泊統計」がほかの統計に先行して整備すべきとされた理由は，①地域経済にとって宿泊客の影響が大きいこと，②宿泊客数の把握が比較的容易であると考えられることである。さらに，「外国人旅行者に関する消費額調査」については，外国人旅行者の訪日促進による経済効果を算定することが重要[25]とされたからである。

　「観光立国推進基本法」に基づいて観光立国の実現に関する施策の総合的，計画的な推進を図るために策定された「観光立国推進基本計画」（2007年6月29日閣議決定）では，①主要な観光統計である「旅行・観光消費動向調査」（2003年度から実施）と「宿泊旅行統計調査」（2007年から実施）の充実を図るとともに，都道府県観光統計の共通基準を作成し，2010年度から実施する，②独立行政法人国際観光振興機構の「訪日外客訪問地調査」（1975年度から実施）と「訪日外客消費動向調査」（2005年度から実施）については，2008年度に調査項目等の見直しを行う，③国際的に導入が進みつつある観光サテライト勘定（TSA）の2010年からの本格的な導入に向けた検討を行う[26]，と述べている。さらに，2009年3月13日に閣議決定された「公的統計の整備に関する基本的な計画」では，「宿泊旅行統計調査」と「旅行・観光消費動向調査」の改善・充実を図り，基幹統計化について検討し，2010年度までに結論を得る[27]，としている。

第 2 期「観光立国推進基本計画」(2012 年 3 月 30 日閣議決定)では,①2012 年度から経済センサスと連動して「観光地域経済調査」を実施する,②「観光入込客統計に関する共通基準」について,すべての都道府県での導入を図る,③多様化する宿泊旅行の実態を把握するための方策について検討する,④各種観光統計の施策立案への利活用を推進する[28],と述べている。さらに,第 3 期「観光立国推進基本計画」(2017 年 3 月 28 日閣議決定)では,2018 年から地域分析に有用な都道府県別の入込客数・消費額に関する統計調査を実施する[29],と述べている。

3 宿泊統計整備の経緯

宿泊統計の整備

宿泊統計は「宿泊施設における利用実態を把握することによって,観光施策のための全国統一的な基礎資料を得る」[30]ことを目的としており,観光関連統計の中心的な役割を果たす統計である。宿泊統計が整備されることにより,都道府県間の比較が可能になるほか,個々の観光地のマーケティングや観光施策の効果の計測などにも利用することができるようになる。このように,宿泊統計は観光統計のなかでもとりわけ重要なものであることから,ほかの観光統計に先行して整備すべきものとされ,全国統一基準で,国が主な調査業務を実施することになった。

宿泊旅行統計調査(仮称)の予備調査

国土交通省では宿泊統計を作成するにあたり,宿泊旅行統計調査(仮称)の第一次予備調査[31]を 2006 年 2 月に実施した。同調査のうち「宿泊施設調査」では秋田県,千葉県,大分県の従業者数 10 人以上のホテル,旅館,簡易宿所 2,881 施設を対象として 2006 年 2 月末日に宿泊者数,外国人宿泊者数等が調査され,「宿泊者調査」では 2006 年 2 月 20 日から 26 日までの 1 週間に上記宿泊施設にチェックインしたすべての旅行者を対象に年齢,性別,居住地,同行者数,旅行目的,移動手段等が調査された。

第一次予備調査に続いて，第二次予備調査[32]では，全都道府県の従業者数10人以上のホテル，旅館，簡易宿所約15,000施設を対象として，2006年6月～8月の3カ月間にわたり，宿泊施設のタイプ，客室数および収容人数，従業者数，宿泊目的別の割合，2006年6月～8月の各月の延べ宿泊者数，外国人延べ宿泊者数，同期間の各月の延べ宿泊者数の居住地別内訳，同期間の各月の外国人延べ宿泊者数の国籍別内訳について調査した。

「宿泊旅行統計調査」の実施

　第一次予備調査と第二次予備調査を踏まえて，2007年から四半期ごとに全都道府県の従業者数10人以上のホテル，旅館，簡易宿所約11,000施設を対象とする「宿泊旅行統計調査」[33]（承認統計）が実施され，宿泊施設タイプ，客室数，収容人数，従業者数，宿泊目的割合，宿泊者数，外国人宿泊者数，居住地別宿泊者数，国籍別外国人宿泊者数について調査した。2007年調査結果から抽出された課題を検討して，2008年調査では①「実宿泊者数」を調査項目として追加したが，記入率は70％程度であった。②災害，大型イベントなどの宿泊者数の変動を左右する特殊要因の記載を求める「特記事項記載欄」を新設した。③「市区町村別」を新設した。④「宿泊施設タイプ別」（旅館，リゾートホテル，ビジネスホテル，シティホテルの4区分）を新設した。さらに，2007年調査では定員稼働率を出しているが，2009年調査からは「利用客室数」（月別）を新設し，「客室稼働率」で集計することになった。なお，今後の検討課題としては，①調査対象施設の範囲を現行の「従業者数10人以上のホテル，旅館，簡易宿所」から「すべてのホテル，旅館，簡易宿所」に拡充すること，②宿泊施設の規模情報区分（層別基準，集計区分）を現行の「従業者数10人以上」から「客室数・収容人数」に変更すること[34]が挙げられている。

4　観光入込客統計・観光消費額統計の整備

観光入込客調査の問題

　「観光入込客統計」は都道府県内に訪れる観光客の属性（日帰り・宿泊，県

内・県外・外国人，観光・ビジネス）別に観光入込客数を把握する統計で，「観光消費額統計」は観光消費額単価について把握する統計であり，いずれも観光統計の体系化において重要な統計である。しかしながら，これまで観光入込客調査の実施に際して国が定めた全国的な統一基準は無かったため，都道府県によって，①観光入込客の調査対象範囲（県内客・県外客・外国人客），旅行目的（観光・ビジネス），②観光入込客数の定義の仕方（延べ人数・実人数），③延べ人数調査の対象とする観光地点の年間入込客数の規模，④パラメータ調査の対象とする観光地点数・サンプル数・調査周期・調査時期が異なっていた[35]。

観光入込客統計の都道府県間比較の問題

都道府県のなかには（社）日本観光協会が2003年11月に策定した「全国観光統計基準」を用いて観光入込客調査をしているところもあった。「全国観光統計基準」に関して2007年12月に実施された都道府県アンケート集計結果[36]によると，①「全国観光統計基準」に準拠して調査を実施した都道府県からは，「対象とする観光地点・宿泊施設の定義・分類が都道府県の特徴と合わない」，「パラメータ調査のサンプル数・調査回数が多すぎて予算的に厳しい」，「準拠前後で数値が不連続となった」との問題点が指摘された。一方，②「全国観光統計基準」に準拠していない都道府県は，その理由として，「数値が不連続となる」，「調査を実施する予算がない」，「市町村の協力が得られない」を挙げていた。さらに，③都道府県が「全国観光統計基準」に準拠するための条件としては，「基準の詳細なマニュアルが作成されること」，「従来の都道府県独自の数値との併用ができること」，「市町村が協力してくれること」を挙げていた。「全国観光統計基準」を採用している都道府県は一部にとどまっており，国が定めた統一的な手法で整備されていないため，統計の都道府県間比較が困難なうえ，調査体制も都道府県間で異なる[37]という問題があった。

観光入込客統計・観光消費額統計のガイドライン（案）の概要

国土交通省では，観光統計の整備に関する検討懇談会の下におかれた観光入

込客統計分科会と観光消費額統計分科会において都道府県別入込客数と観光消費額の調査方法を検討し，観光入込客統計に関する共通基準の策定作業を実施した。2008 年 4 月 22 日に公表された観光入込客統計・観光消費額統計のガイドライン（案）[38]の概要は，次の通りである。

(1) 観光入込客数の調査方法
　①日帰り・宿泊，県内・県外・外国人を問わず，当該都道府県を訪れる観光客の総実数を把握する。
　②観光入込客数について，都道府県内に訪れる観光客の属性（日帰り・宿泊，県内・県外・外国人，観光・ビジネス）別に把握する。
　③観光入込客数を推計するため，観光地点において「観光地点入込客数調査」と「パラメータ調査」を実施する。「観光地点入込客数調査」は，観光地点への入込客数を合計した延べ人数（観光地点延べ人数）を毎月把握し，四半期ごとに報告させるものである。観光地点の対象は，観光・ビジネスの目的を問わず，観光客を集客する力のある施設またはツーリズム等の観光活動の拠点となる地点であり，調査の対象となるのは年間入込客数 10,000 人以上または特定月の入込客数 5,000 人以上のものである。一方，「パラメータ調査」は都道府県内に訪れる観光客の平均訪問地点数を把握する調査であり，単純無作為に選んだ 10 地点以上の観光地点を対象に四半期ごとの休日の特定の 1 日について，調査サンプル数は各都道府県 1 回 1,000 サンプル以上，1 地点 100 サンプル以上に対して調査員による聞き取り調査を実施する。

(2) 観光消費額の調査方法
　①都道府県内に訪れる観光客の当該都道府県内における観光消費額を把握する。
　②観光消費額単価について，都道府県内に訪れる観光客の属性（日帰り・宿泊，県内・県外・外国人，観光・ビジネス）別に四半期ごとに把握する。

「ガイドライン」（案）の課題と対応の方向性の検討

　観光庁は，検討中の「共通基準」（案）（通称「ガイドライン」（案））についての妥当性・精度等を評価し，課題と対応の方向性について検討するため，2008年度[39]は2008年11月と2009年2月に新潟県と岡山県の観光地点（各県20カ所），2009年度[40]は2009年6月と8月に11道県（北海道，宮城県，神奈川県，新潟県，福井県，奈良県，岡山県，山口県，愛媛県，長崎県，宮崎県）の観光地点（各道県10カ所）において観光客の基本情報（性別，居住地等），旅行の概要（日帰り・宿泊の別，同行者数等），訪問箇所・地点数，観光消費額等の調査内容についての試験調査を実施し，検討した。その結果，都道府県が採用可能な全国統一基準で，相互に比較可能な「観光入込客統計に関する共通基準」が2009年12月に策定された。なお，この共通基準に則った都道府県観光統計の調査は2010年4月から実施されている。

「外国人旅行者に関する消費額調査」の整備

　観光入込客統計・観光消費額統計において取り上げられた「外国人旅行者に関する消費額調査」は，わが国の観光統計の整備において外国人旅行者の訪日促進による経済効果を算定することが重要であるため，前述した「宿泊統計」と並んで緊急的に整備が必要な事項とされた。旅行・観光消費額を把握するために国土交通省では「旅行・観光消費動向調査」[41]を2003年度から実施しているが，①調査対象年齢が20歳〜79歳に限定されている，②年度調査である，③「観光・レクリエーション旅行」の把握が不正確であるという問題を抱えていた。そこで，2008年度調査では，2010年から本格導入される観光サテライト勘定（TSA）に合わせて「暦年調査」への変更方法が検討された。2009年調査では，①全年齢を対象として調査を実施すること，②現行調査では把握されていない「帰省等旅行」における兼観光目的の有無を把握すること，③「観光・レクリエーション旅行」の正確な把握に努めることとされた。「旅行・観光消費動向調査」では標本数が少ないために都道府県別の旅行・観光消費額を推計することが難しかったが，前述した「観光入込客統計に関する共通基準」に則った都道府県観光統計調査が2010年4月から実施されている

ので，都道府県別の旅行・観光消費額を推計することができ，都道府県間での比較が可能である。

5　観光サテライト勘定（TSA）の整備

観光サテライト勘定（TSA）の定義

　観光がもたらす経済効果の国際間比較をする場合には，各国は統一基準に準拠した統計を作成しなければならない。国連世界観光機関は，UNWTO（2008），*Tourism Satellite Account: Recommended Methodological Framework*（TSA：RMF08）に準拠し，TSA を作成することを勧めている。TSA は観光財・サービスを生産する諸産業に旅行支出を結びつけること[42]に特徴がある。サテライト勘定とは，1993 年に国連によって勧告された国際基準（93SNA；System of National Accounts；国民経済計算）において取り入れられたもので，中枢体系の SNA を「太陽」としてその周囲を公転する「惑星（サテライト）」とみなして名付けられており，「ある特定の経済活動を経済分析目的や政策目的のために中枢体系の経済活動量と密接な関係を保ちながら別勘定として推計する勘定」[43]である。サテライト勘定には，すでに環境保護活動，介護・保育，NPO 活動，無償労働に関するものがある。TSA は SNA のサテライト勘定のひとつであり，フランス，カナダ，オーストラリア，ニュージーランドなど 75 カ国で導入され，観光政策に活用されている。

観光サテライト勘定（TSA）の内容

　国土交通省は 2000 年度から 2002 年度にかけて，TSA の導入の検討と旅行・観光消費の経済効果についての研究を実施しており，2003 年度からは「旅行・観光消費動向調査」を実施して，これをベースとした TSA を作成している。TSA は 2009 年から本格導入され，表 8 − 3 が示す TSA の全 10 表のうち第 1 〜 7 表については作成済みであり，第 8 〜 10 表は今後，新規に作成することが検討されている[44]。TSA 全 10 表のなかでは，第 5 表と第 6 表がとりわけ重要である。第 5 表（生産勘定）は，わが国における観光供給のまとめで，第 4

表8-3 観光サテライト勘定（TSA）各表の概要

TSA 統計表		意義	わが国の現状
第1表	訪日観光消費	第3表の基礎情報。訪日外国人の旅行についての整理。	○
第2表	国内観光消費	第3表の基礎情報。国内居住者の国内における消費を整理。	○
第3表	海外観光消費	第1表，第2表との対比で，国内居住者の海外における消費を整理。	○
第4表	総観光消費	第1表と第2表の合計。経済効果分析の基礎情報として重要。	○
第5表	生産勘定	わが国における観光供給のまとめ。第4表と対比されるもの。	○
第6表	国内供給および観光消費	第4表と第5表の突き合わせにより，観光で消費された商品（財・サービス）がどの産業（生産活動）で算出されたものかを分析するもの。最重要の表。	○
第7表	観光雇用		○
第8表	観光総固定資本形成		◎
第9表	観光集合消費		―（一次統計収集が困難）
第10表	非貨幣的指標	第1・2表，第4～6表の評価に必要。訪問者1人当たり，従業者1人当たり，事業所当たり等。また，事業所規模別の分布の国際比較は観光分野に限らず重要。	◎

注）○：作成済み，◎：新規作成検討
（資料）国土交通省（2008）「観光統計の整備に関する検討懇談会　中間とりまとめ」57ページ，観光庁（2009）「観光統計の整備に関する検討懇談会　観光消費額統計分科会報告書」28ページ，観光庁（2011）「プレスリリース　平成21年（2009年）分の旅行消費額（確定値）を取りまとめました！～TSAを本格導入しました～」2ページ。

表（総観光消費）と対比されるものであり，観光産業の付加価値を推計するうえで重要な統計表である。第6表（国内供給および観光消費）は，観光で消費された商品（財・サービス）がどの産業（生産活動）で算出されたものかを分析し，観光付加価値，観光GDPを推計するうえでTSA全10表のなかで最も重要な統計表である。

観光サテライト勘定（TSA）の課題

わが国では前述したUNWTOが示した統一基準TSA：RMF08に準拠して，SNAデータと旅行・観光消費動向調査を基に2009年からTSAの作成・公表を行っている[45]。さらに，「観光入込客統計に関する共通基準」に則った都道府県観光統計調査が2010年4月から実施されているので，TSAの導入後

は，地域間の比較が可能となる地域 TSA の導入やその他の拡張モデルの導入が検討課題となる。

6　観光統計の課題と展望

　わが国の統計は，既述のとおり，さまざまな問題を抱えていた。統計の基本的な特質としての中立性・継続性・機動性を充足するためには，統計制度改革は喫緊の課題であった。旧「統計法」は60年ぶりに全面的に改正されて新「統計法」となり，「行政のための統計」から「社会の情報基盤としての統計」へとその性格を転換することになった。産業構造の変化に対応した統計の整備を図ることは行政だけでなく，統計利用者の側からも要望されていた。1970年代後半からわが国はサービス経済化が進展していたにもかかわらず，サービス業統計の整備は遅れていた。そのなかでも，とりわけ観光統計の不備が目立っており，観光統計の体系的整備は喫緊の課題であった。

　わが国では分散型統計機構の下で統計が作成されてきたため，統計調査法，調査年が各省で不統一であった。そのため，産業全体のなかでの特定産業の位置づけをすることはできなかった。その後，「経済センサス」が2009年に創設され，調査結果が公表されたので，現在では横並びに産業を見ることが可能になった。サービス業統計のなかで最も整備が遅れていた観光統計は，全国統一基準（共通基準）に則って都道府県観光調査が2010年から実施され，都道府県別の旅行・観光消費額を推計できるとともに都道府県間での比較が可能となった。さらに，UNWTO が示した統一基準 TSA：RMF08 に準拠して TSA の統計表が完成すれば，TSA をすでに導入している諸国との国際間比較が可能となる。観光先進国とよばれている国々は，TSA を早くから導入している観光統計先進国でもあり，観光統計を観光政策に活用している。わが国は2010年からグローバル・スタンダードの TSA を導入し，これまでの観光統計「孤立国」の状態からテイク・オフを図ろうとしている。その意味で2010年は，わが国にとって「観光統計元年」と言えるであろう。しかし，世界の観光統計先進国から見れば，わが国の観光統計の整備は，まだ緒に就いたばかりである。

注

1) 内閣府経済社会統計整備推進委員会（2005）「政府統計の構造改革に向けて」3 ページ。
2) 同上，1 ページ。
3) 同上，28 ページ。
4) 閣議決定（2002）「経済財政運営と構造改革に関する基本方針 2002」17 ページ。
5) 各府省統計主管部局長等会議（2003）「統計行政の新たな展開方向」15 ページ。
6) 内閣府経済社会統計整備推進委員会，前掲報告書・参考資料，6 ページ。
7) 閣議決定（2004）「経済財政運営と構造改革に関する基本方針 2004」8 ページ。
8) 内閣府経済社会統計整備推進委員会，前掲報告書，4-9 ページ。
9) 閣議決定（2005）「経済財政運営と構造改革に関する基本方針 2005」19 ページ。
10) 同上，27 ページ。
11) 内閣府統計制度改革検討委員会（2006）「統計制度改革検討委員会報告」47 ページ。
12) 総務省経済センサス（仮称）の創設に関する検討会決定（2006）「経済センサスの枠組みについて」2 ページ。
13) 同上，15-16 ページ。
14) 内閣府統計制度改革検討委員会，前掲報告，1 ページ。
15) 同上，4 ページ。
   ①「公的統計」：国，地方公共団体その他の公的な機関が作成する統計（同上，5 ページ）。
   ②「公的統計の基本原則」：1.中立性の原則，2.信頼性の原則，3.比較可能性の原則，4.秘密保護の原則，5.透明性の原則，6.適時性の原則，7.効率性の原則，8.統計への容易なアクセスの原則（同上，9 ページ）。
   ③「公的統計の整備に関する基本的な計画」：おおむね 5 年間を計画期間とし，公的統計の整備に関する施策の総合的かつ計画的な推進を図ることを目的としている（同上，14 ページ）。
   ④「基幹統計」：国の行政機関が作成する統計のうち，国民経済・国民生活，国の政策決定に重要な役割を担い，公的統計の体系の根幹を成すもの（同上，17 ページ）。
   ⑤「分散型統計機構」：政府部内の関係機関がそれぞれの所掌に応じて統計を作成するタイプの統計機構（同上，47 ページ）。

16) 統計法制度に関する研究会（2006）「統計法制度に関する研究会報告書」5-15 ページ。
17) 同上，16-37 ページ。
「オーダーメード集計」：調査実施者等が，依頼者から個別のオーダーを受けて調査票を用いた集計を行い，集計結果のみを提供するもの（同上，19-20 ページ）。
「匿名標本データの作成・提供」：調査実施者等が，集めた調査票情報を個々の調査対象者の識別ができないように加工したうえで依頼者に提供するもの（同上，20 ページ）。
18) 閣議決定（2006）「経済財政運営と構造改革に関する基本方針2006」23-24 ページ。
　③「市場化テスト」：行政サービスの担い手を官民が入札で競うもので，安倍晋三政権下の2007年度に開始された（『日本経済新聞』2010年3月14日（朝刊））。
19) 同法は，統計調査に対する国民の報告（回答）負担の軽減等を図ることを目的として1952年8月21日に施行された。
20) 河合　暁（2007）「特集・第166回国会主要成立法律（1）統計法」『ジュリスト』No.1340，53 ページ。
「調査統計」：統計を作成することを目的として行われる調査（統計調査）によって得られた調査票を集計することにより作成される統計。
「業務統計」：行政記録を基に作成される統計。
「加工統計」：調査統計，業務統計その他のデータを一定の方法で加工することにより作成される統計。
（内閣府統計制度改革検討委員会，注11）に同じ，8ページによる）。
21) 内閣府経済社会統計整備推進委員会，前掲報告書，15-16 ページ，国土交通省（2005）「我が国の観光統計の整備に関する調査報告書」53 ページ。
22) 観光立国関係閣僚会議（2003）「観光立国行動計画」1 ページ。
23) 観光立国推進戦略会議（2004）「観光立国推進戦略会議報告書」17 ページ。
24) 内閣府経済社会統計整備推進委員会，前掲報告書，16 ページ。
25) 国土交通省，注21）に同じ，11 ページ。
26) 閣議決定（2007）「観光立国推進基本計画」58〜59 ページ（参考資料8－2参照）。
27) 閣議決定（2009）「公的統計の整備に関する基本的な計画」70 ページ。
28) 閣議決定（2012）「観光立国推進基本計画」59 ページ。
29) 閣議決定（2017）「観光立国推進基本計画」68 ページ。
30) 国土交通省，注21）に同じ，19 ページ。

31) 国土交通省総合政策局観光政策課（2006）「観光統計の整備に関する検討懇談会 宿泊旅行統計分科会報告書」3ページ。
32) 国土交通省総合政策局観光経済課（2006）「観光統計の整備に関する検討懇談会 宿泊旅行統計分科会報告書Ⅱ 宿泊旅行統計第二次予備調査結果報告」2ページ。
33) 同上，41ページ。
34) 国土交通省観光庁参事官（観光経済担当）（2009）「観光統計の整備に関する検討懇談会 宿泊旅行統計分科会報告書」1, 4, 6-7, 16ページ。
    定員稼働率＝延べ宿泊者数÷（収容人数×月間日数）
    客室稼働率＝利用客室数÷（客室数×月間日数）
35) 国土交通省総合政策局観光経済課（2008）「観光統計の整備に関する検討懇談会 中間とりまとめ」27ページ。
36) 同上，26ページ。
37) 国土交通省，注21）に同じ，40ページ。
38) 国土交通省（2008），前掲報告書，37-46ページ。
39) 観光庁（2009）「観光統計の整備に関する検討懇談会 観光入込客統計分科会報告書」1-3ページ，観光庁（2009）「平成20年度試験調査における検討状況と課題」第1回都道府県観光統計検討委員会 資料2, 1-4ページ。
40) 同上，「平成21年度試験調査の概要とスケジュール」同上委員会 資料3, 1-3ページ。
41) 観光庁（2009）「観光統計の整備に関する検討懇談会 観光消費額統計分科会報告書」3-25ページ。
42) ジェームズ・マック著，瀧口 治・藤井大司郎監訳（2005）『観光経済学入門』日本評論社，130ページ。なお，TSAの詳細については，Ray Spurr（2006），"Tourism Satellite Accounts" in *International Handbook on the Economics of Tourism*, edited by Larry Dweyer and Peter Forsyth, Edward Elgar, pp.283-300参照。
43) 観光庁（2009）「旅行・観光サテライト勘定 作成マニュアル暫定版」3ページ。
44) 観光庁（2011）「プレスリリース 平成21年（2009年）分の旅行消費額（確定値）を取りまとめました！～TSAを本格導入しました～」2ページ。
45) 観光庁（2017）「旅行・観光産業の経済効果に関する調査研究（2015年版）」253-254ページ。

参考資料 8 − 1　統計制度改革と観光統計整備の経緯

年　月	統計制度改革の経緯	月	観光統計整備の経緯
1946 年 12 月	内閣に「統計委員会」を設置（1952 年 8 月廃止）		
1947 年　3 月	「統計法」（昭和 22 年法律第 18 号）公布		
5 月	「統計法」施行		
1952 年　7 月	行政管理庁に「統計審議会」設置		
8 月	「統計報告調整法」（昭和 27 年法律第 148 号）施行		
1985 年 10 月	統計審議会「統計行政の中・長期構想について」答申		
1995 年　3 月	統計審議会「統計行政の新中・長期構想について」答申		
2003 年　6 月	各府省統計主管部局長等会議で「統計行政の新たな展開方向」の申し合わせを決定		
2004 年 11 月	内閣府に「経済社会統計整備推進委員会」設置。総務省に「統計法制度に関する研究会」発足		
2005 年　6 月	経済社会統計整備推進委員会「政府統計の構造改革に向けて」を取りまとめ	5 月	国土交通省「観光統計の整備に関する検討懇談会」設置
9 月	内閣府に「統計制度改革検討委員会」発足	8 月	国土交通省観光企画課「我が国の観光統計の整備に関する調査報告書」発表
2006 年　5 月	総務省に「経済センサス企画会議」設置	6 月	「観光統計の整備に関する検討懇談会」の下に「宿泊旅行統計分科会」設置
6 月	内閣府の統計制度改革検討委員会が「統計制度改革検討委員会報告」，総務省の統計法制度に関する研究会が「統計法制度に関する研究会報告書」発表	7 月	国土交通省観光政策課「観光統計の整備に関する検討懇談会　宿泊旅行統計分科会報告書」発表
		12 月	国土交通省観光経済課「観光統計の整備に関する検討懇談会　宿泊旅行統計分科会報告書Ⅱ」発表
2007 年　5 月	新「統計法」（平成 19 年法律第 53 号）公布	1 月	国土交通省観光経済課「宿泊旅行統計調査　第二次予備調査集計結果」発表
10 月	内閣府に「統計委員会」設置。新「統計法」一部施行（第 1 章および第 5 章に関する規定）		
2008 年 12 月	内閣府統計委員会「『公的統計の整備に関する基本的な計画』に関する答申」発表	4 月	国土交通省観光経済課「観光統計の整備に関する検討懇談会　中間とりまとめ」発表
2009 年　3 月	政府が「公的統計の整備に関する基本的な計画」発表	3 月	観光庁「観光統計の整備に関する検討懇談会　宿泊旅行統計分科会報告書」，「同　観光入込客統計分科会報告書」，「同　観光消費額統計分科会報告書」発表
4 月	新「統計法」全面施行		
		6 月	観光庁「宿泊旅行統計調査報告（平成 20 年 1 〜 12 月）」発表
7 月	経済センサス―基礎調査実施	12 月	観光庁「観光入込客統計に関する共通基準」発表
2010 年　6 月	経済センサス―基礎調査結果速報公表	4 月	共通基準に則った都道府県観光統計の実施
11 月	経済センサス―基礎調査結果確報公表		
2012 年		9 月	観光庁「観光地域経済調査」本格調査実施
2013 年		3 月	観光庁「観光入込客統計に関する共通基準」改定
2014 年　3 月	政府が「公的統計の整備に関する基本的な計画」（第Ⅱ期基本計画）発表		
2015 年		7 月	観光庁「観光地域経済調査」確報公表

（資料）筆者作成。

参考資料 8 − 2 「観光立国推進基本計画」における観光統計整備の経緯

期別 \ 項目	摘　要
第 1 期 (2007 年 6 月 29 日 閣議決定)	(国民の観光に関する統計の整備) 　2003 年度から実施している「旅行・観光消費動向調査」及び 2007 年から実施している「宿泊旅行統計調査」について，調査対象の拡大や調査項目の追加など更なる充実のための検討を行い，2010 年から実施する。 　また，日帰り旅行者に関する統計等その他の観光旅行者に関する統計について，都道府県が行っている統計調査を踏まえつつ，地方公共団体が採用可能な共通基準を策定し，2010 年に共通基準での調査の実施を目指す。 (訪日外国人旅行者に関する統計の充実) 　独立行政法人国際観光振興機構が 1975 年度から実施している「訪日外客訪問地調査」について，「宿泊旅行統計調査」との整合性を考慮しつつ，2008 年度に調査項目等の見直しを行う。 　また，独立行政法人国際観光振興機構が 2005 年度から実施している「訪日外客消費動向調査」について，日本銀行の「訪日・海外旅行における消費額等の調査」との整合性を考慮しつつ，2008 年度を目途に調査項目等の見直しを行う。 (TSA の導入) 　観光がもたらす経済効果の国際間比較を正確に行うことができるよう，国際的に導入が進みつつある「TSA（Tourism Satellite Account）」について，現在，我が国は試作段階にあるが，2010 年の本格的な導入に向けた検討を行う。
第 2 期 (2012 年 3 月 30 日 閣議決定)	観光に関する統計の整備（観光に関する統計の整備・利活用の推進） 　2012 年度から，経済センサスと連動して「観光地域経済調査」を実施する。「観光入込客統計に関する共通基準」について，すべての都道府県での導入を図る。多様化する宿泊旅行について，その実態を把握するための方策について検討する。各種観光統計について，地方公共団体や観光関連産業等へ具体的・実践的な分析・活用方法を示すなど，施策立案への利活用を推進する。
第 3 期 (2017 年 3 月 28 日 閣議決定)	観光に関する統計の整備（観光に関する統計の整備・利活用の推進） 　2018 年から地域分析に有用な都道府県別の入込客数・消費額に関する統計調査を実施する。多様化する宿泊旅行について，その実態を把握するための方策について検討する。各種観光統計について，地方公共団体や観光関連産業等へ具体的・実践的な分析・活用方法を示す等，施策立案への利活用を推進する。

注）元号は暦年に改めた。
(資料) 閣議決定 (2007)「観光立国推進基本計画」58-59 ページ, 同 (2012) 59 ページ, 同 (2017) 68 ページ。

参考資料8-3 「観光入込客統計に関する共通基準」における用語の定義

1. 観光：余暇，ビジネス，その他の目的のため，日常生活圏を離れ，継続して1年を超えない期間の旅行をし，また滞在する人々の諸活動。
2. 観光地点：観光・ビジネス目的を問わず，観光客を集客する力のある施設またはツーリズム等の観光活動の拠点となる地点[1]。
3. 行祭事・イベント
    行祭事：地域住民の生活において伝統と慣行により継承されてきた，恒例として日を定め執り行う歴史的催し・祭り，郷土芸能等の集合。
    イベント：常設または特設の会場施設において行われる博覧会，見本市，コンベンション等。
4. 観光入込客：日常生活圏以外の場所へ旅行し，そこでの滞在が報酬を得ることを目的としない者[2]。
5. 訪日外国人客：観光入込客のうち，日本以外の国に居住し，観光地点，および行祭事・イベントを訪れた者。
6. 観光地点等入込客数：観光地点および行祭事・イベント（以下「観光地点等」という）ごとの観光入込客の総数。
7. 観光入込客数：都道府県の観光地点を訪れた観光入込客をカウントした値[3]。
8. 訪問地点数：観光入込客1人の1回の旅行において，当該都道府県内で訪問した観光地点の数。
9. 観光消費額単価：観光入込客の1人の1回の旅行における当該都道府県内での観光消費額。
10. 観光消費額：当該都道府県を訪れた観光入込客の消費の総額[4]。

注）1. 日常的な利用，通過型の利用がほとんどを占めると考えられる地点は対象としない。
 2. 本基準では，観光地点および行祭事・イベントを訪れた者を観光入込客とする。
 3. 1人の観光入込客が当該都道府県内の複数の観光地点を訪れたとしても，1人回と数える。
 4. 観光入込客数と観光消費額単価を掛け合わせることで算出する。
（資料）国土交通省観光庁（2013）「観光入込客統計に関する共通基準（2013年3月改定）」3-4ページ。

参考資料 8 − 4　旅行・観光サテライト勘定（TSA）の用語解説

1. 国民経済計算（SNA）と旅行・観光サテライト勘定（TSA）の関連性
   国民経済計算（SNA）：1993年に国連によって勧告された国際基準（93SNA）に基づき，一国全体のマクロ経済状況を生産，分配，支出，資本蓄積といったフロー面や資産，負債といったストック面から体系的に明らかにしたもの。
   サテライト勘定：ある特定の経済活動を経済分析目的や政策目的のために中枢体系の経済活動量と密接な関係を保ちながら別勘定として推計する勘定で，旅行・観光サテライト勘定（TSA）は，SNAのサテライト勘定の1つである。
2. SNAとTSAの主要概念
   ① 生産
   生産：一定の技術の下で各種の生産要素（労働，資本ストック，土地）を組み合わせて使用し，原材料（中間財）を投入して財貨・サービスを算出する活動。
   国内生産：日本国内の居住者が行う生産活動。
   ② 居住者と旅行者
   居住者：一定期間[注]以上滞在。旅行者：一定期間未満の滞在。
   ③ 価格評価と表示
   生産者価格：生産者の事業所における価格で評価し，運賃やマージンは運輸業や商業の生産とするもの。
   購入者価格：購入段階における市場価格で評価し，個々の商品に運賃やマージンを含める。
3. TSAの定義
   ① 観光，日常圏，観光客
   観光：日常圏外に出る旅行で滞在期間1年以内，雇用以外の目的のもの。
   観光客：（上記の観光を行う）その個人。
   日常圏外：所要時間（移動時間と滞在時間の合計）が8時間以上，または片道の移動距離が80km以上。
   ② 観光商品と観光需要
   観光商品：商品（財貨・サービス）のうち需要の大部分が観光客によるもの。
   観光需要：観光客による国内生産品への支出。
   国内需要：日本人（居住者）の日本国内での観光消費。
   輸出：外国人（非居住者）の日本国内での観光消費。
   ③ 観光産業と観光国内供給
   産業：同一または類似の生産活動を行う事業所の集団。
   観光産業：主として観光商品を生産するもの。
   観光国内供給：観光産業または非観光産業が国内生産し，または輸入した観光商品で観光客または非観光客が日本国内で購入したもの。
   ④ 観光比率
   観光商品比率：各観光商品（非観光産業を含むすべての財貨・サービス）に占める観光客が購入した比率。
   観光産業比率：各観光産業（非観光産業を含むすべての産業）が算出する各商品に占める観光客が購入した比率。
   観光GDP比率：各産業のGDPに占める観光GDPの比率。
   ⑤ 観光GDPと観光雇用
   観光GDP：観光客が購入した財貨・サービスの粗付加価値。
   観光雇用：観光産業における雇用の大きさ。

注）UN「1993年改訂国民経済計算体系」（93SNA）およびIMF「国際収支マニュアル　第5版」（BPM5）では，一定期間を1年として示している。
（資料）国土交通省観光庁（2009）「旅行・観光サテライト勘定作成マニュアル暫定版」3-7ページ。

第9章 ジャン＝ミシェル・エルナー，カトリーヌ・シカールの『観光科学』*

＊本章は，本書の「まえがき」に記したように，ジャン＝ミシェル・エルナー，カトリーヌ・シカールの共著『観光科学』の書評を収録している。

観光現象の解明

観光現象は，経済現象，社会現象などから成る複合現象である。そのため，経済学，社会学などの単独の学問だけで観光現象の全貌を解明することはできない。それでは，さまざまな学問が集合すれば観光現象の解明ができるかというと，そうはいかない。なぜなら，学問には共通の言語がなければ議論をすることができないし，何を対象とし，どのような方法で対象にアプローチし，何を課題とするかが明確でなければならないからである。

科学としての観光学

観光分野最大の国際機関である世界観光機関（WTO）[1]は，技術的マニュアルやさまざまな文書のなかで観光用語の概念や定義を公表してきた。本書の著者の1人であるジャン＝ミシェル・エルナーは，これまで数多くの著作のなかで度々，WTOの観光用語の概念や定義を批判してきたため，WTOの見解にことごとく異論を唱えているかのような印象を与えているが，実際はそうではない。本書の序文で明確に指摘しているように，彼はWTOがこれまでの活動で蓄積してきた成果を尊重しつつ，さまざまな学問の寄せ集めではなく，科学としての観光学（tourismologie（仏），tourismology（英））の立場からWTOの観光用語の概念や定義を科学的に再定義することを目指している。

著者紹介

本書（『観光科学―観光学に関するフランス語・英語概説書』）の著者ジャン＝ミシェル・エルナーは，フランス南部のピレネーゾリアンタール県にあるペ

193

ルピニャン大学の「スポーツ，観光，国際ホテル経営」学部の学部長であり，世界ホテル経営・観光人材育成協会（AMFORHT）の会長でもある。もう1人の著者のカトリーヌ・シカールは，同大学の観光・ホテル経営専門職育成大学研究所（IUP）の交替制の人材育成部長である[2]。

本書の章別構成

本書は世界の幅広い読者を対象とした観光学の概説書であり，フランス語版（104ページ）と英語版（100ページ）の合本である。本書は全5章から構成されており，章別構成は次の通りである。

第1章　距離と境界
第2章　滞在期間
第3章　経営と旅行
第4章　観光産業
第5章　旅行者と観光客

第1章は，観光において最初に問題となる距離と境界について論じている。WTOでは訪問客を「訪問の主要な目的が報酬を得るためではなく，1泊以上12カ月を超えない期間，通常の生活環境を離れて旅行する人」と定義しており，居住地から相当な距離があっても頻繁に訪問する場所は，通常の環境に含めている。そのため，週末ごとに別荘へ行く人は，観光客（宿泊する訪問客）として扱われていない。観光客の旅として認知される居住地からの距離は，British National Tourism Resources Review と Canadian Tourism Satellite Account では50マイル（約80km）であるが，American Census Bureau では100マイル（約160km）であり，距離の統一基準はない。

WTOは，観光の形態を①国内観光とインバウンド・ツーリズムを含む「内部観光」，②国内観光とアウトバウンド・ツーリズムを含む「国民の観光」，③インバウンド・ツーリズムとアウトバウンド・ツーリズムを含む「国際観光」に分類している。国民経済計算が作成されるときには，優先順位は長旅または少なくとも国境を横切る旅である国際観光に与えられ，短い旅やローカル・ツ

ーリズムは無視されてしまいがちである。しかし，国際観光が何千億ドルの規模であるのに対して，内部観光は計量化するのが難しいとはいえ，何兆ドルの規模である。

　第2章は，観光と移住の相違を説明する際に問題となる滞在期間について論じている。WTOのマニュアルでは，都市において故郷を離れて働いている労働者が有給休暇を利用して故郷に戻るというタイプの観光には全く言及していないし，訪問した場所で雇用される人々は報酬を得るため，観光客からは除外している。著者らは，旅行中のビジネスマンがビジネスの実施中は観光客ではないが，レストランで食事をし，夕食後の気晴らしで観光産業を利用する限りでは観光客であるとしている。家族の居住地と離れた国（または地域）で働いている移住労働者は，完全に移住しているわけではないので，「潜在的観光客」であり，退職者向けサービス付きアパートを別荘のようにして使用し，そこから旅行に出かけ，元の居住地に戻ることもある人たちは「永久の観光客」といえる。

　第3章は，WTOによる国際的なアウトバウンドとインバウンドの予測，観光経営における独特な概念である観光生産物と観光価格について論じている。WTOによる国際観光客数の推移および推計（Tourism：2020 vision）では，1995年5.7億人（実績），2010年10.1億人，2020年15.6億人（予測）と順調な増加をすると予測している。それに対して，著者らはWTOのこの予測は20世紀の最後の10年の輝かしい結果をたんに適用したにすぎず，国際情勢の不安定性（たとえば，テロリストによる脅威）は国際観光の発展を妨げる可能性があることを考慮しないWTOの楽天主義の現れであると批判している。また，WTOでは内部観光はアジア，ラテンアメリカ，アフリカの発展途上国で増加するであろうと予測しているが，著者らはそれに対して経済学者の見解を引用し，グローバル化が長期的に国家間の不平等を根絶するグローバルなダイナミクスの展開を経験しない限り，貧困国における内部観光とアウトバウンド・ツーリズムはWTOの予測通りには増加しないと述べている。

　観光生産物とは，有形の財との関連で供給される観光サービスを指す。たとえば，ホテルに滞在して受けるサービス，航空機を利用して受けるサービスな

どは観光サービスに該当し，いずれも「滞在に関連した生産物」と言うことができる。その他にも，さまざまな観光施設で提供される観光施設サービスも観光生産物であり，観光施設（たとえば，テーマパーク）は居住者も利用することから，著者らはWTOが観光サービスの享受者を観光客に限定することに異論を唱えている。観光は平和でなければ成り立たないことから，テロ行為，内乱などの社会的不安定，さらに経済的危機などの影響を受けやすく，そのことが観光の特殊性を形成している。観光生産物（サービス）の価格である観光価格は，一般的には需要と供給の法則によって決まるが，たとえば農家民宿での農村休暇に関連した観光サービスの価格は，海やスキーリゾートからの距離，観光地までの近接性，自然環境の重要性などの多様な要因によって左右されることから，必ずしも論理的に決定されるとは限らない。

　第4章は，観光産業の分析，エリートのための観光の回帰そして持続可能な観光はどうあるべきかについて論じている。観光産業は滞在に関連した活動（宿泊施設，レストラン，娯楽），交通に関連した活動（運輸業）など多様な活動から成り，複雑で分析するのが難しい。観光産業の分析にあたり，WTOは訪問客または観光客の観光支出を観光消費としているが，フランスの国民経済計算では広い意味でのすべての観光企業の収入を対象としている。たとえば，家族または友人宅に滞在した場合の架空の支出は，フランスの国民経済計算には含まれるが，WTOの統計には含まれない。

　世界を北の先進国と南の新興国に区分した場合，①先進国間の北－北，②先進国・新興国間の北－南，③新興国間の南－南の間での観光客の移動があるが，①の先進国間の北－北の観光収入が圧倒的に大きく，世界の観光収入上位12カ国は世界の観光収入の2/3を占めている。多国籍企業が世界で取り引きする財のうち約50％は子会社間の取引（「専属取引」）である。これと同じことは，北－北の観光と内部観光を考慮に入れると，北の先進国は資本，ノウハウそして観光客を輸出することによって，たとえば世界中に展開する多国籍ホテルチェーンに属する会社間の取引（「専属観光」）で観光収入をあげることになる。

　20世紀前半には一部の富裕層しか観光を楽しむことができなかったが，20

ジャン=ミシェル・エルナー，カトリーヌ・シカールの『観光科学』 第9章

世紀後半には一般大衆もマスツーリズムの発展に伴う観光産業の拡大により観光を楽しむことが可能となった。マスツーリズムが進展すればするほど，富裕層は一般大衆とは異なる旅行市場を求める。富裕層は社会のなかでは一握りの存在（フランス人の10％は国富の55％を保有し，新興国では人口の7〜8％がエリートに属している）である。しかし，富裕層が宿泊する数少ない高級ホテルの収入は，一般大衆が宿泊する多数のエコノミーホテルと同程度の収入を得ており，無視することができない。

観光活動が存続するためには，まず第1に自然環境が保全されなければならない。自然的観光資源が自然災害や無秩序な開発によって損なわれることになれば，持続可能な観光は不可能である。第2に，観光は平和でなければ成り立たないことから観光客移動の持続性の確保（セキュリティの確保），観光産業従業員の人材育成教育・訓練が重要である。第3に，観光産業のサービス生産性向上のための新技術の使用，無秩序な開発のコントロールが必要である。観光の持続可能な発展は，観光産業の目標になる。

第5章は，旅行者と観光客の差異は何か，そして観光客の地政学的役割について論じている。19世紀末の，マスツーリズムの誕生前には観光客は稀であり，旅行者は家族または小グループで旅行していた。WTOは，旅行者は「2カ所以上の場所の間を旅行する人」，観光客は「公的または民間の宿泊施設において少なくとも1泊を費やす訪問客」と定義している。旅行者はレジャー，家族・友人訪問，ビジネス，医療，巡礼などさまざまな目的で，ある場所から別の場所へ移動する人を指す。一方，観光客について著者らは，WTOの定義では日帰り旅行者が除外されていると異論を唱えている。観光客は通常の環境を離れ，楽しみのために旅行する人であり，観光産業に依存した団体旅行では「受動的な見物人」，「盲目の旅行者」になりがちである。かといって，旅行者がすべて活動的な人々であるかというとそうでもない点は注意する必要がある。

観光はグローバル化における主要な柱であり，南の新興国経済の将来にとって観光産業は成長が期待されている産業である。それにもかかわらず，新興国のなかのイスラム原理主義運動のような組織的なテロリスト勢力は北の先進国

から南の新興国を訪れる観光客にテロ行為を行っている。それはなぜかというと，彼らはジョージ・W. ブッシュ（元・米大統領）が「善」のあらかじめ設定された目的地を指向するアメリカの神と「西欧化」の「悪」または西洋の価値観を拒絶し，復讐する「アラー」との間の対立，すなわち「文明の衝突」（サミュエル・P. ハンチントン）のなかに北の先進国からの観光客を位置づけているからである。

「観光科学」（観光学）の誕生

わが国では本書の書名である「観光科学」（観光学）という名称は，なじみがない。「観光科学」という名称は，ジャン＝ミシェル・エルナーが 2000 年夏に発表した論文 'Pour la reconnaissance d'une science touristique', revue Espaces n^{0}173,2000.（「観光科学の認識に向けて」）が最初であり，発表当時は「自称科学」だとして批判され，その後の論争の導火線となった。続いて，彼は論争の成果を取り入れて前論文をさらに充実させ，2002 年 1 月に *Traite de tourismologie, pour une nouvelle science touristique*, Presses universitaires de Perpignan, 2002.（『新しい観光科学のための観光学概論』）を出版した。その後，2002 年 2 月にマラケシュ（モロッコ）で開催された AMFORHT の国際フォーラムにおいて「観光学」の誕生が宣言された。「観光学」とは社会科学と人文科学を結合したものであり，特に観光産業の枠組みのなかでの活動を研究する目的を持つ学際的科学である。本書は，運輸業，旅行業，ホテル産業，娯楽業などの分析結果のたんなる寄せ集めではなく，それ自身の概念を持つ観光学の樹立を目指して執筆されたものである。

観光の理論的研究と観光実務の関係

観光の理論的研究と観光実務は不即不離の関係にあり，観光の理論的な研究の蓄積が観光実務に生かされ，観光実務で蓄積された結果が観光の理論的研究に反映されるという両者のフィードバックの関係がしっかりと築かれていなければならない。「観光学」の目的は，前述の AMFORHT の国際フォーラムの宣言に明記されているように，観光部門に科学的知識の集積を引き入れるこ

と，ホテル経営と観光における専門的人材育成のレベル・アップを図ることである。観光学は観光研究者，学生だけでなく，観光産業における専門家，観光実務に携わる人たちの業務に役立つものでなければならない。観光後進国においては，「観光学」の理論的研究と観光実務とのフィードバックの関係の構築を組織的・計画的に実施していかなければならない。観光研究者と観光実務に携わる人たちにこの自覚がない限り，観光後進国から観光先進国への発展は日暮れて道遠しである。

　本書は新しい科学としての「観光学」を世界に普及させるために著された概説書であり，フランス語版と英語版の合本という体裁をとっている。本書の序文によると，著者らは学生に日頃から「英語は観光において外国語ではない」と話しているとのことである。この記述が示す通り，フランスでは外国人観光客に接する観光産業の従業員の英語教育に力が入れられており，観光先進国フランスの面目躍如たるものがある。

　本書は書名の副題が示す通り，概説書であり，短いマニュアルにすぎない。しかしながら，WTOが蓄積してきた成果を尊重しつつ，WTOの観光用語の概念や定義を科学的に再定義し，それ自身の概念を持つ観光学の構築を目指す著者らの意図は読者にひしひしと感じられるはずである。科学としての「観光学」に関心を持つ観光研究者，学生，観光実務家に本書の一読を勧めたい。

注

1） 本書出版時点（2003年）では，世界観光機関は略称WTOを使用していたが，2003年12月に国際連合（UN）の専門機関となった後，2005年12月1日から国連世界観光機関（UNWTO）に名称変更した。
2） 役職名は，本書出版時点（2003年）である。

あとがき

　筆者が大学で最初に観光の講義科目を担当したのは，1992年4月であり，それ以来，四半世紀の歳月が経過した。当初は大学の講義に堪える日本語の教科書が少なく，英語，ドイツ語，フランス語の観光の書物を翻訳して使用していた。その後，1990年代から2000年代初めにかけて全国に観光学部，観光学科の新設ブームに伴い，観光の教科書が相次いで出版された。ところが，本書初版の「あとがき」で記したように，経済学，社会学，地理学，歴史学などの学問に立脚して論じた観光に関する専門書は現時点でも少ないと言わざるを得ない。

　政府が2007年から5年ごとに策定している観光立国の実現に関する施策の総合的かつ計画的な推進を図る「観光立国推進基本計画」の目標と実績を比較すると，必ずしも順調に目標を達成しているとは言えない。政府は観光後進国の現状から観光先進国への離陸を目指しているが，そのためには次の諸課題に真摯に取り組む必要がある。①観光産業の生産性向上，②インバウンドの受け入れ体制の整備，③アウトバウンドの振興，④観光関連規制・制度の見直し，⑤観光統計の整備，⑥観光人材の育成，⑦東日本大震災からの復興である。

　筆者は大学院のない大学に勤務しているため，手塩にかけて育てた後継者はいない。そのため，観光研究を志す若い人たちに次のことを伝えておきたい。

1. 観光産業は「感性産業」と称されるように，人々に感動を与え，感性（五感）を刺激するものである。したがって，観光研究者は感性を磨く必要がある。
2. 観光の理論的研究と観光実務は，車の両輪である。双方のフィードバックの関係がしっかりと構築されなければならない。
3. 研究は基本的に1人でするものであるが，孤立してはいけない。学会や研究会を通じて積極的に仲間づくりに努めたほうがよい。
4. 学会や研究会は，研究者の交流の場であり，とりわけ，研究成果の交換の場である。同世代の研究者間では研究成果の交換は，「等価交換」でよいが，上の世代の研究者から研究成果をいただいた場合は，「倍返し」し

なければならないと心掛けたほうがよい。
5. 学会や研究会では，積極的に世代間（青・壮・老年層）の交流を心掛けたほうがよい。同世代で交流しているよりも，互いに教えられることが多いものである。
6. 学会や研究会のなかでいくら激しい論争をしても，それは研究者としての学問上の争いであり，人間としては互いに尊敬し，仲良くしなければならない。
7. 情報にはギブ・アンド・テイクの原則があり，情報発信をしなければ情報は得られない。情報を発信し続ける努力を怠らなければ，何らかの有益な情報が得られるものである。
8. 研究者は自分の研究が世の中の何の役に立っているかを絶えず考える必要がある。学会から社会への情報発信の必要性が問われている。
9. 観光先進国の外国語文献を読み，翻訳や書評を通じて，紹介に努める必要がある。
10. 本書第9章で取り上げたジャン＝ミシェル・エルナーは，常日頃から学生たちに「英語は観光において外国語ではない」（本書199ページ），つまり観光研究を志す者は当たり前に英語ができなければならないと言っている。したがって，もっと上を目指すのであれば，英語以外の外国語の習得に努力する必要がある。さらに，観光研究において自分の得意分野（専門分野），関心を持って研究する国を選定することが必要である。

筆者の大学教員としての43年間の活動は，2018年3月で終了する。研究者が研究活動を続けることができるのは，研究をさまざまな形で支えてくださっている人たちのおかげである。筆者のこれまでの研究活動を支えてくださった皆様に感謝して，筆を擱くことにする。

2017年12月

　　　　　　　　　　　　　　　　　　　　　　　　　　　　米浪　信男

参考文献

第1章
〈失われた20年〉
片桐剛士（2010）『日本の「失われた20年」』藤原書店。
深尾京司（2012）『「失われた20年」と日本経済』日本経済新聞出版社。
福田慎一（2015）『「失われた20年」を超えて』NTT出版。
船橋洋一編著（2015）『検証　日本の「失われた20年」』東洋経済新報社。

〈アベノミクス〉
相沢幸悦（2017）『「アベノミクス」の正体』日本経済評論社。
伊東光晴（2014）『アベノミクス批判』岩波書店。
小澤　隆（2015）「成長戦略の経緯と論点」『調査と情報』（国立国会図書館）第868号，1-14ページ。
片桐剛士（2013）『アベノミクスのゆくえ』（光文社新書）光文社。
経済財政諮問会議（第5回）（2014）「配布資料　これまでのアベノミクスの成果について（内閣官房・内閣府）」。
経済財政諮問会議（第1回）（2016）「資料2　アベノミクスの3年間の成果（内閣府）」。
経済財政諮問会議（第1回）（2017）「配布資料2　アベノミクスのこれまでの成果（内閣府）」。
経済財政諮問会議（第13回）（2017）「資料5　経済社会の質に着目したアベノミクスのこれまでの成果（内閣府）」。
高品盛也（2016）「アベノミクスの進捗と成長戦略」『調査と情報』第917号，1-9ページ。
中野英夫編著（2017）『アベノミクスと日本経済のゆくえ』専修大学出版局。
服部茂幸（2014）『アベノミクスの終焉』（岩波新書）岩波書店。
服部茂幸（2017）『偽りの経済政策』（岩波新書）岩波書店。

〈観光立国〉
アトキンソン，デービッド（2015）『新・観光立国論』東洋経済新報社。
アトキンソン，デービッド（2017）『世界一訪れたい日本のつくりかた』東洋経済新報社。
閣議決定（2012）「観光立国推進基本計画」。
閣議決定（2017）「観光立国推進基本計画」。
観光立国推進閣僚会議（2013）「観光立国実現に向けたアクション・プログラム」。
観光立国推進閣僚会議（2014）「観光立国実現に向けたアクション・プログラム2014」。
観光立国推進閣僚会議（2015）「観光立国実現に向けたアクション・プログラム2015」。
観光立国推進閣僚会議（2016）「観光ビジョン実現プログラム2016（観光ビジョンの実現に向けたアクション・プログラム2016）」。
観光立国推進閣僚会議（2017）「観光ビジョン実現プログラム2017（観光ビジョンの実

現に向けたアクション・プログラム 2017）」．
（公益社団法人）経済同友会（2012）「観光立国推進基本計画の改定案に対する意見」．
（公益社団法人）経済同友会（2012）「観光立国に向けた環境づくりを進める」．
（公益社団法人）経済同友会（2015）「『真の観光立国』実現に向けた新たな KPI の設定を」．
大和総研（2014）「観光立国への挑戦」『日本経済新聞』12 月 22 日～31 日（朝刊）（「ゼミナール」欄）8 回連載．
寺島実郎・一般財団法人日本総合研究所（2015）『新・観光立国論』NHK 出版．
内閣府（2015）「観光立国実現に関する世論調査」．
（社）日本経済団体連合会（2011）「改定『観光立国推進基本計画』に望む」．
（社）日本経済団体連合会（2012）「新たな観光立国推進基本計画に向けた提言」．
（社）日本経済団体連合会（2014）「高いレベルの観光立国実現に向けた提言」．
（社）日本経済団体連合会（2017）「改定『観光立国推進基本計画』に対する意見」．
日本商工会議所（2015）「国と地域の再生に向けた観光振興について」．
盛山正仁（2011）『観光政策と観光立国推進基本法』第 2 版，ぎょうせい．

〈観光産業の生産性向上〉

経済産業省（2008）「業種別生産性向上プログラム～『攻めのサービス産業』に向けて生産性向上を『点』から『面』に～」．
経済産業省商務情報政策局（2014）「サービス業の高付加価値化に関する研究会報告書」．
（公益社団法人）経済同友会（2014）「『第 2 弾成長戦略』に向けた提言」．
滝澤美帆（2016）「日米産業別労働生産性水準比較」『生産性レポート』（日本生産性本部）Vol.2, 1-6 ページ．
中田一良（2015）「日本のサービス輸出の特徴と課題」『調査と展望』（三菱 UFJ リサーチ＆コンサルティング）No.25, 1-18 ページ．
日本経済再生本部（2015）「サービス産業チャレンジプログラム」．
（公益財団法人）日本生産性本部（2012）「サービス産業の更なる発展に向けた，『おもてなし産業化』の推進に係る調査研究事業報告書」．
（公益財団法人）日本生産性本部（2017）「宿泊業の生産性向上事例報告」（第 2 回生産性向上国民運動推進協議会）33-56 ページ．
森川正之（2009）「サービス業の生産性分析～政策的視点からのサーベイ～」『日本銀行ワーキングペーパーシリーズ』No.09-J-12, 1-54 ページ．
森川正之（2014）「円安とサービス貿易」『RIETI コラム』（独立行政法人経済産業研究所）1-3 ページ．
森川正之（2014）『サービス産業の生産性分析』日本評論社．
森川正之（2015）「外国人旅行客と宿泊業の生産性」『RIETI ディスカッション・ペーパー・シリーズ』15-J-049, 1-21 ページ．
森川正之（2016）『サービス立国論』日本経済新聞出版社．
森川正之（2017）「サービス業生産性の動態分析：TFP の企業間格差とヴォラティリティ」『RIETI ディスカッション・ペーパー・シリーズ』17-J-010, 1-24 ページ．

大和香織・市川雄介（2013）「わが国サービス産業の生産性」『みずほ総研論集』2013年Ⅰ号, 17-34 ページ．

〈インバウンドの受け入れ体制の整備〉

岳　梁（2017）「中国人の海外旅行の拡大と旅行先としての日本」『今月のトピックス』（日本政策投資銀行）No.268-1．

熊澤圭祐（2017）「2016 年のインバウンドの動向」同上誌, No.267-1．

国土交通省国土交通政策研究所（2015）「訪日旅行のブランド・イメージに関する調査研究」『国土交通政策研究』第 126 号．

（公益財団法人）堺都市政策研究所（2016）「関空を利用した訪日外国人の経済波及効果」．

高瀬裕介（2016）「訪日外国人旅行者とインバウンド消費の動向」『今月のトピックス』No.250-1．

竹内太郎（2016）「特集　自治体のインバウンド対策」『日経グローカル』No.295, 10-27 ページ．

日本銀行（2016）「各地域におけるインバウンド観光の動向と関連企業等の対応状況」『地域経済報告―さくらレポート―』6-21 ページ．

日本銀行大阪支店（2016）「関西におけるインバウンド需要の動向」『BOJ Reports & Research Papers』1-10 ページ．

日本銀行大阪支店（2017）「関西におけるインバウンド消費の経済効果」同上誌, 1-11 ページ．

日本政策投資銀行・（公財）日本交通公社（2016）「DBJ・JTBF　アジア・欧米豪訪日外国人旅行者の意向調査（平成 28 年版）」．

日本政策投資銀行関西支店（2017）「関西のインバウンド観光動向（アンケート調査）」．

日本政策投資銀行地域企画部（2013）「地域のビジネスとして発展するインバウンド観光」．

牧野知弘（2015）『インバウンドの衝撃』（祥伝社新書）祥伝社．

米良有加, 倉知善行, 尾崎直子（2013）「最近の訪日外国人増加の背景とわが国経済への影響」『日銀レビュー』2013-J-7, 1-6 ページ．

矢ケ崎紀子（2017）『インバウンド観光入門』晃洋書房．

山崎　治（2015）「訪日外国人旅行者 2000 万人の実現に向けた観光施策」『レファレンス』（国立国会図書館）No.768, 39-60 ページ．

〈働き方改革，休み方改革〉

小野　浩「日本の長時間労働を考える」『日本経済新聞』2017 年 5 月 4 日～16 日（朝刊）（「やさしい経済学」欄）8 回連載．

仕事と生活の調和推進官民トップ会議（2007）「仕事と生活の調和（ワーク・ライフ・バランス）憲章」,「仕事と生活の調和推進のための行動指針」．

内閣府（2014）「休み方改革ワーキンググループ報告書」．

働き方改革実現会議（2017）「働き方改革実行計画」．

〈観光関連規制・精度の見直し〉
　［通訳案内士］
　観光庁（2017）「新たな通訳案内士制度のあり方に関する検討会」（第1回・6月2日，第2回・6月30日）。
　通訳案内士のあり方に関する検討会（2011）「通訳案内士制度のあり方に関する最終報告書」。
　通訳案内士制度のあり方に関する検討会（2017）「通訳案内士制度の見直し方針について　最終とりまとめ」。
　真子和也（2016）「通訳案内士制度をめぐる動向」『調査と情報』第890号，1-14ページ。
　［民泊］
　大阪商工会議所（2015）「"大阪インバウンド"促進に向けた研究会提言書」。
　閣議決定（2015）「規制改革実施計画」。
　樫原弘志（2016）「フォーカス　動き出した民泊」『日経グローカル』No.283, 52-57ページ。
　規制改革会議（2015）「規制改革に関する第3次答申」。
　規制改革会議（2015）「民泊サービスの推進に関する意見」。
　規制改革推進会議（2017）「規制改革推進に関する第1次答申」。
　日本政策投資銀行関西支店（2016）「日本における民泊利用の実態」。
　「民泊サービス」のあり方に関する検討会（2016）「『民泊サービス』の制度設計のあり方について」（「民泊サービス」のあり方に関する検討会最終報告書）。

〈観光人材の育成〉
　稲毛文恵（2017）「専門職大学及び専門職短期大学の創設—学校教育法の改正に係る国会論議—」『立法と調査』（参議院）No.392, 21-33ページ。
　教育再生実行会議（2014）「今後の学制等の在り方について（第五次提言）」。
　クールジャパン人材育成検討会（2017）第1回「資料1　観光庁提出資料」。
　クールジャパン人材育成検討会（2017）「クールジャパン人材育成検討会第1次とりまとめ」。
　小林信一（2016）「大学教育の境界—新しい高等職業教育機関をめぐって—」『レファレンス』No.785, 23-52ページ。
　中央教育審議会実践的な職業教育を行う新たな高等教育機関の制度化に関する特別部会（2016）「社会・経済の変化に伴う人材需要に即応した質の高い専門職業人養成のための新たな高等教育機関の制度化について（審議経過報告）」。
　中央教育審議会（2016）第107回資料1-2「第一部　社会・経済の変化に伴う人材需要に即応した質の高い専門職業人養成のための新たな高等教育機関の制度化について（概要）」。
　「観光マネジメント人材の育成が必要」（若林靖永京都大学経営管理大学院長に聞く）京都経済・観光特集『日本経済新聞』2017年2月27日（夕刊）。
　「特集　観光人材　育成とマッチング」『季刊　観光とまちづくり』（日本観光振興協会）2017年秋号（通巻529号），13-25ページ。

〈東日本大震災からの復興〉
　岡田広行（2016）「特別リポート　宮城・気仙沼　復興への総力戦　チームで創る観光都市」『週刊東洋経済』第 6678 号，86-91 ページ。
　閣議決定（2016）「『復興・創生期間』における東日本大震災からの復興の基本方針」。
　小池拓自ほか（2016）「福島第一原発事故から 5 年」『調査と情報』第 899 号，1-27 ページ。
　泉水健宏（2017）「東日本大震災からの復興の現状及び課題」『立法と調査』No.395, 3-22 ページ。
　東北運輸局観光部（2017）「東北地方における観光の現状」。
　東北観光アドバイザー会議（復興庁）（2016）「東北観光アドバイザー会議提言」。
　復興庁（2017）「東日本大震災からの復興の状況に関する報告」。
　復興庁（2017）「復興の現状」。

〈東京オリンピック・パラリンピック競技大会〉
　（一般財団法人）経済広報センター（2014）「東京オリンピック・パラリンピックを契機とした観光立国に関する意識調査報告書」。
　内閣府経済社会総合研究所（2015）「オリンピック・パラリンピックを契機とした地域活性化研究会報告書」。
　長田充弘ほか（2015）「2020 年東京オリンピックの経済効果」『BOJ Reports & Research Papers』（日本銀行）1-18 ページ。
　みずほ総合研究所（2013）「緊急リポート　2020 東京オリンピックの経済効果」。
　みずほ総合研究所（2014）「2020 東京オリンピック開催の経済効果は 30 兆円規模に」『みずほリポート』。
　宮嵜　浩・福田圭亮（2013）「2020 東京五輪が日本経済に与える影響」『景気循環研究所レポート』（三菱 UFJ モルガン・スタンレー証券）1-2 ページ。
　本橋直樹・赤木　升（2015）「より良いレガシー創出へ向けて求められる視点とは～2020 年東京大会を将来の発展につなげるために～」季刊『政策・経営研究』（三菱 UFJ リサーチ＆コンサルティング）Vol.2・3, 27-39 ページ。
　山崎　治（2015）「オリンピックの経済効果を地方にまで波及させた英国―東京オリンピックに対する懸念の解消に向け―」『レファレンス』No.771, 21-42 ページ。

第 2 章
　五十嵐敬喜・小川明雄（2003）『「都市再生」を問う』（岩波新書）岩波書店。
　五十嵐太郎（2006）『美しい都市・醜い都市』（中公新書ラクレ）中央公論新社。
　伊藤滋編著（2005）『都市再生最前線―実践！都市の再生, 地域の復活―』ぎょうせい。
　大阪商工会議所（2006）「大阪・水辺のランドスケープ調査報告書　東横堀川・水辺の魅力向上プログラム」。
　大西　隆（2004）『逆都市化時代』学芸出版社。
　（株）オオバ技術本部（2015）『まちづくり学への招待』東洋経済新報社。
　岡本哲志（2006）『銀座四百年』講談社。

加茂利男（2005）『世界都市』有斐閣．
観光まちづくり研究会（2001）「観光まちづくりガイドブック」（財）アジア太平洋観光交流センター．
国際交流基金（2003）「国際シンポジウム報告書　クリエイティブ・シティ〜都市の再生を巡る提案」．
国土交通省総合政策局観光部（2003）「アーバンツーリズム（都市観光）による地域活性化方策に関する調査報告書」．
コルブ，ボニータ・M 著，近藤勝直監訳（2007）『都市観光のマーケティング』多賀出版．
佐々木雅幸（1997）『創造都市の経済学』勁草書房．
佐々木雅幸（2001）『創造都市への挑戦』岩波書店．
佐々木雅幸・総合研究開発機構編（2007）『創造都市への展望―都市の文化政策とまちづくり―』学芸出版社．
須賀彩子・鈴木豪・田中博（2007）「特集　新・東京開発マップ―都市再生第2弾が進行！」『週刊ダイヤモンド』第95巻第27号，112-125ページ．
民岡順朗（2005）『「絵になる」まちをつくる―イタリアに学ぶ都市再生―』（生活人新書）日本放送出版協会．
田村　明（1987）『まちづくりの発想』（岩波新書）岩波書店．
田村　明（1999）『まちづくりの実践』（岩波新書）岩波書店．
淡野明彦（2004）『アーバンツーリズム―都市観光論―』古今書院．
東京都産業労働局（2006）「東京の水辺空間の魅力向上に関する全体構想」．
東京都産業労働局（2007）「水辺活用ハンドブック」．
「東京変貌」プロジェクトチーム編（2007）『東京変貌―航空写真に見るこの50年の東京―』幻冬舎メディアコンサルティング．
都市観光を創る会監修，都市観光でまちづくり編集委員会（2003）『都市観光でまちづくり』学芸出版社．
都市新基盤整備研究会，森地茂・篠原修編著（2003）『都市の未来』日本経済新聞社．
中牧弘允・佐々木雅幸・総合研究開発機構編（2008）『価値を創る都市へ―文化戦略と創造都市―』NTT出版．
日本政策投資銀行ニューヨーク駐在員事務所（2001）「ニューヨークにおける都市再生の取り組み」『ニューヨーク駐在員事務所報告』N-58．
日本橋トポグラフィ事典編集委員会編（2007）『日本橋トポグラフィ事典　本編・地誌編』たる出版．
（社）日本プロジェクト産業協議会（JAPIC）（2005）「都市河川再生への提言―川の再生でよみがえる都市の魅力―」．
服部銈二郎（2003）『浅草・上野物語』古今書院．
藤尾明彦・鈴木謙太朗・田宮寛之（2006）「日本橋ルネッサンス」『週刊東洋経済』第6011号，124-131ページ．
山下柚実（2003）『五感で楽しむ東京散歩』（岩波アクティブ新書）岩波書店．
吉野源太郎ほか（2007）「東京物語2007」『日経ビジネス』第1374号〜第1381号まで8回連載．

ランドリー，チャールズ著，後藤和子監訳（2003）『創造的都市―都市再生のための道具箱―』日本評論社．
ロー，クリストファー・M 著，内藤嘉昭訳（1997）『アーバン・ツーリズム』近代文芸社．
渡辺康仁・篠原匡（2004）「『銀座』という磁力」『日経ビジネス』第1240号，134-141ページ．

第3章
（書籍）
芦原義信（1990）『街並みの美学』（同時代ライブラリー 19）岩波書店．
芦原義信（1990）『続・街並みの美学』（同時代ライブラリー 45）岩波書店．
芦原義信（1994）『東京の美学』（岩波新書）岩波書店．
阿部和俊編（2007）『都市の景観地理―日本編１―』古今書院．
阿部和俊編（2007）『都市の景観地理―日本編２―』古今書院．
阿部和俊編（2009）『都市の景観地理―大陸ヨーロッパ編―』古今書院．
石原一子（2007）『景観にかける―国立マンション訴訟を闘って―』新評論．
川村晃生・浅見和彦（2006）『壊れゆく景観』慶應義塾大学出版会．
国土交通省都市・地域整備局都市計画課監修，景観法制研究会編集（2004）『概説　景観法』ぎょうせい．
後藤春彦（2007）『景観まちづくり論』学芸出版社．
コンボ―，イヴァン著，小林茂訳（2002）『パリの歴史［新版］』（文庫クセジュ）白水社．
佐野敬彦（2008）『ヨーロッパの都市はなぜ美しいのか』平凡社．
自治体景観政策研究会編（2009）『景観まちづくり最前線』学芸出版社．
田村　明（2005）『まちづくりと景観』（岩波新書）岩波書店．
鳥海基樹（2004）『オーダー・メイドの街づくり―パリの保全的刷新型「界隈プラン」―』学芸出版社．
中村良夫（2008）『風景からの町づくり』日本放送出版協会．
西村幸夫編著（2005）『都市美―都市景観施策の源流とその展開―』学芸出版社．
（社）日本建築学会編（2005）『景観法と景観まちづくり』学芸出版社．
（社）日本建築学会編（2005）『景観まちづくり』（シリーズ　まちづくり教科書　第8巻）丸善．
（社）日本建築学会編（2008）『景観法活用ガイド』ぎょうせい．
文化庁文化財部記念物課監修，採掘・製造，流通・往来及び居住に関連する文化的景観の保護に関する調査研究会編（2010）『都市の文化と景観』同成社．
松原隆一郎（2002）『失われた景観』（PHP新書）PHP研究所．
面出　薫＋光のまちづくり企画推進委員会編著（2006）『光の景観まちづくり』学芸出版社．
和田幸信（2007）『フランスの景観を読む』鹿島出版会．
和田幸信（2010）『美観都市パリ』鹿島出版会．
（論文・報告書）

市川嘉一（2003）「転換期に立つ『景観まちづくり』」『日経地域情報』第409号，1-16ページ．

伊藤修一郎（2003）「景観まちづくり条例の展開と相互参照」『自治研究』第79巻第3号，97-112ページ．

大西　隆ほか（2003）「特集　国立から景観問題を考える」『地域開発』第464号，1-63ページ．

北沢　淳・小林信三（1996）「全国自治体の景観行政（上）」都道府県編『日経地域情報』第255号，2-14ページ．

北沢　淳・小林信三・橋口泰史（1996）「全国自治体の景観行政（下）」市区町村編，同上誌，第256号，2-18ページ．

北村喜宣ほか（2006）「特集　景観法とまちづくり」『ジュリスト』No.1314，1-94ページ．

建設省建設政策研究センター（2000）「景観・環境形成のための国土利用のあり方に関する研究～欧州（独・英・仏・伊）の国土計画・土地利用規制と風景保全～」．

国土交通省住宅局（2007）「建築物に対する景観規制の効果の分析手法について」．

国土交通省都市・地域整備局（2007）「景観形成の経済的価値分析に関する検討報告書」．

小林　正（2007）「我が国の景観保全・形成法制」『レファレンス』No.672，48-75ページ．

高谷基彦（2006）「時を超え光り輝く京都の景観づくり」『地域開発』第506号，2-7ページ．

日経産業消費研究所（1996）「景観と街づくり」『日経地域情報』第245号～第259号まで8回連載．

日経産業消費研究所（2000）「景観創造」『日経地域情報』第337号～第348号まで10回連載．

林　俊行（2004）「特集・第159回国会主要成立法律（3）景観法」『ジュリスト』No.1276，80-85ページ．

福田　治（2005）「都市景観形成の意義―景観法の成立と課題―」『レファレンス』第649号，50-60ページ．

宗田好史（1988）「イタリア・ガラッソ法と景観計画」『公害研究』第18巻第1号，15-27ページ．

村上　弘（1993）「京都の景観行政と政策過程―京都駅ビル超高層化問題を中心に―」『都市問題』第84巻第4号，71-97ページ．

（注）収録点数が多いため，書籍と論文・報告書を分けて記した（筆者）．

第4章

吾郷慶一（1994）『ライン河紀行』（岩波新書）岩波書店．

泉　英明・嘉名光一・武田重昭編著，橋爪紳也監修（2015）『都市を変える水辺アクション―実践ガイド―』学芸出版社．

大阪商工会議所（2015）「淀川の活性化と賑わい創出に向けた提言」．

小倉孝誠（2008）『パリとセーヌ川』（中公新書）中央公論新社．

小塩　節（1982）『ライン河の文化史』東洋経済新報社．

加藤雅彦（1991）『ドナウ河紀行』（岩波新書）岩波書店。
加藤雅彦（1999）『ライン河』（岩波新書）岩波書店。
国土交通省河川局（2006）「河川景観の形成と保全の考え方」（参考資料）。
国土交通省港湾局（2005）「港湾景観形成ガイドライン」。
国土交通省港湾局（2007）「運河の魅力再発見プロジェクト　概要」。
国土交通省港湾局・海事局（2008）「水域を活用した地域活性化方策のガイドライン」。
笹本駿二（1974）『ライン河物語』（岩波新書）岩波書店。
篠原　修編（2005）『都市の水辺をデザインする』彰国社。
丹下和彦・松村國隆編著（2011）『ドナウ河―流域の文学と文化―』晃洋書房。
東京都港湾局（2005）「運河ルネサンスの推進方針について」。
中村良夫（1982）『風景学入門』（中公新書）中央公論社。
中村良夫（2001）『風景学・実践篇』（中公新書）中央公論新社。
橋爪紳也（2011）『「水都」大阪物語』藤原書店。
半田市産業・観光振興計画策定委員会（2006）「商都半田の『復活』と『創造』―半田市産業・観光振興計画」。
半田市（2012）「半田市産業・観光振興計画―創造と変革に向けて―」。
久　隆浩「水辺のデザイン」（鳴海邦碩・田端修・榊原和彦編（1998）『都市デザインの手法（改訂版）』学芸出版社，所収）93-102ページ。
枚方市（2001）「淀川舟運の復活と枚方市の展望～枚方市舟運構想～報告書」。
マグリス，クラウディオ著，池内　紀訳（2012）『ドナウ　ある川の伝記』NTT出版。
松尾直規（2008）「学者が斬る　川づくりが都市の魅力を高める」『週刊エコノミスト』第86巻第19号，50-53ページ。
三浦裕二・陣内秀信・吉川勝秀編著（2008）『舟運都市―水辺からの都市再生―』鹿島出版会。
（財）リバーフロント整備センター編（2002）『河川を活かしたまちづくり事例集』技報堂出版。
（財）リバーフロント整備センター編（2004）『河川を活かしたまちづくり事例集Ⅱ』技報堂出版。
吉川勝秀（2011）『リバーウォークの魅力と創造―川を活かした都市再生―』鹿島出版会。
Damien,Marie-Madeleine(2001), *Le tourisme fluvial*(Que sais-je?), Presses Universitaires de France,Paris.
Internationale Kommission zum Schutz des Rheins(IKSR)(2004), *Rhein Lachs 2020,*Koblenz.
United Kingdom Government Office North West (July 2006), *Evaluation of The Mersey Basin Campaign Final Report.*

第5章

ヴァンソン藤井由実（2011）『ストラスブールのまちづくり』学芸出版社。
上山信一（2010）『大阪維新』（角川SSC新書）角川SSコミュニケーションズ。
大阪市（2011）「大阪市観光振興戦略」。

大阪市（2011）「魅力あるリバーフロントの形成に向けた基本方針」．
大阪市・大阪商工会議所（2012）「水都大阪の新たな観光拠点調査検討報告書」．
大阪市街地再開発促進協議会編（2008）『都市再生・街づくり学—大阪発・民主導の実践—』創元社．
大阪商工会議所（2010）「千客万来都市 OSAKA プラン」．
大阪商工会議所（2012）「中之島西部エリア活性化に向けた提言」．
大阪府・大阪市（2013）「大阪の成長戦略［平成 25 年版］」．
大阪府・大阪市（2016）「大阪都市魅力創造戦略 2020」．
大阪府市統合本部会議（2012）「世界的な創造都市に向けて～グレート・リセット～」（大阪府市都市魅力戦略会議報告書）．
金井利之（2011）「『大阪都構想』とは何なのか」『世界』第 824 号，114-122 ページ．
関西経済同友会（2014）「提言 『大阪の統治機構のあるべき姿』について議論を深化させ，市民・企業人に公開を」．
小林 哲（2015）「グルメシティネットワーク『デリス（Délice）』」『日本マーケティング学会ワーキングペーパー』Vol.1, No.5, 1-33 ページ．
佐々木信夫（2012）「講座 実践行政学 第 36 回 大都市制度（上）"都"構想」『地方財務』第 693 号，221-230 ページ．
水都大阪推進委員会（2011）「水都大阪 水と光のまちづくり構想」．
砂原庸介（2012）『大阪—大都市は国家を超えるか』（中公新書）中央公論新社．
高寄昇三（2010）「大阪都構想と政令指定都市」『都市政策』第 141 号，19-30 ページ．
トーザン，ドラ著，市川佳奈訳（2013）『パリジェンヌのパリ 20 区散歩』（河出文庫）河出書房新社．
陶山計介・妹尾俊之著，大阪ブランドコミッティ企画・協力（2006）『大阪ブランド・ルネッサンス—都市再生戦略の試み—』ミネルヴァ書房．
フロリダ，リチャード著，井口典夫訳（2009）『クリエイティブ都市論』ダイヤモンド社．
前島雅彦・川上寿敏（2014）「特集 動き出した大都市制度改革」『日経グローカル』No.243, 10-25 ページ．
松田恵利（2012）「大阪都構想について」『調査と情報』第 740 号，1-24 ページ．
村上 弘（2010）「『大阪都』の基礎研究」『立命館法学』331 号，241-332 ページ．
村上 弘（2011）「大阪都構想」同上誌，335 号，557-613 ページ．
森 裕之（2015）「大阪都構想の欠陥と虚構」『世界』第 869 号，111-117 ページ．
World Tourism Organization and European Travel Commission (2009), *Handbook on Tourism Destination Branding,* Madrid.

第 6 章

市原 実（2009）『観光カリスマ 100 選』日本文芸社．
観光庁ホームページ「観光カリスマ」(http://www.mlit.go.jp/kankocho/shisaku/jinzai/charisma_list.html 2017 年 5 月 31 日閲覧)．
生活産業創出研究会（2002）「生活産業創出研究会報告書」．
（社）日本観光協会編（2005）『観光カリスマ』学芸出版社．

第 7 章

石毛直道編（1980）『食の文化シンポジウム'80　人間・たべもの・文化』平凡社。
ヴィトー，ジャン著，佐原秋生訳（2008）『ガストロノミ―美食のための知識と知恵―』（文庫クセジュ）白水社。
大阪商工会議所（2013）「ムスリム観光客接遇基礎知識集　アッサラーム　アライクム！」。
観光庁（2015）「ムスリムおもてなしガイドブック」。
熊倉功夫（2007）『日本料理の歴史』吉川弘文館。
熊倉功夫編（2012）「和食―日本人の伝統的な食文化―」農林水産省。
経済産業省・農林水産省（2013）「2015年ミラノ国際博覧会について」。
ENJOY JAPANESE KOKUSHU（國酒を楽しもう）推進協議会（2012）「國酒等の輸出促進プログラム」。
国税庁課税部酒税課（2017）「酒のしおり」。
国土交通省総合政策課観光事業課（2008）「多様な食文化・食習慣を有する外国人客への対応マニュアル」。
（財）自治体国際化協会シンガポール事務所（2014）「イスラム圏からの観光客誘致～東南アジアのムスリム観光客を日本へ～」。
「食の都・大阪」推進会議大阪食彩ブランドプロジェクトチーム（2008）「大阪食彩ブランドプロジェクトチーム報告書～食の都の復権をめざして～」。
辻　芳樹（2013）『和食の知られざる世界』（新潮新書）新潮社。
内閣官房　第4回クールジャパン推進会議（2013）「クールジャパン発信力強化のためのアクションプラン」。
内閣府知的財産戦略推進事務局（2017）「最近の日本産酒類輸出動向について」。
永山久夫（2012）『なぜ和食は世界一なのか』（朝日新書）朝日新聞出版。
日本アセアンセンター（2013）「ASEANムスリム観光客受け入れのために」。
日本産酒類の輸出促進連絡会議（2017）「日本産酒類の輸出促進に向けた課題及び対応方針について」。
日本食文化世界無形遺産登録に向けた検討会（2012）「日本食文化の無形文化遺産記載提案書の概要」。
日本貿易振興機構（JETRO）産業技術・農林水産部（2007）「日本産食品の対米輸出拡大策に関する調査」。
日本貿易振興機構（JETRO）農林水産・食品調査課（2013）「日本食品に対する海外消費者意識アンケート調査（中国，香港，台湾，韓国，米国，フランス，イタリア）7カ国・地域比較」。
日本貿易振興機構（JETRO）農林水産・食品部サンフランシスコ事務所（2012）「平成23年度　米国ベイエリアにおける日本酒の消費実態調査」。
日本貿易振興機構（JETRO）農林水産部（2009）「平成20年度食品規制実態調査　米国における日本酒市場の動向と諸規制」。
日本貿易振興機構（JETRO）農林水産部（2010）「平成21年度　米国における日本食レストラン動向」。
農林水産省（2013）「日本食・食文化の普及について」。

農林水産省食料産業局輸出促進グループ（2014）「農林水産物・食品の輸出促進対策の概要」．

農林水産物・食品輸出戦略検討会（2011）「農林水産物・食品輸出の拡大に向けて」．

原田信男（2005）『和食と日本文化』小学館．

第8章

閣議決定（2009）「公的統計の整備に関する基本的な計画」．

閣議決定（2014）「公的統計の整備に関する基本的な計画」（第Ⅱ期基本計画）．

各府省統計主管部局長等会議（2003）「統計行政の新たな展開方向」．

河合　暁（2007）「特集・第166回国会主要成立法律（1）統計法」『ジュリスト』No.1340，52-55ページ．

観光庁（2009）「観光統計の整備に関する検討懇談会　観光入込客統計分科会報告書」．

観光庁（2009）「観光統計の整備に関する検討懇談会　観光消費額統計分科会報告書」．

観光庁（2009）「旅行・観光サテライト勘定　作成マニュアル暫定版」．

観光庁（2013）「観光統計の概要と利活用について」．

経済財政諮問会議（第22回）（2016）「資料4　統計改革の基本方針」．

国友直人・山本　拓編集・監修（2012）「第Ⅱ部　統計制度と統計改革」『21世紀の統計科学〈Vol.1〉社会・経済の統計科学』（日本統計学会創立75周年記念出版　2012年増補HP版，所収）88-181ページ（park.itc.u-tokyo.ac.jp/atstat/jss75shunen/Vol1.pdf　2017年7月24日閲覧）．

国土交通省（2005）「我が国の観光統計の整備に関する調査報告書」．

国土交通省観光庁（2013）「観光入込客統計に関する共通基準（平成25年3月改定）」．

国土交通省観光庁参事官（観光経済担当）（2009）「観光統計の整備に関する検討懇談会　宿泊旅行統計分科会報告書」．

国土交通省総合政策局観光経済課（2006）「観光統計の整備に関する検討懇談会　宿泊旅行統計分科会報告書Ⅱ　宿泊旅行統計第二次予備調査結果報告」．

国土交通省総合政策局観光経済課（2008）「観光統計の整備に関する検討懇談会　中間とりまとめ」．

国土交通省総合政策局観光政策課（2006）「観光統計の整備に関する検討懇談会　宿泊旅行統計分科会報告書」．

総務省統計委員会（第117回）・基本計画部会（第87回）合同開催（2017）「資料1『公的統計の整備に関する基本的な計画』の変更に係る答申」．

統計改革推進会議（2017）「統計改革推進会議　最終とりまとめ」．

統計審議会（1985）「統計行政の中・長期構想について」．

統計審議会（1995）「統計行政の新中・長期構想について」．

統計法制度に関する研究会（2006）「統計法制度に関する研究会報告書」．

内閣府経済社会統計整備推進委員会（2005）「政府統計の構造改革に向けて」．

内閣府統計制度改革検討委員会（2006）「統計制度改革検討委員会報告」．

平田佳嗣（2007）「国民の財産であり，社会の情報基盤としての統計〜統計法案〜」『立法と調査』No.267，9-16ページ．

三輪芳朗（2016）「よりよい政策と研究を実現するための経済統計の改善に向けて：（6）

Introduction and Guide」『大阪学院大学経済論集』第 29 巻第 1・2 号，95-281 ページ。

Spurr,Ray(2006),"Tourism Satellite Accounts", in *International Handbook on the Economics of Tourism*, edited by Larry Dweyer and Peter Forsyth, Edward Elgar, pp.283-300.

第 9 章

ジャン＝ミシェル・エルナーの著書については，ジャン＝ミシェル・エルナー著，米浪信男訳（2015）『観光の地政学』同文舘出版，171-172 ページを参照していただきたい。

事項索引

〔あ行〕

アーバンルネサンス ……………………… 32, 34
アウトバウンド ……………… 9, 16, 18, 195
アベノミクス ………………………………… 3
アメニティな空間 ………………… 56, 66, 106

生玉夏祭 ……………………………………… 113
一汁三菜 ……………………… 145, 146, 162
一夜官女祭 …………………………………… 113
インバウンド ……… 9, 11, 12, 14, 16, 19, 22, 195

ヴィーガン …………………………………… 158
ヴェリブ ……………………………………… 109
失われた20年 ………………………………… 2
運河景観 …………………………………… 83, 86
運河ルネサンス ………………………… 41, 84

エコノミーホテル ………………………… 197

大阪アーツカウンシル …………………… 103
大阪観光局 ………………………………… 103
大阪都構想 ……………………………… 101, 117
大阪ブランドコミッティ ………………… 115
オボ・ベジタリアン ……………………… 158

〔か行〕

懐石料理 ……………………………………… 144
河岸 …………………………………………… 94
格安航空会社 ………………………………… 9
加工統計 ………………………………… 169, 172

河川環境 ……………………………………… 73
河川景観 ………………………………… 73, 82
河川文化 ………………………………… 72, 94
河川法 ………………………………………… 72
課題先進国 ………………………………… 2, 13
観光入込客統計 …………………… 176, 178-180
観光カリスマ ……………… 121-125, 128-136
観光基本法 ……………………………… 1, 5, 44
観光後進国 ……………………………… 22, 199
観光サービス ……………………………… 196
観光サテライト勘定 ……………… 22, 181-183
観光産業 ……… 13, 22, 44, 45, 143, 183, 197, 199
観光人材 ……………………………………… 22
観光先進国 ………………… 1, 12-15, 22, 23, 184
観光庁 ………………………………… 1, 6, 174, 181
観光統計
  ………… 21, 22, 167, 169, 174-177, 179, 181, 184
観光まちづくり ……………………… 61, 66
観光立国行動計画 ……………………… 44, 175
観光立国懇談会 ……………………… 1, 5, 44
観光立国推進基本計画
  ……………………… 1, 6, 8, 13, 16, 176, 177
観光立国推進基本法 ………………… 1, 5, 44, 176

基幹統計 ……………………………………… 172
北浜テラス ………………………………… 43, 114
キックバック ………………………………… 19
ギミック和食 ……………………………… 145
逆転の発想 ………………………………… 129
京町家 …………………………………… 62, 63
業務統計 …………………………………… 172

切れ者 …………………………… 134

クール・ジャパン戦略 ……………… 155
グリーンツーリズム ………………… 131
クリエイティブ産業 ………………… 155
クルーズ船 …………………………… 16
グルメシティ ………………………… 113

景観規制 …………………………… 57-59
景観計画 ……………………………… 55
景観工学 ……………………………… 55
景観条例 ……………………………… 55
景観法 ………………………… 37, 55, 56
景観まちづくり ………………… 59, 61, 66
景観利益 ……………………………… 59

交流立国 ……………………………… 44
港湾景観 ……………………………… 90
ゴールデンルート ………………… 8, 16
国際観光 …………………………… 194
国際ベジタリアン連合 ……………… 158
国民経済計算 ……………………… 182
国民の観光 ………………………… 194
国連世界観光機関 ………… 12, 21, 182-184

〔さ行〕

酒蔵ツーリズム …………………… 160, 161
酒蔵ツーリズム推進協議会 ………… 162
三本の矢 ……………………………… 3

持続可能都市 ………………………… 35
視対象 ………………………… 56, 59, 61, 66, 73
卓袱料理 …………………………… 144, 145

指定統計 …………………………… 172
視点 ………………………… 56, 61, 66, 73
四天王寺ワッソ …………………… 113
視点場 ………………………… 56, 59, 66
借景 …………………………………… 62
シャリーア ………………………… 158
住宅宿泊事業法案 …………………… 20
宿泊統計 ………………… 176, 177, 181
精進料理 …………………………… 144
商都大阪 ……………………… 108, 112
聖霊会 ……………………………… 113
食の伝道師 ………………………… 156
食文化 ………………… 143, 160, 162, 163
食都大阪 ……………………… 108, 113
新三本の矢 …………………………… 3

水景都市 ……………………………… 74
水上シャトル船 …………………… 81, 82
水都 ………………………………… 78, 89
水都大阪 ……………………… 78, 108, 117
スパークリング日本酒 ……………… 161
住みよさ都市 ………………………… 35
住吉祭 ……………………………… 113

全国観光統計基準 ………………… 179
専属観光 …………………………… 196
専属取引 …………………………… 196
専門職業大学 ………………………… 22

創造的復興 …………………………… 24
創造都市 ………………………… 35, 101
創造都市戦略 ………………………… 35

218

〔た行〕

大饗料理 ……………………………… 144
弾丸ツアー …………………………… 18

地域限定通訳案内士 ………………… 18
チェンジ・リーダー ………………… 130
治水 …………………………………… 72
着地型旅行 …………………………… 19
中央統計局 …………………………… 167
中間所得層 …………………………… 15
眺望景観 ……………………… 58, 62, 66

通訳案内士法 ………………………… 18

デリス ………………………………… 113
テロリスト …………………………… 195
天神祭 ………………………………… 113

東京オリンピック・パラリンピック競技大会
……………………………… 1, 23, 158
統計委員会 …………………… 171, 172
統計審議会 …………………………… 172
統計法 ………………………… 167, 171
東北観光復興元年 …………………… 23
特定名称酒 …………………………… 153
都市再開発 …………………………… 49
都市再生緊急整備地域 ……………… 31
都市再生特別措置法 ………… 31, 100
都市再生ビジョン …………………… 34
都市再生本部 ……… 30, 32, 41, 77, 100
都市政策 ………………………… 29, 30
都市論 …………………………… 29, 35

トラム ………………………………… 109
どんこ舟 ……………………………… 87

〔な行〕

ナイトカルチャー …………………… 115
内部観光 ……………………… 194, 195
中之島線 ………………………… 42, 78
中之島バンクス ……………… 43, 114

日本型食生活 ………………………… 145
日本酒 ……………… 143, 155, 160, 161, 163
日本酒カクテル ……………………… 161
日本酒スイーツ ……………………… 161
日本食レストラン …… 143, 148-150, 160, 163
日本貿易振興機構 …………………… 157
入国審査 ……………………………… 15

乗合クルーズ ………………………… 42

〔は行〕

ハイエンド都市 ……………………… 100
ハイブリッド和食 …………………… 146
バカ者 ………………………………… 134
働き方改革実現会議 ………………… 17
ハッピーマンデー制度 ……………… 18
ハラル認証 …………………………… 160
ハラルミール ………………… 158, 159

ヒートアイランド現象 ……………… 107
東日本大震災 …………………… 9, 23
ビザ免除 ……………………………… 15
ビジット・ジャパン事業 …………… 12

福島第一原子力発電所事故 ………… 23	水の回廊 …………………… 41, 78, 103
副首都推進本部 …………………… 117	水辺環境 ………………… 40, 61, 82, 93
復興五輪 …………………………… 23, 24	水辺空間
船渡御 ……………………………… 113	……… 40-42, 45, 65, 71, 74, 78, 84, 88, 93, 95
フュージョン料理 ………………… 146	水辺景観 ……… 40, 42, 45, 66, 71, 82, 93-95
富裕層 ………………………………… 15	ミラノ万博 ………………………… 156
フルータリアン …………………… 158	民泊 …………………………………… 20
プレミアムフライデー …………… 18	
プログレッシブ和食 ……………… 146	無形文化遺産 ………………… 143, 145
文化的磁力 ……………………… 11, 33, 35	
分散型統計機構 …………… 167, 169, 170	〔や行〕
	夜間景観（夜景）…………………… 64
ベジタリアン ……………………… 158	休み方改革ワーキンググループ …… 17
ペスコ・ベジタリアン …………… 158	
ペルピニャン大学 …………… 193, 194	よそ者 ……………………………… 134
ポーヨー・ベジタリアン ………… 158	〔ら行〕
掘割 …………………………… 86-89, 93	ラクト・ベジタリアン …………… 158
掘割景観 …………………………… 86	楽観主義 …………………………… 130
本膳料理 …………………………… 144	ランドオペレーター ……………… 19
〔ま行〕	利水 ………………………………… 73
マクガバン・レポート …………… 148	旅館業法 …………………………… 20
マスツーリズム …………………… 197	旅行業法 …………………………… 19
まち歩き観光 ……………………… 48	

地名索引

〔あ行〕

会津若松市 ･･････････････････ 124, 132
朝潮運河 ･･････････････････････ 41, 84
安心院町 ･･･････････････････････ 131
芦屋市 ･････････････････････････ 93
阿山町 ････････････････････････ 128
アンヴェルス（アントワープ）････････ 83

伊賀市 ････････････････････････ 128
石垣市 ･････････････････････････ 34
射水市 ･････････････････････････ 93
伊予市 ････････････････････････ 133

宇佐市 ････････････････････････ 131
宇治川 ･････････････････････････ 78
馬路村 ････････････････････････ 132

江刺市 ････････････････････････ 133

奥州市 ････････････････････････ 133
大野市 ････････････････････････ 133
帯広市 ････････････････････････ 133
小布施町 ････････････････････ 124, 133

〔か行〕

勝島運河 ･･････････････････････ 41, 84
桂川 ･･･････････････････････････ 78
金木町 ････････････････････････ 129
蒲郡市 ･････････････････････････ 91
神岡町 ･････････････････････････ 34

鴨川 ･･･････････････････････････ 72
カリフォルニア州 ･･････････････････ 149
ガロンヌ川 ･････････････････････ 83
神田川 ･････････････････････････ 40

木津川 ･･････････････････････ 42, 77, 78
京都市 ･････････････････････････ 61

草津町 ････････････････････････ 130
久世町 ････････････････････････ 131
国立市 ･････････････････････････ 58

ケルハイム ･･････････････････････ 83

五所川原市 ････････････････････ 129

〔さ行〕

ジーク川 ････････････････････････ 94
東雲運河 ･････････････････････ 41, 84
芝浦運河 ･････････････････････ 41, 84
芝浦西運河 ･･･････････････････ 41, 84
紫川 ･････････････････････････ 73-76
ジブラルタル海峡 ･･････････････････ 83
下関市 ･･･････････････････････ 64, 65
上越市 ････････････････････････ 129
白川村 ････････････････････････ 129
宍道湖 ･････････････････････････ 89
新芝運河 ･････････････････････ 41, 84
新月島運河 ･･･････････････････ 41, 84

ストラスブール ･･････････････････ 109

221

隅田川 …………………………………… 40, 74

セート ……………………………………… 83
セーヌ川 …………………………………… 72, 82
仙北市 ……………………………………… 124, 128

〔た行〕

高山市 ……………………………………… 124
田沢湖町 …………………………………… 124, 128
玉野市 ……………………………………… 34

知多半島 …………………………………… 86

ツウィン湖 ………………………………… 83

天王洲運河 ………………………………… 41, 84
天王洲南運河 ……………………………… 41, 84

トゥールーズ ……………………………… 83
東京ミッドタウン ………………………… 38
堂島川 ……………………… 42, 43, 77, 78, 114, 115
道頓堀川 …………………………………… 41, 42, 77
利賀村 ……………………………………… 132
土佐堀川 …………………… 42, 43, 77, 78, 114, 115
ドナウ河 …………………………………… 72, 83
豊洲運河 …………………………………… 41, 84

〔な行〕

中之島 ……………………………… 42, 43, 103, 115
長浜市 ……………………………………… 128
名古屋市 …………………………………… 76, 106
那覇市 ……………………………………… 124
南砺市 ……………………………………… 132

日本橋 ……………………………………… 37-39
乳頭温泉郷 ………………………………… 128
ニューヨーク ……………………………… 34, 148
ニューヨーク州 …………………………… 149

〔は行〕

函館市 ……………………………………… 64
八軒家浜 …………………………………… 43, 114
パリ ………………………… 61, 72, 105, 108, 117
春海運河 …………………………………… 41, 84
半田運河 …………………………………… 86
半田市 ……………………………………… 86
バンベルク ………………………………… 83

東横堀川 …………………………… 42, 77, 78
飛騨市 ……………………………………… 34
広島市 ……………………………………… 106

双海町 ……………………………………… 133
ブリュージュ ……………………………… 83
ブルックリン ……………………………… 149

ベジエ ……………………………………… 83
堀川 ………………………………………… 76, 77

ボルドー …………………………………… 83

〔ま行〕

マージー川 ………………………………… 72
松江市 ……………………………………… 89
松山市 ……………………………………… 34
真庭市 ……………………………………… 131
マラケシュ ………………………………… 198

マレ地区 ………………………… 105
マンハッタン ……………………… 149

ミディ運河 ………………………… 83
御堂筋 ………………………… 104, 105
美馬市 ……………………………… 133
ミラノ ……………………………… 156

村上市 ……………………………… 133

茂木町 ……………………………… 132

〔や行〕

安塚町 ……………………………… 129
柳川市 ……………………………… 87

湯布院町 …………………………… 133
由布市 ……………………………… 133

横須賀市 …………………………… 91
横浜市 …………………………… 91-106
淀川 ………………………………… 78

〔ら行〕

ライン・マイン・ドナウ運河 …… 83
ライン河 ………………………… 83, 94

リヨン市 ………………………… 113, 116

六本木ヒルズ ……………………… 38
ロンドン ………………………… 58, 160

〔わ行〕

脇町 ………………………………… 133
稚内市 ……………………………… 34

人名索引

〔あ行〕

安倍晋三 …………………………… 3, 7
天谷光治 …………………………… 133
綾野輝也 …………………………… 133

石河智舒 …………………………… 132
石原慎太郎 ………………………… 44
伊藤　滋 …………………………… 38

エルナー，ジャン＝ミシェル ……… 193, 198

奥田　碩 …………………………… 38
小渕恵三 …………………………… 30

〔か行〕

角田　周 …………………………… 129
唐沢彦三 …………………………… 133
唐橋　宏 …………………………… 132

北原白秋 …………………………… 88
吉川真嗣 …………………………… 133

小泉純一郎 ………………… 4, 21, 30, 38, 100, 168

〔さ行〕

坂本和昭 …………………………… 133
笹原司朗 …………………………… 128
佐藤　淨 …………………………… 132
佐藤和志 …………………………… 128

シカール，カトリーヌ …………… 194

〔た行〕

滝澤美帆 …………………………… 13
立花宗茂 …………………………… 87
田中吉政 …………………………… 87

辻　芳樹 …………………………… 145
妻木頼黄 …………………………… 38

徳永　巧 …………………………… 131

〔な行〕

中川　満 …………………………… 129
中澤　敬 …………………………… 130
中曽根康弘 ………………………… 32
中谷信一 …………………………… 132
中村英夫 …………………………… 38

西田天香 …………………………… 128

〔は行〕

橋下　徹 …………………………… 99, 101
長谷　健 …………………………… 88
ハンチントン，サミュエル・P. …… 198

東谷望史 …………………………… 132
広松　伝 …………………………… 88

深尾京司 …………………………… 2
ブッシュ，ジョージ・W. ………… 198

堀尾吉晴 ……………………………………… 89

〔ま行〕

松井一郎 ……………………………………… 99

三浦朱門 ……………………………………… 38
溝口薫平 ……………………………………… 133
宮田静一 ……………………………………… 131

モーツァルト,W.A. …………………………… 17
森　喜朗 ……………………………………… 30

〔や行〕

矢野　学 ……………………………………… 129

吉田　修 ……………………………………… 128

〔ら行〕

リケ，ピエール＝ポール …………………… 83

〔わ行〕

若松進一 ……………………………………… 133

【著者略歴】

米浪　信男（こめなみ・のぶお）
　1948年　奈良県生まれ。
　1975年　大阪市立大学大学院経済学研究科博士課程単位取得満期退学。
　現　在　神戸国際大学経済学部教授。
　専　攻　観光経済学，経済地理学。
　著　書
　（単著）『観光と地域経済』ミネルヴァ書房，2000年。
　　　　『観光・娯楽産業論』ミネルヴァ書房，2004年。
　　　　『現代観光のダイナミズム』同文舘出版，2008年。
　　　　『現代観光コメンタール』同文舘出版，2012年。
　（共著）小杉毅・辻悟一編（1997）『日本の産業構造と地域経済』大明堂，257-279ページ（「サービス業の構造変化と地域経済」担当）。
　　　　北川宗忠編著（2001）『観光事業論』ミネルヴァ書房，55-74ページ（「第3章　リゾート事業」担当）。
　　　　大学連携"ひょうご講座"教材（文部科学省委嘱事業）(2002)『都市文化経済講座―広域都市圏の産業戦略』ひょうご大学連携事業推進機構，67-87ページ（「第4章　広域観光と地域経済」担当）。
　　　　中藤康俊・松原宏編著（2012）『現代日本の資源問題』古今書院，173-192ページ（「第8章『資源論』と観光資源」担当）。
　　　　伊東維年編著（2017）『グローカル時代の地域研究』日本経済評論社，328-344ページ（第3部第7章「国土計画と観光」担当）。
　（訳書）ジャン＝ミシェル・エルナー著，米浪信男訳（2015）『観光の地政学』同文舘出版。

平成20年10月25日　初版発行
平成30年 2月20日　第2版発行
略称：米浪観光(2)

現代観光のダイナミズム（第2版）

著　者　　米　浪　信　男
発行者　　中　島　治　久

発行所　　同文舘出版株式会社
東京都千代田区神田神保町1-41　〒101-0051
営業 (03) 3294-1801　編集 (03) 3294-1803
振替 00100-8-42935
http://www.dobunkan.co.jp

©N. KOMENAMI
Printed in Japan 2018

印刷・製本：萩原印刷

ISBN978-4-495-37802-8

JCOPY〈出版者著作権管理機構 委託出版物〉
本書の無断複製は著作権法上での例外を除き禁じられています。複製される場合は，そのつど事前に，出版者著作権管理機構（電話 03-3513-6969，FAX 03-3513-6979，e-mail: info@jcopy.or.jp）の許諾を得てください。

本書とともに〈好評発売中〉

観光の地政学

ジャン＝ミシェル・エルナー［著］
米浪信男［訳］

A5判・192頁
定価（本体4,000円＋税）

・・・

現代観光コメンタール

米浪信男［著］

A5判・240頁
定価（本体2,800円＋税）